Noch immer ist die Kenntnis der arabischen Welt weitgehend von Vorurteilen und Stereotypen bestimmt. Wenig ist bekannt von der Lage der Frauen in der vom Islam geprägten Gesellschaft zwischen traditionellen Zwängen und demokratischen Entwicklungen.
Arabische Autorinnen melden sich zu Wort. Sie sehen gerade jetzt Chancen, die jahrhundertelange Tradition des Schweigens und der Ausgrenzung zu durchbrechen und in der Öffentlichkeit Stellung zu beziehen – ein Wagnis in Ländern, die ihre Frauen immer noch gern unter Verschluß halten. Sie schreiben über Frauen und Islam, über Politik und Sexualität, über die Lebensbedingungen in den Dörfern, über Ausbildung, Arbeitslosigkeit und Analphabetismus. Dafür sind sie in ihren Ländern kritisiert, zensiert und verboten worden. Ihr Credo, das mit dem Slogan der ägyptischen Schriftstellerin Nawal el-Saadawi »Den Verstand entschleiern« beschrieben werden kann, paßt keinem Machthaber ins Konzept.
International bekannte Autorinnen (u. a. Fatema Mernissi, Marokko; Assia Djebar, Algerien; Nawal el-Saadawi, Ägypten; Sahar Khalifeh, Westjordanland; Ghada Samman, Syrien) erzählen von ihren Wünschen, Sorgen und Ängsten und beschreiben den Kampf der arabischen Frauen für Demokratie und Menschenrechte. Gespräche und Porträts sowie Texte der Autorinnen geben ein facettenreiches Bild der Situation arabischer Frauen heute.

Dr. Jutta Szostak, geboren 1945, ist Redakteurin und Filmemacherin beim ZDF, Autorin zahlreicher Kulturdokumentationen und literarischer Porträts und hat auch zum vorliegenden Thema Filme gemacht. Sie lebt in Wiesbaden.
Suleman Taufiq, 1953 in Syrien geboren, studierte Philosophie und Komparatistik und lebt als freier Schriftsteller, Publizist und Übersetzer in Aachen. Neben seinen eigenen Veröffentlichungen (Gedichte und Erzählungen) gab er u. a. Anthologien arabischer Erzähler heraus.

Jutta Szostak
Suleman Taufiq

DER WAHRE SCHLEIER IST DAS SCHWEIGEN

Arabische Autorinnen melden sich zu Wort

Fischer Taschenbuch Verlag

2. Auflage: Januar 2002

Limitierte Sonderausgabe
Veröffentlicht im Fischer Taschenbuch Verlag,
ein Unternehmen der S. Fischer Verlag GmbH,
Frankfurt am Main, September 2001

Gesamtherstellung: Clausen & Bosse, Leck
Printed in Germany
ISBN 3-596-15087-6

Inhalt

Vorwort

Die arabischen Schriftstellerinnen sind seit mindestens dreißig Jahren ein deutlich sichtbarer Teil der arabischen Literaturszene. In den letzten zehn Jahren erlebte die arabische Frauenliteratur eine besonders produktive Phase. Bis dahin hatte der Mann die gesamte literarische Welt beherrscht. Seit Anfang unseres Jahrhunderts begannen jedoch einzelne Frauen, diese Männerdomäne zu betreten, vor allem in Ägypten, Libanon und Syrien, wo eine bürgerliche Klasse sich zu etablieren versuchte. Die meisten dieser Frauen gehörten noch dieser Klasse an. Später dann, mit der Unabhängigkeit der meisten arabischen Länder und mit dem Aufkommen der politischen und sozialen Bewegungen, verbesserte sich auch die Lage der Frau deutlich. Die Frauen nahmen nun ebenso wie der Mann an der Bildung teil. Sie gingen arbeiten und begannen, in allen Bereichen der Gesellschaft Einfluß zu nehmen. Obwohl die arabische Frau, wenn sie sich zu Wort meldet, in der arabischen Welt immer noch mit Verachtung gestraft und ihr Sprechen als ›Frauengerede‹ abgetan wird, spricht sie heute über ihre Gefühle und Gedanken; sie kann inzwischen sagen, was sie sagen will. Zahlreiche Frauen aus den verschiedenen Ländern der arabischen Region aber hatten den Mut, an die Öffentlichkeit zu gehen und sich einen Platz in der literarischen Welt zu erkämpfen.

Dieses Buch ist der Beweis dafür, daß die arabische Literatur nicht mehr nur Männersache ist, wie hier im Westen oft gerne angenommen wird, um bestimmte Vorstellungen im Kopf nicht revidieren zu müssen.

»Ihr im Westen müßt endlich euren Schleierkomplex überwinden«, sagt Fatema Mernissi und spielt auf klare Reiz-Reaktionsmuster hierzulande an – Schleier: Unterdrückung. Daß es tatsächlich am wenigsten um das inkriminierte Kopftuch geht, wenn von arabischen Frauen die Rede ist, stellte sich in vielen Gesprächen heraus. Der eigentliche Schleier ist etwas anderes – es sind die Regeln und Zwänge, die Frauen zur Bedeutungslosigkeit verurteilen. Ein solches Verständnis von Schleier macht übrigens deutlich, daß das ›Verschleierungsproblem‹ nicht auf den arabischen Raum begrenzt ist.

Der Schleier als Metapher – jede der in diesem Buch vorgestellten Autorinnen hat ihre eigene Sicht darauf. Uns ging es darum, ihre Positionen deutlich zu machen und ihre unterschiedlichen Standpunkte darzustellen. Der einen geht es um die Kenntnis der Vergangenheit und um den heutigen Demokratisierungsprozeß, der anderen um den Kampf für Gerechtigkeit und Menschenrechte. Die eine schreibt über Probleme der Entwurzelung, die andere über die Marginalisierung von Frauen. Die eine sucht in der Tradition Wege des Widerstands, die andere denkt über die Folgen des Krieges nach. Die meisten der Autorinnen sind neben ihrer schriftstellerischen Arbeit politisch/gesellschaftlich engagiert.
Fatema Mernissi arbeitet in der Gruppe ›Femmes Maghreb 2000‹ mit, die Aufklärungs- und Informationsbroschüren für Frauen aus dem nordafrikanischen Raum herausgibt, Nawal el-Saadawi hat Frauengruppen und Zeitungen gegründet, auch Salwa Bakr gibt eine Zeitschrift heraus. Sahar Khalifeh leitet ein Frauenzentrum, Laila Al-Osman hat sich nach dem Golfkrieg einer Gruppe von amnesty international angeschlossen.

Die Äußerungen der Autorinnen sind keine objektiven Darlegungen. Ihre Einschätzungen und Gewichtungen historischer und aktueller Prozesse sind subjektiv und in vielen Fällen provokant. Sie mögen Kritik und Widerspruch hervorrufen.
Objektivität haben wir in diesem Buch nicht angestrebt. Unsere Absicht ist es, ein facettenreiches Bild zur heutigen Lage der Frau in den arabischen Ländern zu entwerfen, indem wir Autorinnen zu Wort kommen lassen, die weit über ihre Länder hinaus bekannt sind.

Der wahre Schleier ist das Schweigen
FATEMA MERNISSI

Sie liegt hingegossen auf einem Diwan unter einem roten Baldachin, wallende Gewänder aus bunter Seide und goldener Bordüre, Perlen an den Ohren, Perlen um den Hals, an den Füßen spitze Pantöffelchen. Ringe blitzen an den Fingern. Die Szene ist so orientalisch, wie sie orientalischer nicht sein kann.
Sie – Inbegriff einer Haremsdame – schlägt langsam die Augen auf und säuselt: »So träumt mein Mann Karim von mir – perlenübersät zu Haus im stillen Kämmerlein. Wenn ich ihm nicht helfen würde mit meinem Lohn, kämen wir nicht über die Runden. Wenn nur diese elende Busfahrerei nicht wäre... Aber ich tue, was er möchte, ich kaufe falsche Perlen und spiele ihm Scheherazade vor.«
Sie hält einen Moment inne und klimpert mit den Juwelen. Sie lächelt. »Arme Scheherazade, sie durfte nur mit Erlaubnis sprechen und nur nachts, die Ärmste. Wie hieß es noch in den Büchern? ›Und als der Morgen Scheherazade überrascht, schweigt sie und beendet das ihr gewährte Wort.‹«
Pause, Augenaufschlag.
»Ich rede, wann ich will, morgens, abends, ich höre gar nicht auf. Er nimmt mich, wie ich bin, und versteht mich, mein Karim. Er weiß, wovon ich träume! Was ich mir wünsche! Einen Computer! Hätte ich einen Computer, würde ich doppelt so viel verdienen. Ich würde ein tolles Auto kaufen – und ade, Autobus!«

Fatema Mernissi führt mir einen zweiminütigen Videoclip vor, über den man derzeit in Marokko lacht. Sie hat den Spot geschrieben und spielt die Hauptrolle. Eine ganze Reihe solch sogenannter Sozioclips werden jetzt in Schulen und Frauenzentren gezeigt. Absicht ist, auf amüsante Weise Rollenklischees aufs Korn zu nehmen. Dabei ist man Showeffekten nicht abgeneigt, über den arabischen Machismo darf gelacht werden. Fatema Mernissi will gemeinsam mit gleichgesinnten Frauen und Männern ihre Gedanken und Einsichten öffentlich machen, zwar ohne pädagogischen Missionarseifer, aber ein bißchen Volkserziehung schadet ja nichts, oder? Man müsse versuchen, die

Leute, die es angehe, mit Humor zu erreichen, meint sie. Alltagssituationen werden karikiert, der gelegentliche Rückgriff auf Mythen und Träume bietet reiches Spielmaterial.
Ihren Scheherazade-Spot sieht sich Fatema Mernissi mit wiederkehrender Begeisterung an – Erinnerungen an die Sehnsüchte der Kindheit.
»Ich hatte alle Träume, die die Gesellschaft mir vorschrieb. Ich erwartete den Prinzen Schahrija auf seinem Pferd, na ja, zu der Zeit war es schon ein Auto, aber das Pferd hätte mich auch nicht gestört. Er würde mich in den Wald bei Fes entführen und mich mit Juwelen überschütten. Und er fände mich attraktiv, trotz meines Zottelkopfs...«
Das Schönheitsideal damals verlangte die kleine Dicke mit winzigem Mündchen. Fatema Mernissi entsprach diesem Ideal kein bißchen. Sie war schnell gewachsen, mit dreizehn maß sie 1,73 Meter, außerdem hatte sie widerspenstige Haare, die sich nicht zu einer manierlichen Frisur kämmen ließen.
»Sie riefen mir nach, Minarett, Minarett, grüße Allah von mir! Außerdem war ich noch ziemlich platt, deshalb kaufte ich mir einen falschen Busen und zog ihn bei einer Freundin an. Dabei dachte ich an meinen Prinzen, der mich inmitten der Menge in der Medina sähe und riefe, oh, wie ich dies Mädchen liebe, das nicht wie alle anderen aussieht...«

Fatema Mernissi wuchs in einem Harem auf, umgeben von Mutter, Großmutter, Tanten, Großtanten, Kusinen und vielen Kindern. Die Frauen der Familie führten ein traditionelles Leben. Sie gingen selten aus, und wenn sie das Haus verließen, verschleierten sie sich. Lesen und schreiben konnten sie nicht, aber sie waren stark und vernunftbegabt und dachten analytisch. »Sie hatten Geist und Power!« sagt Fatema Mernissi und erkennt frühe Prägungen.
An ihre Kindheit im Harem mit seinen Geheimnissen, Sehnsüchten und Verheißungen erinnert sie sich mit Vergnügen und wehmütigen Seufzern. Ein Ort unerschöpflicher Geschichten und Phantasien...
»Da wir nicht in die Bibliothek durften, las ich zu Hause mit Begeisterung die Erzählungen aus Tausendundeiner Nacht. Sie waren unge-

heuer romantisch. Scheherazade war natürlich eine eindrucksvolle Gestalt.«

Die Figur der Scheherazade muß Fatema Mernissi nachhaltig beeindruckt haben. Viele Jahre später veröffentlicht sie eine Untersuchung über die Lage der arbeitenden Frauen in Marokko mit dem Titel ›Scheherazade war keine Marokkanerin‹ und begründet ihre These mit dem unschlagbaren Argument, in Marokko hätte man es sich nicht leisten können, ein solches Talent an Geist, Bildung und Charme im Harem eingesperrt zu vergeuden.

Starke Frauen, Frauen mit Macht in der Geschichte beschäftigen die Soziologin aus Marokko. Sie fängt an, nach Wurzeln und Erinnerungen zu forschen, die aktuelle Situation der Frauen dabei immer im Sinn. Denn um heute etwas zu erreichen in der muslimischen Männergesellschaft, müssen Frauen sich Wissen über die Geschichte des Islam aneignen. Bei ihren Untersuchungen spürt sie sechzehn Sultaninnen im arabischen Raum auf und entdeckt manches, was den herrschenden Männern gar nicht paßt. Frauen haben Herrscherinsignien getragen, Frauen haben eine Sexualität, die für die Männer so gefährlich erscheint, daß die Frauen versteckt werden müssen, im Haus, unter dem Schleier. Frauen redeten mit. Die Niederschrift ihres Buches ›Die Sultanin‹ begann sie allerdings mit Schuldgefühlen.

»Gab es eine Kalifin?« schreibt sie im Vorwort. »Ich ahne, daß schon die Frage eine Anmaßung ist. Schließlich habe ich die traditionelle muslimische Erziehung genossen. Allein die Idee, ich als Frau könnte mich kritisch mit der Überlieferung auseinandersetzen, erscheint mir als schlimme Blasphemie. Und so sitze ich hier vor meinem Computer, am sonnigen Morgen des 6. Februar 1989, nicht weit von Dschami-as-Sunna, einer der größten Moscheen von Rabat, und fühle mich schuldig, bloß weil ich über die Frauen und das Kalifat schreiben will.«

Die Kenntnis der Vergangenheit bedeutet Macht, weiß Fatema Mernissi, deshalb kann es gefährlich sein, in die Geschichte hinabzusteigen.

»Denken Sie an die nicht-demokratischen Staaten, nur die Führer kennen die Vergangenheit, denken Sie an die frühere Sowjetunion, denken Sie an archaische Gesellschaften.« Erkenntnisse über mächtige Frauen in der Geschichte des Islam sind da natürlich uner-

wünscht, wenn die Vergangenheit, wie in den muslimischen Gesellschaften, gegen die Frauen benutzt wird.
Frauen in der islamischen Welt müssen ihre Geschichte also selber schreiben. Ein kühner Plan, denn sie könnten dabei herausfinden, daß sie ihre betrübliche Lage, das heißt Unterdrückung und Rechtlosigkeit, nicht dem Propheten Mohammed zu verdanken haben, sondern seinen Nachfolgern, die Mohammeds Worte verwalten.

In Ihren Büchern geht es um das Thema: Zurück zu den Wurzeln, weit zurück in die Geschichte, um die Erinnerungen der Vergangenheit festzuhalten. Warum ist das für die Zukunft so bedeutsam?
»Die Vergangenheit hat für uns eine besondere Bedeutung. Denn sie wird benutzt, besonders gegen die Frauen. Da wir mit der Gegenwart nicht sehr glücklich sind, wird also kräftig mit der Vergangenheit gehandelt. Man verkauft uns die Frauenbilder von damals. Die Frauen stehen dabei wie üblich nebendran, außerhalb des Bereichs, wo die Manipulation der Macht stattfindet. Ich denke, wir müssen eine eigene Lesart der Vergangenheit entwickeln, denn man will uns erzählen, wie wir heute sein sollen, nämlich genauso wie in der Vergangenheit. Gut, sage ich, dann gehe ich also zurück in die Vergangenheit, um euch zu sagen, wie ich heute sein möchte.«

Auf dem Schreibtisch stapeln sich neben dem Computer, dem Drucker und dem Fax – es ist alles vorhanden, was man in einem modernen Büro erwarten kann – die Bücher. In den Regalen quellen die Aktenordner und Zettelkästen über, der Koran steht da mitsamt allen Hadithen, den Handlungsanweisungen des Propheten, und die wichtigsten Kommentare dazu. Die Fülle der Materialien verrät ein intensives Quellenstudium. Für den Koran samt allen Auslegungen und Kommentaren habe sie ein Vermögen hingeblättert, sagt Fatema Mernissi, aber die Investition habe sich gelohnt. Nur so sei sie gerüstet gegen die Attakken der Kritiker, wenn sie ihr die Beschäftigung mit der tabuisierten Vergangenheit vorwerfen.
Wer also Näheres zum Thema ›Frauen und Islam‹ wissen möchte, sollte bei Frau Mernissi nachschlagen. In ihren Büchern ist Grundlegendes zu erfahren, über die Lebensweise der islamischen Gesellschaft, die bis zum heutigen Tag die Überlegenheit der Männer propagiert und die

Beziehungen der Geschlechter regelt, über die traditionelle Trennung von Mann und Frau und über die Aufteilung des sozialen Raumes: der Mann in der Öffentlichkeit und die Frau im Haus, der Autorität und dem Willen des Mannes unterworfen, für die Außenwelt nicht vorhanden, der Öffentlichkeit entzogen. Das Symbol für die Trennung der Räume ist der Hijab, der Schleier. Eine verschleierte Frau in der Öffentlichkeit ist unsichtbar.

Wir im Westen scheinen sehr besorgt zu sein, wenn Frauen Schleier tragen. Für uns bedeutet das Unterdrückung, Unfreiheit.
»Der Westen muß wirklich mal dieses Schleiersyndrom überwinden. Das ist schon ein richtiger Komplex.
Als ich zur Schule ging, war die eine Hälfte der Klasse verschleiert, die andere unverschleiert. Viele Väter wollten ihre Töchter zwar zur Schule schicken, aber nicht unverschleiert. Wenn all diejenigen mit Schleier aus der Schule geworfen worden wären, hätte Marokko viele Ärztinnen und Rechtsanwältinnen verloren.
Die Frauen tragen also den Hijab. Es gibt viele Schleier – zum Beispiel derjenige, der Frauen von politischen Führern wie Herrn Khomeiny aufgezwungen wird. Sein Gesetz, daß Frauen im Staatsdienst verschleiert sein müssen, bedeutet, daß der Schleier politisch ist. Eine Unterdrückungsmaßnahme, die die Frauen zum Schweigen verurteilt.
Aber – wenn Sie auf der Straße eine Frau sehen, die verschleiert ist, kann das alles mögliche bedeuten. Vielleicht hat ihr Mann es ihr befohlen. Sie verschleiert sich also nach dem Willen von irgend jemandem.
Es kann aber auch sein, daß eine junge Frau, die nachts Bus fährt, Angst hat. Denn wir lernen jetzt gerade erst, wie man sich in der Öffentlichkeit verhält. Frauen hatten ja keinen Zugang zur Straße. Der Schleier löst also ein Problem für sie; sie sagt damit: Ich möchte keine sexuellen Begegnungen. So ist es für sie leichter, im Bus zu sitzen, ohne Probleme zu bekommen.«

Und der politische Aspekt des Schleiers?
»Natürlich ist der Schleier immer politisch. Das Wort für die Berliner Mauer war Hijab – Vorhang. Alle Schleier sind politisch. Wenn der

Imam oder der Chef – ich nenne sie den ›Big Boss‹ – wenn der Big Boss dir sagt, du sollst den Schleier tragen, dann bedeutet das größtenteils, daß er die Frauen daran hindern will, Jobs zu beanspruchen, auch eine Ausbildung, vor allem aber Arbeitsplätze.
Sie erzählen dir, dein Platz sei zu Hause, nicht draußen, dann würdest du nämlich offiziell nicht als arbeitslos gelten. In Ländern wie den unseren, wo die Arbeitslosigkeit so groß ist und so viele jungen Menschen leben, da heißt das schon was. Viele politische Führer, die unfähig sind, Arbeitsplätze zu schaffen, schreien nach dem Schleier für Frauen, und ich würde an ihrer Stelle das gleiche tun.«

Die ägyptische Autorin Nawal el-Saadawi fordert, den »Verstand zu entschleiern«. Stimmen Sie dem zu?
»O ja, das tut jede von uns. Für mich ist das Schweigen der Schleier, der wahre Schleier. Wenn eine Frau sich nicht ausdrückt, sich nicht äußert. Deshalb ist es für mich in Ordnung, wenn die halbe Klasse in meinen Seminaren verschleiert ist, aber phantastische Arbeiten schreibt. Die katastrophalste Einschränkung des Menschseins ist, wenn man sich nicht äußern kann.
Viele Frauen schweigen, weil sie nie gelernt haben, sich mit Worten auszudrücken. Sie haben natürlich andere Möglichkeiten, sich zu äußern, in ihrer traditionellen Teppichstickerei etwa, aber sie haben sich nie gewehrt, abgesehen von magischen Praktiken... Es ist schon ein starkes Stück, seinem Ehemann ein bißchen was in den Kaffee zu tun, damit er einen liebt und nicht nach anderen Frauen guckt! Ganz schön gewalttätig!
Die Frauen haben aber nie gelernt, sich politisch zu artikulieren. Und das ist die große Veränderung, die jetzt in den muslimischen Gesellschaften stattfindet: Die Frauen, vor allem die gebildeten, nehmen sich Macht, indem sie schreiben und ihre Meinung kundgeben.
Ich betone: die gebildeten, denn die Frauen in den Fabriken sind nicht in der Lage, für sich selbst zu sprechen, denn die Gewerkschaften haben nichts zu sagen.«

* * *

Wir sind unterwegs in Rabat, um den Alltag in Augenschein zu nehmen. Fatema Mernissi lebt seit vielen Jahren hier. Die alte Königsstadt Fes, in der sie geboren wurde, war ihr schon in jungen Jahren zu eng geworden. Ein Gang mit Frau Mernissi ist nie ein direkter Weg von Punkt A zu Punkt B. Mit ihr in der Altstadt spazierenzugehen heißt, sich auf eine kleine Odyssee einzustellen, die bestimmt wird von Gesprächen, Einkäufen, Schwätzchen, Warenbesichtigungen/-prüfungen, Diskussionen und spontanen Kontaktaufnahmen.

Sie ist bekannt, man spricht sie an, man will ihre Meinung zu jüngsten Ereignissen wissen.

Wir biegen von einer der Hauptstraßen der Medina ab und kommen in einen Hinterhof. Rings um den quadratischen Innenhof haben sich kleine Läden etabliert, Schneider, Gürtelmacher, Spitzenklöppler und Tuchweber.

Fatema Mernissi hatte mir von den vielen Frauen – die meisten von ihnen Analphabetinnen – erzählt, die sich jetzt mit kleinen Betrieben selbständig machen. Die Läden im Innenhof sind ein Beispiel: »Die Frauen haben ein unglaubliches Maß an Kreativität, sie muß sich nur entfalten können.«

Deshalb sollten den Frauen großzügige Kredite eingeräumt werden, um ein Unternehmen gründen zu können. Es sei kurzsichtig vom Staat, auf die Kenntnisse und die Energie so vieler talentierter, fähiger Frauen zu verzichten, die noch die traditionellen Handwerkstechniken beherrschten – wie die Teppichweberinnen, die Stickerinnen, die Perlennäherinnen...

Mit traditioneller Mode beschäftigt Fatema Mernissi sich leidenschaftlich gern. Als ich sie zum ersten Mal traf, sie war damals nach Berlin zu einer Lesung gekommen, räumte sie schon kurz nach unseren Begrüßungszeremonien in ihrem Hotelzimmer den Kleiderschrank aus, um mir enthusiastisch ihre mitgebrachten Kleider und Jäckchen vorzuführen, die bunten Stoffe, traditionell geschnitten, die kunstvoll gewebten Bordüren und gestickten Litzen aus einheimischen Werkstätten. »Wunderbares Handwerk«, rief sie entzückt, »was diese Frauen alles können!« Die Situation von Frauen in der Stadt und auf dem Land hat Fatema Mernissi schon seit Beginn der siebziger Jahre interessiert. Ihre Gesprächsprotokolle veröffentlichte sie als Buch: ›Der Harem ist nicht die Welt.‹

Sie hatte Lebenserfahrungen von alten und jungen Frauen aus unterschiedlichsten Schichten notiert und ein bedrückendes Bild weiblicher Lebensbedingungen entworfen, das von Unterdrückung, Rechtlosigkeit und Demütigung gezeichnet ist. Ihre Intention war dabei, die ungebildeten Frauen zum Sprechen zu bringen, denn ihr Leitmotiv hieß: Der Dämon des Schweigens muß ausgetrieben werden!
Wer sich heute am Ende eines Tages vor ein Fabriktor stelle, vor eine Textilfabrik etwa, könne Hunderte von Frauen und Mädchen sehen. Dies seien die wahren Veränderungen der letzten Jahre in der marokkanischen Gesellschaft – Frauen arbeiteten in Berufen, die noch vor kurzer Zeit den Männern vorbehalten waren. Die wirtschaftliche Not zwinge sie, zum Unterhalt der Familie beizutragen.

Wie diagnostizieren Sie die Situation der Frauen heute?
»In den neunziger Jahren wird die Lage sehr angespannt sein. Arbeitslosigkeit – Europa schließt die Türen für Immigranten, und das heißt noch mehr Arbeitslose für Nordafrika. Die Frauen werden wieder mal die ersten Opfer sein, wie üblich.«

Hatte sich denn die Lage für die Frauen in den sechziger und siebziger Jahren verändert oder sogar verbessert?
»Sie hat sich verbessert, aber was heißt das? Nach welchen Kriterien? Wenn mehr Frauen als früher außerhalb des Hauses sind, in der Schule oder auf Arbeitssuche, wenn das positive Kriterien sind, dann hat sich die Lage in der Tat verbessert. Aber wenn Sie danach fragen, ob wir mehr Rechte haben, ob die Gesetze geändert wurden, ob die Analphabetinnen und Frauen ohne Ausbildung, die in den Fabriken arbeiten oder Hausangestellte sind, mehr Rechte haben, dann hat sich natürlich nichts verbessert. Das Gesetz hat sich überhaupt nicht geändert, im Gegenteil. Seit den Siebzigern erleben wir nun das Scharia-Gerede über die Rückkehr in die Vergangenheit.
Man will es dabei belassen, daß Frauen weniger Rechte haben, namentlich, was das Recht der Ausbildung betrifft.«

Damit wären wir beim Stichwort Emanzipation. Die arabischen Frauen können wohl kaum den westlichen Weg gehen, sie müssen ihren eigenen Weg gehen. Wie sieht dieser Weg Ihrer Meinung nach aus?

»Ich glaube nicht an den einen Weg oder den anderen. Emanzipation und Demokratie – da gibt es nicht tausend verschiedene Arten, nur eine. Emanzipation bedeutet, seine Möglichkeiten und Fähigkeiten zu verwirklichen, sich auszudrücken, zu arbeiten, was man möchte, Wissen zu erwerben. Darum geht's bei der Emanzipation. Was soll also der arabische Weg sein? Den gibt es nicht. Es gibt nur diese reaktionären Männer, die uns aufhalten wollen. Sie warnen uns vor dem westlichen Weg, aber was ist das? Es gibt auch keine hundert Wege der Elektrizität, sondern nur einen.«

* * *

Mit Fatema Mernissi Auto zu fahren, wenn sie am Steuer sitzt, ist ein Abenteuer für sich. Soviel geht ihr durch den Kopf, soviel hat sie zu sagen, der Straßenverkehr lenkt da nur ab. Wir unterhielten uns über die erstaunliche Tatsache, mit welcher Selbstverständlichkeit heutzutage die Frauen in Marokko den Führerschein machen. Ich überlege, ob die Frauen in Saudi-Arabien nach ihrer Demonstration vor ein paar Jahren mittlerweile Auto fahren dürfen.

»Weniger denn je«, sagt Fatema Mernissi, »denn es ist ein Symbol, daß man dort traditionell ist«, und tritt mit Nachdruck aufs Gaspedal. Wir rasen die Straße, die am Königspalast vorbeiführt, hinunter und werden prompt von der Polizei gestoppt. Der Ordnungshüter tritt ans Fenster, und Frau M. rutscht auf ihrem Sitz zusammen. Sie schlägt die Augen nieder und läßt das Donnerwetter über sich ergehen. Als sie antwortet, zieht sie alle Register. Sie ist demütig und hat plötzlich die Stimme eines kleinen Mädchens. Dann wird sie schmeichlerisch, geht ihm um den Bart.

Das geht so eine Weile, ich bewundere das Theater, der Polizist wahrscheinlich auch. Dann ist das Spiel zu Ende, der Mann ist offenbar matt gesetzt, denn er verabschiedet sich und geht.

»Na ja«, sagt Fatema bescheiden, »ich habe dem Polizisten gesagt, daß ich ein schlimmes Verbrechen begangen hätte, daß ich bestraft werden müsse, daß ich mich ihm als Vollstrecker des Gesetzes unterwerfe...«

Und dann fährt Frau Mernissi weiter, nach ein paar hundert Metern so schnell wie zuvor.

Als wir einmal über Methoden sprachen, wie Gleichberechtigung erreicht werden könne, meinten Sie, ›verführen‹ sei besser als ›kämpfen‹.
»Ich habe, wie viele andere meiner Generation, Angst vor der Konfrontation. Ich schreie nicht gern, ich kämpfe nicht gern. Man kann auch indirekt kämpfen. Ich versuche, den arabischen Frauen das klarzumachen. Es gibt phantastische Möglichkeiten, bei denen man nicht verliert und keine Reibungsverluste erleidet. Wenn man wütend wird, hat man schon verloren.

Wenn eine Frau in unserer arabischen Gesellschaft morgens aufwacht und sich ärgern will, hat sie ausreichend Gelegenheit dazu, von sechs Uhr früh bis Mitternacht.«

Etwa nur in arabischen Gesellschaften?
»Es geht um die Gesetze. Wenn Sklaverei ein Gesetz ist. Seiner Rechte beraubt zu sein, IST das Gesetz. Wir kämpfen auf so vielen Ebenen gegen Strukturen, die organisiert sind, um uns zu demütigen. Ich verschwende also weder Zeit noch Zorn, das wäre vergeudete Energie. Da Energie zu den kostbarsten Dingen gehört, die man besitzt, muß man bedachtsam damit umgehen, das habe ich mit zunehmendem Alter gelernt. Ich rate den zornigen jungen Frauen, sich nicht zu ärgern. Dann ärgern sie sich allerdings erst recht – über mich. Verständlich... Aber ich habe gelernt, wenn mich jemand attackiert, ›Fatema, antworte nicht‹ zu denken und nur zu gucken und zu lächeln. Hier fängt die Verführungsstrategie an...«

Sie erwähnten die zunehmende Politisierung der Frauen. Sehen Sie darin einen kontinuierlichen Prozeß? Und für welche Frauen trifft dies zu?
»Die Arbeiterinnen sind am schlechtesten dran. Sie haben keine Ausbildung und keine Rechte. Wenn sie arbeiten, bekommen sie noch nicht einmal den Minimallohn. Aber sie sind noch keine politische Gruppe, denn weder die Fundamentalisten noch die Rechten, noch die Linken kümmern sich um sie. Und sie schweigen. Es geschieht Unrecht, aber sie schweigen. Es ist das traditionelle Frauenverhalten, sie beschweren sich, aber versuchen nie, ihr Unglück in die öffentliche Sphäre zu bringen und die Gesellschaft zu beschuldigen und zu fordern, daß die Dinge geändert werden.

Die einzige Gruppe, die politisiert ist, ist die gut ausgebildete Elite, weil sie das traditionelle Schweigen gebrochen hat. Sie hat an dem Tag angefangen, das ganze System zu ändern, als sie anfing zu schreiben und zu veröffentlichen. Denn die Stimme ist nicht länger hinter dem Schleier, sondern davor, in der Öffentlichkeit.

Übrigens haben schon Ende des letzten Jahrhunderts Frauen in den muslimischen Ländern geschrieben, schon da erschienen die ersten feministischen Bücher. Das ist also nichts Neues. Das Neue ist, daß Frauen in die Öffentlichkeit gehen – denken Sie an die Frauen, die in Pakistan auf die Straße gingen, um gegen Zia ul Haq und die Scharia zu demonstrieren, gegen den Versuch, seine Diktatur hinter Religion zu verstecken. Frauen waren in Pakistan die größte Kraft gegen Zia ul Haq.

Als nächste kamen die Algerierinnen, auch sie gingen auf die Straße, um zu protestieren und den Staat als Partner zu fordern. Im Islam existieren die Frauen ja nicht als Partner des Staates. Sie sind hinter dem Schleier versteckt. Die politischen Partner sind Männer. In Kuwait, das man im Westen für demokratisch hält, dürfen die Frauen nicht wählen, in Saudi-Arabien haben sie den Status von Gefangenen.

Aber der Golfkrieg hat einen demokratischen Prozeß in Gang gebracht, wenn er schon die Golfstaaten nicht stabilisiert hat, so hat er das doch in anderen Ländern getan. Marokko ist eines von ihnen. Während des Golfkriegs fühlten sich die arabischen Führer schwach, sie hatten keinen starken Rückhalt im Volk. Das hat man in Marokko stark empfunden, denn der König setzte die Armee ein mit den Alliierten. Aber wir demonstrierten auf der Straße gegen die militärische Präsenz, denn wir waren für den Irak. Das Regime begriff die Notwendigkeit der Demokratisierung. Als Soziologin stelle ich fest, daß man nicht mehr sagt, die Frauen müssen zu Hause bleiben. Man sieht, daß Frauen produktiv sind – ein enormer Wandel.

In den Siebzigern schrieb ich einen Artikel über Teppichweberinnen: Die Frauen, die Milliarden einbringen. Ich hatte Statistiken dazu. In der Universität wurde ich von Kollegen angesprochen, was das denn solle, die Männer brächten ebenfalls Milliarden ein, warum man denn darüber einen Artikel schreiben müsse. Ich antwortete: »Schreibt einen Artikel, wenn ihr mit mir diskutieren wollt!«

Sie sehen also eine Tendenz, daß Frauen ökonomische Macht bekommen?
»Sichtbarkeit, nicht Macht.«

Und das sehen Sie überall im Maghreb.
»Sehr klar, trotz der Vorgänge in Algerien. Trotz Bedrohung durch Fundamentalisten. Trotz des Ärgers, der Gefahren, der Gewalt erhebt sich in Algerien eine starke politische Stimme, sie ist nicht zu überhören.«

* * *

Ihr Showtalent, ihr Witz und ihre emphatische Redeweise machen Fatema Mernissi zu einer gefragten und beliebten Rednerin. Ihre Vorträge würzt sie mit Anekdoten und amüsanten Anmerkungen aus ihrem Alltag, ihre theoretischen Ausführungen mixt sie mit kleinen Geschichten über die Nachbarn nebenan. Ob sie nun mit ihrem Gemüsehändler die Frage diskutiert, ob Frauen zur Macht befähigt sind, oder mit ihrem Buchhändler darüber streitet, was der Prophet denn wirklich gesagt hat, oder ob sie wieder einmal öffentlich von den Vorteilen eines feministischen Harems fabuliert: ihre Veranstaltungen sind nie langweilig.
Wenn Fatema Mernissi zu Lesungen, Vorträgen und Seminaren in den Westen kommt, gelten die ersten Fragen des interessierten und zumeist wenig informierten Publikums dem Islam und den Frauen. Verwirrung herrscht: Was ist Religion, was ist politisches System, was ist Staatsdoktrin? Da hier leicht Begriffe und Meinungen, Glaubensinhalte und Ideologien, Urteile und Vorurteile vermischt werden, gehen die Debatten oft hoch her.
Dann hebt Fatema Mernissi den Zeigefinger und sagt: »Attendez!« Meistens spricht sie englisch, doch wenn die Emotionen zu stark werden, verwandeln sich ihre Wörter ins Französische. »Attendez«, sagt sie, doziert über ihre Ansicht der Dinge und unterstreicht sie mit einem »c'est important!«. Sie betont jede Silbe: »im-por-tant!« und läßt damit keinen Zweifel daran, was man von dem Gesagten zu halten hat.
Wichtig findet sie, ihre westlichen Zuhörer auf die vorislamische Zeit

hinzuweisen, in der es zwar die Freiheit des Denkens, aber auch unglaublich viel Gewalt gab. Die Frauen waren die Opfer, sie hatten weder Schutz noch Rechte. Die Gründung des Islam bedeutete für die Frauen zunächst Befreiung aus erbärmlichster Sklaverei. Er versprach ihnen Hilfe, in den Häusern sollten sie Sicherheit finden, der Öffentlichkeit entzogen. Freiheit bedeutete das allerdings nicht...

Der Prophet versprach seinen Anhängern, zu einer großen Macht zu werden, wenn sie sich vereinigen würden: »Und er hat sich durchgesetzt!« sagt Fatema Mernissi.

Mit der Geburt des Islam entstand die arabische Einheit. Eine Entwicklung zur Großmacht, die auf Kosten des Individuums ging. »Mohammed hat, im Gegensatz zu Jesus, großen Erfolg gehabt: sexuell, politisch, militärisch.«

Eines der problematischsten Themen heißt heute: Frauenrechte und Fundamentalismus. Dabei gibt es sogar übereinstimmende Ansichten, etwa wenn es um die Auflehnung gegen Erniedrigung geht. Allerdings unterscheiden sich die Lösungsvorschläge gewaltig. Während die Fundamentalisten Unterwerfung unter die Gemeinschaft fordern und damit eine Weltmacht anstreben, setzen die aufgeklärten Frauen wie Fatema Mernissi auf Demokratie.

Erst jetzt wird mit der Aufarbeitung der Geschichte des Islam richtig begonnen. Bislang durfte es wissenschaftliche Analysen nicht geben. Man kann schließlich besser manipulieren, wenn man die Leute dumm hält. Welche Konsequenzen hätte es wohl, wenn bestimmte Erkenntnisse Allgemeingut würden? Wenn es sich herumspräche, daß mit dem Islam die Unterdrückung der Frauen nicht gerechtfertigt werden kann?

»Die Religion wird als politisches Instrument benutzt, um die Autorität zu festigen und die Macht zu legitimieren. Sie ist Mittel zur Unterdrückung jeder Protestbewegung«, so sieht es Fatema Mernissi.

Aber hier bewegt sie sich auf gefährlichem Terrain. Wenn weitere Fragen dazu aus dem Publikum kommen, winkt sie ab und mag nicht ins Detail gehen. »Ich beantworte ihre Frage nicht«, sagt sie dann, »ich habe Angst.«

* * *

Wie stark ist gegenwärtig der Einfluß der islamischen Fundamentalisten?
»Die arabische Welt ändert sich schneller als je zuvor, deshalb gibt es viele Gründe für den Fundamentalismus. Aber er ist ganz sicher kein Zeichen für Obskurantismus, wie Europäer glauben, sondern ein Zeichen für eine sich schnell transformierende Gesellschaft.
Ein Beispiel. Was wir essen, unterscheidet sich sehr stark von dem, was wir vor zwanzig Jahren gegessen haben, die Invasion der Medien, die Invasion westlicher Konsumgüter – unser Leben hat sich seit dem Zweiten Weltkrieg total verändert. Jeden Tag wachen wir auf und leben in einer neuen Welt. Der Fundamentalismus ist ein Ausweg für viele Menschen, an denen die Veränderungen vorbeigehen, die weder Macht noch Geld erwerben und die vor allem vom modernen Wissen ausgeschlossen sind.«

Welche Rolle spielt in der Diskussion um den Fundamentalismus das Erdöl?
»Das ist die andere Seite. Erinnern wir uns – während des kalten Krieges hatte Saudi-Arabien die Aufgabe bekommen, den Kommunismus von der muslimischen Welt fernzuhalten, durch Erschaffung einer fundamentalistischen Kultur: Schulen, islamische Konferenzen, Bücher. Aber was die Saudis sich aussuchten, war nur der despotische Islam, den finanzierten sie.
Das führte natürlich zu einem Rückschlag, das heißt, sie gaben all denen, die vom modernen Wissen ausgeschlossen waren, eine Waffe, zurückzuschlagen und im Namen der Religion zu opponieren. Und dann dürfen Sie nicht vergessen, es gibt keine Demokratie. Wenn wir eine Demokratie hätten, stünden den Menschen andere Mittel der Opposition zur Verfügung. Ganz normale und nicht manipulierte Gewerkschaften oder politische Parteien gibt es bei uns nicht. Wir haben also den Fundamentalismus so lange, wie wir eine so hohe Arbeitslosigkeit haben und so viele Menschen, die von guten Schulen und vom Fachwissen ausgeschlossen sind – und so lange, wie wir keine Demokratie haben. Hätten wir morgen eine Demokratie, würde der Fundamentalismus sehr schnell an Einfluß verlieren!«

Hat der Fundamentalismus nach dem Krieg weiter zugenommen?
»Wir sind jetzt in einer Situation, in der wir nicht wissen, wie es

weitergeht. Der Fundamentalismus nährt sich von Verzweiflung. Wer in einer Ungleichzeitigkeit mit der Umwelt, der Zeit, mit dem Wissen lebt, fühlt sich ausgeschlossen. Je mehr man vom modernen Wissen, das die Kontrolle über das eigene Leben in der heutigen Welt ermöglicht, ausgeschlossen ist, desto mehr Fundamentalismus wird es geben. Verzweiflung und Arbeitslosigkeit tragen dazu bei, genau wie der Ausschluß von Wissen und Macht. Es gibt so viele Ausgeschlossene, so viele Arbeitslose, so viele Analphabeten in den nichtdemokratischen muslimischen Gesellschaften.

Und die fundamentalistische Sache wird so lange anziehend sein, solange es keine fortschrittliche und alternative Bewegung gegen diese Verzweiflung und Angst der Massen gibt, wie etwa Gewerkschaften oder progressive Parteien.

Weil das Verlangen nach einer verantwortlichen Führung groß ist, wird nach den Fundamentalisten gerufen. Aber alles, was ihnen einfällt, ist, die Mythen und Symbole aus dem 16. Jahrhundert auszuspielen. Wichtige Archetypen und Worte, die in unserer Erinnerung ein ungeheures Gewicht haben. Die Fundamentalisten benutzen die Archetypen und Reichtümer der Sprache, um eine einzige, einfache Botschaft zu vermitteln: Gebt uns Macht, und wir werden eure Probleme lösen – in einem muslimischen Staat! Wer dieser Botschaft folgt, denkt natürlich an einen muslimischen Staat (Rahma) der Gemeinschaft und Solidarität und an die Lösung aller Probleme.

Der Fundamentalismus ist also ansprechend, weil er die wichtigen Schlüsselsymbole und -wörter monopolisiert und sie in den Dienst eines sehr einfachen monolithischen Versprechens stellt, das da heißt: Der Islam wird deine Probleme lösen.

Daran zu glauben ist für einen Menschen, der Angst vor der Moderne hat, natürlich einfacher, als wenn ich ihm die Schwierigkeiten der Demokratie und der Pluralität erkläre. Dazu muß man diskutieren... man muß lernen... es ist die Furcht vor der Freiheit.

Der moderne säkulare Staat versprach, den Sozialismus zu bringen, wie in Algerien, oder den Liberalismus, wie in Tunesien. Er versprach, eine Weltmacht zu werden und die arabische Welt zu vereinen. Aber er versagte. Ökonomisch hatte man mittelmäßige Ergebnisse, politisch war er despotisch, und auf kulturellem Gebiet

brachte er keine Alternativen hervor. Die Führenden hörten nie auf die Massen. Sie schlossen sie von Entscheidungen aus, ließen sie nicht teilhaben an den wirtschaftlichen Entscheidungen und enthielten ihnen Wissen vor. Die Menschen wurden verachtet und abgewertet.
Von den Fundamentalisten dagegen empfingen sie Wohltaten. Sie sagten stolz: Wir brauchen die Moderne nicht, wir sehen da keine Solidarität. Wir werden einen muslimischen Staat haben, denn die westliche Entwicklung, die ihr uns versprochen habt, nützt nur einer Minderheit.
Das erklärt eindeutig den Fundamentalismus, denn die Mehrheit wurde allein gelassen. Jetzt rächen sie sich dafür. Jetzt haben die ausgeschlossenen Millionen die Möglichkeit, aktive Darsteller der politischen Szene zu sein.
Sehr wichtig!
Um den Fundamentalismus einmal zu verteidigen: Ich sehe ihn positiv, denn er hat die abgewerteten, passiven Menschen mobilisiert.
Ein zweiter wichtiger Aspekt: Er polarisiert die Debatte. Selbst wenn er Despotismus und Gewalt wiederbringt: er schafft Konfrontationen mit dem Staat, der keine klaren Positionen bezieht. Er verpflichtet auch alle Linken, Stellung zu beziehen – denn linke Männer verhalten sich ganz und gar nicht eindeutig, wenn es darum geht, ob ich gleichgestellt bin oder nicht.
Einmal habe ich auf einer Konferenz folgendes erlebt: (Wir hatten eine Debatte, weil Wahlen in Marokko waren.) Die Frauen wollten eine Quote, weil sie sonst keine Chancen hätten, gewählt zu werden. Ich dachte, die Linken würden das unterstützen. Aber was höre ich: Die Männer sind gegen die Quote. Wie bitte? Sie sind dagegen, weil die Quote undemokratisch wäre.
Ich sage zu ihnen: Merci, Allah!, daß du mir Fundamentalisten gegeben hast. Ich liebe fundamentalistische Männer, weil sie klar und eindeutig sind. Sie sagen mir, ich hätte keine Rechte, ich sei nicht gleichgestellt, und so kann ich mir eine klare Strategie zurechtlegen, ob ich einen Dialog führen oder kämpfen will. Aber ihr! Ich weiß nicht, was ich mit euch tun soll, mit euren Masken und Konfusionen.
In diesem Sinn also zwingen die Fundamentalisten die Linken, wie

auch die Bürokraten, zu sagen: Ich unterscheide mich von denen. In der Frauenfrage müssen sie sich ebenso abgrenzen, und das führt zu einer Klärung der Positionen.
Also wirklich!«

Wie haben die Männer reagiert, haben sie gelacht?
»Nein, sie waren empört. Übrigens haben die Frauen um 10 Prozent gebeten. Aber wir sind bald im Jahr 2000. Wir sollten 50 Prozent fordern!«

Haben Sie jemanden überzeugt?
»Nein... Ein Bekannter sagte zu mir: Fatema, ich schätze deine seltsamen Ideen nicht, die du immer zu den Treffen mitbringst. Ich antwortete ihm: Seltsame Ideen, mein Lieber, haben mir viel Prestige und Geld eingebracht, und ich denke, wir sollten genau da hinein investieren, in die ›seltsamen Ideen‹...«

* * *

Den Golfkrieg hat Fatema Mernissi eines der schockierendsten Ereignisse ihres Lebens genannt. Gewißheiten wurden als falsch entlarvt, Vorstellungen und Träume von der Einheit Arabiens zerrannen – nichts war mehr wie bisher. Mit dem Krieg und seinen Folgen setzt sich Mernissi in ihrem Buch ›Die Angst vor der Moderne‹ auseinander.
Es war ihr wichtig, die Angst und den Schock zu analysieren und die Grenzen zu benennen – zwischen der westlichen und der arabischen Welt, zwischen Orient und Okzident, zwischen Männern und Frauen.
Der Westen ähnele einem Stamm, meint sie, und die Europäische Gemeinschaft einer Stammesgemeinschaft, um sich abzublocken. Das geschieht nach Fatema Mernissi in dem Moment, wo die Bedeutung des Erdöls eklatant wird. Seit dem Golfkrieg zwingen die westlichen Länder die arabischen, sich zu demokratisieren und Wahlen abzuhalten. Druck wird gemacht, weil der Westen Interesse hat an der Öffnung der Märkte, um damit Einfluß zu gewinnen.

Dieser demokratische Prozeß, sagten Sie einmal, sei mit großer Angst verbunden.

»Die Demokratisierung wird ein schrecklicher Prozeß werden, weil es schnell gehen muß. Denn es gibt die ›Planetarisation‹, wie ich sie nenne – die Weltwirtschaft übt Druck auf uns aus. Diese riesigen multinationalen Supermärkte etwa, das Satellitenfernsehen, das aus der ganzen Welt zu uns kommt.

Es wird viel Gewalt geben, viele Menschen werden sich in dieser neuen Welt verloren fühlen. Die Frauen werden natürlich, wie gewöhnlich, die Sündenböcke sein, weil sie keine Macht haben. Zumindest so lange, wie sich die jüngere Generation nicht entscheidet, in die Politik zu gehen, so lange wird nichts besser. Dennoch, dieser Krieg hat so viel Steinzeitliches mit sich gebracht, daß allen Menschen bewußt geworden ist, wie wichtig es ist, daß Gewalt nicht Besitz von uns ergreift.

In diesem Sinn ist es die Rolle der arabischen Frauen, sich gegen Gewalt und Militarisierung in unserer Region einzusetzen. Ich denke, es ist jetzt unsere Pflicht, die Gewalt zu stoppen, weil wir die ersten Opfer sein werden.«

Welche Rolle spielt der Islam in diesem Prozeß?

»Der Islam ist, genau wie das Erdöl, eine phantastische Karte im Spiel. Man muß danach fragen, warum der Islam so wichtig für alle konservativen Elemente und für die Gegner der Demokratie ist. Weil sie zwei Autoritäten miteinander verbinden können – man muß der Autorität Gottes gehorchen und sich der Autorität des politischen Führers unterwerfen. Denn er repräsentiert Gott oder spricht im Namen Gottes. Eine phantastische Einrichtung für Politiker. Wenn es den Islam nicht schon gäbe, hätten sie ihn erfunden.

Die Angst vor dem Westen, der die Bomben und die Schrecken des Krieges bringt, führt zu der Einschätzung, daß der Westen mächtig und gewalttätig ist. Deshalb gehen wir zurück zu der Tradition, wir fliehen in die Vergangenheit, in die Nicht-Moderne. Die vom Westen kommende Gewalt verstärkt die Angst in den muslimischen Gemeinden, und je ängstlicher die Menschen sind, desto aggressiver werden sie auch. Und wer leidet unter der Aggression? Ich. Nicht der amerikanische Präsident.

Wir sehen in Algerien die fundamentalistische Umkehrung, sie wächst und nährt sich aus der Angst vor dem aggressiven Westen. Die Antwort ist, alles, was aus dem Westen kommt – wie Demokratie –, abzublocken. Die Ängste und die Gewalt, als Antwort darauf, blockiert diejenigen, die für eine Moderne verhandeln. Der Fundamentalismus ist eine solche Zeitverschwendung. Er lenkt ab von dem wirklich wichtigen Thema: Wie bauen wir die moderne Gesellschaft auf.«

Glauben Sie, daß islamische Länder sich an die Moderne anpassen und sich selbst reformieren können?

»Absolut! Ich sage meinen Studenten immer, die umma, die Gemeinschaft der Gläubigen, gibt es nicht mehr. Sie hilft euch nicht, die Tradition auch nicht. Es gibt weder die Tradition noch die Moderne. Ich bin sicher, daß die jungen Araber dazu fähig sind, die Karte der Moderne zu spielen, zum Beispiel Verhandlungen auf internationaler Ebene darüber zu führen, daß ein Teil des Öl-Geldes dazu dienen sollte, in den arabischen Ländern Arbeitsplätze zu schaffen. Wenn es so weitergeht wie bisher, werden wir keine Möglichkeiten für die jungen Leute, für die Moderne schaffen. Und wenn sie keine Möglichkeit bekommen, die Modernitätskarte auszuspielen, werden sie Fundamentalisten. So einfach ist das.

Der Islam ist im übrigen kapitalistisch orientiert. Es ist eine Religion der Händler und Geschäftsleute. Der Prophet war ein Geschäftsmann, Mekka war das Zentrum des Handels, das ist die Mentalität des Islam. Gut, um die Moderne zu managen und zu organisieren. Im Grunde sehe ich keinen Hinderungsgrund für die arabischen Völker, die Regeln und Spiele der Moderne mitzuspielen.«

Glauben Sie, daß demokratische Strukturen aufgebaut werden können, wenn Religion und Staat nicht voneinander getrennt sind? Wenn es keine Säkularisierung gibt?

»Die gibt es schon. Nur in wenigen Ländern nicht. Algerien, Tunesien, Irak, Ägypten haben Präsidenten. Nur in den Königreichen – von denen es drei gibt: Marokko, Jordanien und Saudi-Arabien – und den Scheichtümern nicht. Selbst in Marokko haben wir ein Parlament und eine Partei. Die Länder sind säkularisiert, aber das ist unser

Tabu, das können wir nicht laut sagen. Um die Wahrheit zu sagen, ich glaube nicht, daß überhaupt eine arabische Welt existiert. Wir essen amerikanisches Brot, wir sehen amerikanische Filme, wir kaufen Toshiba-Geräte, die Autos werden zwar in Marokko gefertigt, sind aber Volvos oder Fiats.
Mir kann keiner erzählen, wir würden nicht in einer westlichen Welt leben. Die arabische Welt gibt es nicht mehr. Wenn ich das sage, folgen gewaltige Aggressionen.
Die wirklichen Probleme werden tabuisiert. Wir sind total unterwandert, ökonomisch, kulturell, militärisch.«

* * *

Jetzt haben sich Frauen aus Marokko, Tunesien und Algerien zur Gruppe ›Femmes Maghreb 2000‹ zusammengeschlossen. Es ist keine separatistische Bewegung, sie wird unterstützt von Männern. Ziel der Gruppe ist, strategische Konzepte zu entwickeln, um in die Politik hineinzukommen. Der Prozeß der Demokratisierung wird noch viel Zeit in Anspruch nehmen. Deshalb ist der Umweg über Medien notwendig. Gerade für die Frauen sind Medien das geeignete Forum, denn sie sind weniger von Tabus belastet als die Politik. Die Technologien sind für Frauen zugänglicher und die Widerstände weniger strukturiert als in der Politik. Das Ziel ist, sich selbst als aktiv zu erkennen, als Kraft für die Zukunft des Maghreb. Informationen müssen produziert werden; bislang sind zwanzig Bücher herausgegeben worden, auch Filme bzw. Videoclips. Angefangen haben die Aktivistinnen in Menschenrechtsgruppen.
Fatema Mernissi wird nicht müde, auf die Gruppe ›Femmes Maghreb 2000‹ hinzuweisen und für deren Unterstützung zu werben. Hier sieht sie auch für sich eine wichtige Aufgabe: die Arbeit der Gruppe zu fördern und zu begleiten.

Wie schätzen Sie Ihre eigene Position in Marokko ein? Sind Sie bekannt unter Analphabetinnen, die Ihre Bücher ja nicht lesen können?
»Sie sind stolz auf mich. Auch Studenten. Ich bekomme unglaubliche Briefe, von Männern und Frauen, sie geben mir viel Liebe. Aber das heißt nicht, daß ich ein Popstar wäre.«

Ein intellektueller Star?
»Nein ... Wenn sie mich auf der Straße sehen, sagen sie: Du hältst die Fahne hoch, die Fahne des Stammes, der Frauen. Manchmal berührt mich das sehr.
Auch Fundamentalistinnen mögen meine Bücher, wegen ihrer Suche nach Würde, denke ich.«

Sind Ihnen bei dem, was und worüber Sie schreiben, Grenzen gesetzt?
»Natürlich. Ich muß zum Beispiel in anderen Sprachen schreiben. Und jetzt möchte ich nicht mehr in Marokko publizieren. Ich behalte die Rechte, aber ich möchte nichts veröffentlichen.«

Vermeiden Sie bestimmte Themen?
»Nein. Wenn ich das täte, wäre ich als Schriftstellerin am Ende.«

Sie könnten weggehen.
»Ich kann nicht von hier weggehen. Keine Sonne mehr – unmöglich. Was ich mir jetzt ausgesucht habe, ist Egoismus. Es ist mir egal, ob andere Frauen oder die Araber meine Bücher lesen, ob sie lesen, was ich schreibe. Es ist mir egal. Das Wesentliche ist, daß ich mich frei ausdrücke. Deshalb tue ich es in anderen Sprachen.
Jetzt habe ich die Veröffentlichung meiner Bücher gestoppt. ›Die Angst vor der Moderne‹ auch.«

Hatte es eine Reaktion darauf gegeben?
»Man kennt es nicht. Ich wollte nichts tun, um in den Nachrichten zu erscheinen. Das Buch erschien nicht.
›Der politische Harem‹ wurde jetzt ins Arabische übersetzt, aber ich entschloß mich, es nicht zu veröffentlichen, weil ich keine Konflikte möchte. Und mir liegt nichts daran, Ideen zu verbreiten. Die Hauptsache für mich, selbst wenn ich in Hieroglyphen schreiben müßte, ist, daß eine Frau sich frei ausdrücken können sollte. Um Kommunikation geht es mir nicht, und da die Verbreitung von neuen Ideen in arabischen Ländern gefährlich ist, sind mir die Araber egal. Es ist mir egal, ob sie sich ändern, völlig egal, für mich ist die Hauptsache, klar zu denken.«

Keine Beschäftigung mit religiösen Texten mehr?
»Keine mehr! Keine Analysen mehr! Finito.«

Und warum?
»Ich habe mich eben verändert.«

SZ

FATEMA MERNISSI

Schreiben ist die beste Schönheitskur *

»Schreiben – belebend und pflegend, Tag für Tag.«
»Gleich nach dem Aufstehen angewandt, regt Schreiben die Zellaktivität an. Schon nach den ersten Federstrichen auf dem weißen Blatt Papier straffen sich die Augenlider, und Ihre Haut erwacht.«
»Am Mittag geht es Ihrer Haut blendend. Die aktiven Wirkstoffe des Schreibens stützen die Gewebestruktur.«
»Und am Abend ist Ihre Haut entspannt, die Falten haben sich geglättet.«

Ich kann tägliches Schreiben nur empfehlen! Letztlich wirkt es genauso sicher wie die Creme »Résistance« von PHAS, deren Werbesprüche ich mir geborgt habe. Versuchen Sie es – es kostet nichts, im Gegenteil, Sie sparen auch noch das Geld für die Gesichtscreme. Zum Schreiben braucht man nur einen *bic*-Kuli für einen Dirham, ein Schreibheft für 1,50 DH und die Zeit, die man sich nimmt: hier eine Stunde, da eine Stunde, das läßt sich reihen wie Perlen auf die Schnur.
Am besten fangen Sie gleich morgen an. Lassen Sie die Feuchtigkeitscreme weg, stehen Sie lieber eine Stunde früher auf, nehmen Sie Stift und Papier – und haben Sie Geduld! Bleiben Sie ganz gelassen, irgendwann passiert etwas auf dem Blatt: der Kopf ist plötzlich wach, neue Energien werden freigesetzt, und die Ideen stellen sich ein.
Schreiben ist das beste Mittel gegen alle Arten von Krisen und gegen Falten jeden Grades. Nur gegen graue Haare hilft es nicht, da bleibt das Henna unverzichtbar. Bei aller Liebe zu den Gebräuchen meines Landes muß ich allerdings zugeben, daß die Anwendung von Henna eine etwas unsichere Sache ist. Mal werden meine Haare karottenrot, mal altrosa. »Koleston 2000« von »Wella« bietet doch etwas mehr Sicherheit, was den Farbton angeht…

* Der Text erschien als Einleitung zu einem Buch, das Arbeiten von Frauen versammelt, die im Rahmen eines Workshops in Tunis im Sommer 1991 entstanden waren. Die Übersetzung ist leicht gekürzt.

Sie sollten täglich eine Stunde schreiben – irgendwas, und wenn es nur eine Mitteilung an die Elektrizitätsgesellschaft ist, daß die Straßenlaterne vor Ihrer Haustür nicht funktioniert. Die Wirkung dieser täglichen Übung auf die Gesichtshaut ist erstaunlich: Der verkniffene Ausdruck um die Mundwinkel verschwindet, die Brauen sind nicht mehr zusammengezogen, die Starre des Blicks löst sich; und irgendwann kehrt innere Ruhe ein.

Ist Ihnen nicht auch schon aufgefallen, daß Frauen wie Nawal el-Saadawi und Assia Djebar oder Hanan ech-Cheikh und Liana Badr, um nur einige Beispiele zu nennen, so jugendlich wirken? Sie sprühen vor Energie! Und wie ihre Augen strahlen und ihre Haare glänzen! Das kommt vom Schreiben, ganz bestimmt und keine Aufbaucreme und keine belebende Kurpackung hat eine ähnlich wunderbare Wirkung.

Sie finden meine Theorie vom Schreiben als Verjüngungskur nicht überzeugend? Das macht mir gar nichts. Schließlich habe ich beides selbst ausprobiert, die Schönheitscremes und das Schreiben. Und ich kann bestätigen: Schreiben wirkt viel besser!

Billiger ist ein gründliches *face-lifting* in den arabischen Ländern nicht zu bekommen. Und dabei haben wir es gerade hier so nötig. Von der Regierungspolitik über das Wirtschaftsklima bis zur ideologischen Umweltverschmutzung trägt alles dazu bei, die Frauen vorzeitig altern zu lassen: jedes halbe Jahr ein Nervenzusammenbruch, einmal im Monat ein Herzanfall, mit fünfundzwanzig schon grau und ab dem zwanzigsten Lebensjahr monatlich mindestens fünf neue Falten im Gesicht.

Ich empfehle natürlich nur, was ich selbst getestet habe – genau wie die Frauen in der Waschmittelwerbung, die jetzt so häufig bei uns im Fernsehen gezeigt wird. Also, ich schreibe regelmäßig seit über zwanzig Jahren, so wie andere ihre Yogaübungen machen oder boxen... Und alle Welt macht mir Komplimente: »Du wirst ja immer jünger! Gut siehst du aus! Wie kriegst du das nur hin?« Mein Geheimnis ist das Schreiben. Selbst wenn ich mich mit dem Gemüsehändler streite, der mir (schon wieder!) drei angefaulte Birnen untergeschoben hat (ein Kilo sind nur fünf), dann schreibe ich mir ein kleines Drehbuch: Was werde ich sagen, was gibt er zur Antwort... Ich analysiere die möglichen Handlungsvarianten, lege mir die Antworten zurecht und achte darauf, daß ganz deutlich wird, worum es mir geht – daß ich nämlich drei Fünftel des Geldes wiederhaben will! Darauf kommt es beim Schreiben an: Man macht sich klar, was man sagen will, und dann versucht man mit allen Mitteln, es dem Gegner beizubringen. Entschuldigung! Ich meine natürlich: dem Leser beizubringen! Beim Schreiben hat man keinen Gegner, es ist eben doch kein Boxkampf. Beim Boxen geht es darum, dem Gegner eins auf die Nase zu geben – zack! Da heißt es, er oder ich! *Ahafid! Assatar!* Aber beim Schreiben sollen die Nasen aller Beteiligten unversehrt bleiben, aus dem Gegner soll ein Gegenüber werden.

Das ist das ganze Geheimnis: Uninteressierte in aufmerksame Leser und Leserinnen zu verwandeln. Und darum hat das Schreiben, ganz im Unterschied zum Boxen, die belebende Wirkung einer Schönheitskur. Es macht aus den »Ungeheuern«, von denen wir umgeben sind, liebenswerte Gesprächspartner, die uns begeistert zuhören. Wer schreibt, kann sich Gehör verschaffen, ohne sich heiser zu schreien. Wenn Sie gelernt haben, schreibend deutlich zu machen, was Ihnen am Herzen liegt, werden Sie feststellen, daß andere, Unbeteiligte, Geld ausgeben, um zu erfahren, was Sie zu sagen haben. Ist das nicht großartig? Die arabischen Frauen sollten von dieser Möglichkeit unbedingt Gebrauch machen, mindestens so ausgiebig wie von der Feuchtigkeitscreme!

Sicher werden Sie sich nun fragen, wie es denn gelingen soll, all die Monster (die sich oft als Freunde, Kollegen, fromme Muslime oder freundliche Staatsdiener tarnen) in aufmerksame Partner zu verwandeln? Hier zeigt sich, wie sehr das Schreiben die Wirkung von Ausgleichssport und Verjüngungskuren übertrifft: Man muß sich selbst verwandeln, dann werden die anderen Interesse zeigen. Das heißt zum Beispiel, trotz allen Zweifels und aller eigenen Unsicherheit daran zu glauben, daß es wichtig ist, sich zu äußern, und daß die kleine Flamme, *schu'la*, das Licht, das man in sich trägt, Aufmerksamkeit verdient.

Damit die anderen nicht mehr wie Ungeheuer über einen herfallen, sobald man den Mund aufmacht, um eine interessante und (ganz bestimmt) einmalige Idee vorzutragen, sollte man zunächst selbst die Kampfhaltung des Boxers aufgeben. Es hat mich Jahre gekostet, das zu begreifen.

Als ich anfing zu schreiben, verfaßte ich giftige Artikel für die Mo-

natszeitschrift *Lamalif*, die in den siebziger Jahren von Zakia Daoud begründet und, gegen alle Widrigkeiten, in Casablanca verlegt wurde. Irgendwann waren die Widrigkeiten dann nicht mehr zu überwinden, und das Blatt mußte sein Erscheinen einstellen. Aber das ist eine andere Geschichte, bleiben wir bei Schönheitscreme und Boxen. Viele meiner Freunde und Kollegen (und einige waren beides) fanden sich in meinen Artikeln sehr unfreundlich porträtiert. Erbitterte Auseinandersetzungen waren die Folge. Irgendwann kam ich zu dem Schluß, daß es so wirklich nicht weitergehen konnte. Ob ich es mit einem positiven Ansatz versuchen und mich einfach auf das Machbare konzentrieren sollte, statt mich mit den Unmöglichkeiten aufzuhalten? Vielleicht konnte ich Hoffnung wecken, mir selbst und anderen vorführen, wie man durch den Dreck geht, ohne auszurutschen, und wie man es schaffen könnte, sich schließlich am eigenen Schopf aus dem Sumpf zu ziehen. Warum nicht versuchen, eine bessere Welt zu erfinden? Was hatte ich zu verlieren?
Dieses Eingeständnis eröffnete mir eine ungeahnte Fülle neuer Erfahrungen: Freundschaften, Bündnisangebote, harte, aber konstruktive Kritik. Die Leser und Leserinnen machten mir Mut, auf diesem Weg weiterzugehen, sie teilten ihre Gefühle, ihre Träume und Hoffnungen mit mir. Das ging so weit, daß ich Rabat kaum zehn Tage verlassen konnte, ohne schreckliches Heimweh zu bekommen. Meinen Zorn hatte ich dabei fast verloren, er fand jedenfalls veränderte Ausdrucksformen.
Wer schreiben will, muß sich auf die eine oder andere Art von seiner Wut freimachen, muß lernen, sie zu beherrschen – es hat wenig Sinn, sie bloß zu Papier zu bringen. Ich will einen Autor ja nicht lesen, um mich nur von seinem Zorn anstecken zu lassen, sondern ich möchte in allen Einzelheiten vorgeführt bekommen, woraus sich dieser Zorn nährt: Ich will alles wissen über die unendlich vielfältigen Formen unterdrückter Gefühle und kompliziert verschränkter Empfindungen, die zu Enttäuschung und Demütigung geführt haben. All diese kleinen Regungen interessieren mich, die den Bewohnern des *Maghreb*, gleich welchen Geschlechts, alltäglich vertraut sind. Und natürlich geht es mir vor allem um die Gefühle der Frauen, denn ihr Schweigen ist eine traditionelle Grundvoraussetzung unserer Gesellschaft: Seid still und fügt euch! Die meisten Männer haben auch nicht viel zu

sagen, aber es bleibt ihnen erspart, ihre Machtlosigkeit als geheiligtes Prinzip, als unverzichtbares Moment ihrer Identität öffentlich vorgeführt zu bekommen. Genau das geschieht jedoch den Frauen: Das Zivilrecht, Ausdruck der Macht, der sie sich unterwerfen sollen, ist in diesem Geiste formuliert.

Die Macht – das ist der Schlüsselbegriff, wenn vom Schreiben die Rede ist.

Seit Jahrtausenden haben die Menschen das Schreiben als ein Mittel begriffen, sich dem Zugriff der Macht zu entziehen. Ich kann mich zum Beispiel in einer stillen Stunde hinsetzen und einen langen Brief an den Chef des staatlichen Postwesens schreiben, der gerade mal wieder eine Mitteilung verschicken ließ, die wie eine Verlautbarung aus dem Weißen Haus während des Golfkriegs klingt. Dieser Postdirektor gehört zu den geheimnisvoll entrückten Persönlichkeiten im Königreich Marokko. Zu ihm vorzudringen ist ein kompliziertes Vorhaben, schwieriger als eine Pilgerfahrt nach Mekka vor Erfindung der Dampfmaschine. Der Brief wird ihn vielleicht nie erreichen. Aber ich gebe zu bedenken, daß der Brief auch ankommen könnte. Selbst wenn die Chancen eins zu tausend stehen.

Schreiben heißt, solche winzigen, verschwindend geringen Chancen zu ergreifen. Schreiben heißt sich äußern, kommunizieren, auf die Gefahr hin, daß der Adressat nichts hören will und sich nicht dafür interessiert, was man zu sagen hat.

So verstanden, bietet das Schreiben allen, die isoliert, erniedrigt und machtlos sind, die einzigartige Möglichkeit, sich ihren eigenen kleinen Raum zu schaffen und einen Dialog zu eröffnen: zuerst mit sich selbst, dann mit den anderen und irgendwann vielleicht mit den Mächtigen... Die mögen davon niemals Kenntnis nehmen, aber eins ist sicher: Der tägliche Versuch, sich auszudrücken, bewirkt Veränderung. Man ändert nicht gleich die ganze Welt, aber sich selbst – und ich bin sicher, daß die Weltveränderung so ihren Anfang nimmt.

Das trägt mir natürlich Kritik von seiten unserer »Politiker« ein, die zumeist glauben, sie könnten uns ändern, indem sie uns die Ohren vollreden. Dabei schmoren sie selber seit Jahrzehnten im Saft ihrer Programme, die sich seit den großen Zeiten der Unabhängigkeitsbewegung kaum geändert haben. Ich will die Bedeutung der politischen Bewegungen gar nicht leugnen; ihr Kampf ist notwendig, um neue

Inhalte zu vermitteln und veränderte Einstellungen zu erreichen. Aber in der Literatur, beim Schreiben geht es um andere Dinge, und es sind andere Töne gefragt.

Zurückhaltung und Bescheidenheit zum Beispiel. Der Politiker hat eine Botschaft zu verkünden, er bietet uns ein Programm an, das unser Leben ändern soll – ein Angebot, nicht anders als die Creme »Résistance« von PHAS. Das Schreiben (von Literatur, von Texten, die uns fesseln) ist dagegen eine unsichere Angelegenheit, das Unterfangen eines schwachen Menschen, der keine Lösung bietet, der sich selbst noch finden will und der keine Gewißheiten hat, der nur spürt, daß etwas nicht stimmt, daß etwas schmerzt.

Schreiben ist auch ein Bekenntnis zur Machtlosigkeit, das aber begleitet und gestützt wird von unglaublicher Großzügigkeit und einem wunderbaren Glauben an die Menschheit, an die Größe des Menschen, die darin besteht, daß er sich bessern kann. Wie eine archaische Form des Gebets drückt es den Glauben an die Möglichkeit des Austauschs und der Verständigung aus, die Überzeugung, das Gute in den anderen anrühren zu können, ihre Großmut, ihren Wunsch, sich zum Besseren zu wandeln.

Ja, auch wir *maghrebins* können es noch schaffen, obwohl wir schlecht gestartet sind in das elektronische Zeitalter. Wir sind erschreckt und verwirrt, aber wir können uns ändern, die Männer wie die Frauen, wir können uns verwandeln und unseren Platz auf dem Planeten finden, der seiner Bahn in die Galaxien der Zukunft folgt.

Und auf dem Weg in diese zukünftigen Welten braucht der Maghreb die vielstimmigen Beiträge der Frauen. Wir müssen lernen, die eigene Meinung klar zu fassen, unser Selbstbild und unsere Vorstellung von der Zukunft der Welt, in der wir leben, deutlich zu formulieren. Ohne Eitelkeit und ohne Machtanspruch – einfach nur in der Absicht zu sagen, was wir denken. Es gibt ja so viel zu berichten: Manche Frauen weben die herrlichsten Teppiche im Verborgenen, andere sticken, viele verbringen harte Tage und Nächte in den Fabriken, wieder andere sitzen in den trostlosen Büros der Verwaltung. Tausend Arten, seinen Beitrag zu leisten, tausend Möglichkeiten zu erzählen. Wir müssen nur zusammenkommen, einander helfen und die graue Wirklichkeit vielstimmig zum Tönen bringen.

Und die Schreibenden, Schriftsteller und Schriftstellerinnen vor ihrem Blatt Papier, sie dürfen überzeugt sein, daß ihre kühnsten Träume wahr werden können. Unsere kleine Region, der Maghreb, ist nicht besonders reich, es gibt keine berühmten Forschungslabors, und es fehlt uns an demokratischer Erfahrung. Aber warum sollte es uns nicht gelingen, ein kleines Paradies des Dialogs und der Verständigung zu schaffen? Denken wir uns eine Welt, in der alle, Männer und Frauen, linke und muslimische Integristen, Staatsdiener und Studenten ihren Platz finden, sich trotz aller Gegensätze respektieren und miteinander weiterentwickeln.

Das ernsthafte Schreiben, die wahre Literatur handelt vom Forschen und Suchen, sie verordnet keine Patentrezepte. Und, wie gesagt, die Wirkung übertrifft jede Schönheitskur.

Aus dem Französischen von Edgar Peinelt

Biographische Notiz

Fatema Mernissi wurde 1940 in Fes geboren und wuchs in einem Harem auf. Nachdem sie die Schule abgeschlossen hatte, verließ sie die Enge der alten Königsstadt. Studienjahre in Paris und in den USA folgten. Heute lebt sie als Professorin für Soziologie in Rabat, hält Seminare an der Universität, schreibt Bücher und engagiert sich in Gruppen und Projekten, die die Gleichstellung der Frauen zum Thema haben.

Mit ihren Büchern hat sie sich im Westen Geltung verschafft, sie gilt als ›Matriarchin der maghrebinischen Frauenbewegung‹. Ihre Reflexion über die Stellung der Frau im Islam (›Geschlecht, Ideologie, Islam‹), ihre Protokolle über marokkanische Frauenleben (›Der Harem ist nicht die Welt‹), ihre Auseinandersetzung mit den islamischen Lehrmeinungen über das Verhältnis der Geschlechter und die Rolle der Frau (›Der politische Harem‹), ihre historischen Studien über den Status der Frauen (›Die Sultanin‹) sind spannende Leseangebote für alle, die – jenseits jeder Ideologiedebatte – sachliche Informationen zum Thema ›Frauen und Islam‹ suchen und Fakten in neuem Licht interpretiert sehen wollen. Ihr Buch ›Die Angst vor der Moderne‹ ist kurz nach dem Golfkrieg erschienen und befaßt sich mit dem Weg islamischer Gesellschaften in die Zukunft.

Ich suchte überall nach einem sympathischen Gesicht
ALIFA RIFAAT

Durch Zufall fiel mir bei meiner Suche nach arabischen Schriftstellerinnen für meine Anthologie ›Frauen in der arabischen Welt‹ ein Band mit Erzählungen von Alifa Rifaat in die Hand. Ihren Namen hatte ich vorher noch nie gehört, und ich fragte viele arabische Kolleginnen und Kollegen nach ihr, aber niemand konnte mir etwas über sie sagen. Ihr Name war in den arabischen Feuilletons kaum aufgetaucht. Ich entdeckte in ihr eine außergewöhnliche Erzählerin und beschloß, für meine Anthologie zwei Geschichten zu übersetzen. Dann bekam ich Kontakt zu ihr und übersetzte zwei Bände mit Erzählungen von ihr. Alifa Rifaat ist ein Phänomen in der arabischen Literatur. Man könnte sie fast eine ›Exotin‹ nennen.

Sie wurde 1930 in Kairo geboren. Ihre Familie stammt aus dem Dorf Al-Zahra in der Provinz Al-Scharqiya, wo sie als Kind oft den Sommer verbrachte. Sie gehörte zur Oberschicht; der Vater arbeitete als Direktor für das Bauwesen im Ministerium, die Mutter, eine Cousine des Vaters, war Fremdsprachenlehrerin für Englisch. Bis 1948 besuchte Alifa Rifaat die Haushaltsschule.
Ihre Kindheit war geprägt von Gefühlen und Wahrnehmungen, die sie unbedingt zum Ausdruck bringen wollte, und so begann sie früh zu schreiben. Sie lebte später jedoch mit einem Mann, der die Literatur ablehnte. Er glaubte, daß die Bücher ein Grund für Unglück seien. Um so mehr klammerte sie sich ans Schreiben, denn das Schreiben bedeutete für sie einen Weg der Befreiung aus ihrer schwierigen Lage in ihrer Familie und aus der Enge der gesellschaftlichen Normen.
Sogar die Schule war für ein sensibles Kind wie Alifa Rifaat eine Qual, »ein Kind, das mit einer schwachen Konstitution heranwuchs, empfindlich und ängstlich, geschlagen von Wißbegier, eine Quasselstrippe mit einer Phantasie, die furchtbar war bis zu dem Punkt, wo ich immer auch an Lügen interessiert war, obwohl ich eigentlich keine Lügnerin war«. Aber ihr Weitblick half ihr zu überleben, ein Weitblick, wie ihn »ein Leser, der zwischen den Zeilen eines Buches lesen kann«, hat.

Sie wuchs in einer sehr konservativen und traditionsbewußten Familie auf. Der Vater war nicht nur das Oberhaupt der Familie, sondern bestimmte alles, vor allem auch das Leben der Frauen und Mädchen.
»Alle Entscheidungen in unserer Familie wurden von den Männern getroffen, weil wir zu einem Zweig der Familie gehören, dessen Ursprünge auf Umar Ibn Al-Khuttab (einen der rechtmäßigen Nachfolger des Propheten Mohammed) zurückgehen. Wir waren stolz auf unseren arabischen Ursprung und hielten uns an bestimmte arabische Normen, die unter anderem besagen, daß die Hochzeit von Mädchen und deren Erziehung eine Angelegenheit des Mannes ist und bleibt.«
Ihre Familie brachte ihr und den anderen Mädchen und Frauen bei, sich in Gesellschaft wie Damen zu benehmen, sich den Gästen gegenüber freundlich, aufgeschlossen und höflich zu zeigen. Gleichzeitig verlangte man aber von ihnen als noch unverheirateten Frauen, zu Hause zu bleiben und auf den Bräutigam, den die Familie für sie auswählte, zu warten.

In ihrem Leben wurde sie hart dafür bestraft, daß sie Künstlerin werden wollte. Da die Kunst und die Literatur nach Ansicht ihrer Familie reine Zeitverschwendung darstellten, wurde die Beschäftigung damit einfach verboten. Zum ersten Mal machte Alifa Rifaat diese Erfahrung, als sie noch ein Kind war:
»Ich habe eine Kurzgeschichte geschrieben, als ich vierzehn Jahre alt war. Sie handelte von der Verzweiflung in unserem Dorf. Dafür wurde ich aber bestraft.«
Danach versuchte sie es mit der Ölmalerei, mit der Musik und der Komposition. Sie beschreibt dieses Erlebnis in ihrer Erzählung ›Meine Freundin‹. Es ist die Geschichte eines kleinen Mädchens, das davon träumt, Künstlerin zu werden. Es liebt die Musik, das Tanzen und das Theater: »Ich neigte der Kunst zu und verehrte die Schönheit mit Begeisterung. Man erzählte sich von mir, daß ich aufhörte zu weinen, sobald ich Musik und Gesang aus dem Radio hörte.«*

* Zitate aus: ›Meine Freundin‹, entnommen dem Band ›Erste Liebe – Letzte Liebe‹, Berlin 1989.

Eines Tages wagt die Ich-Erzählerin, eine Theater-Gruppe zu gründen. Als der Vater davon erfährt, läßt er sie seinen Stock spüren und schreit wütend: »Töchter aus anständigen Familien sind dazu geboren, unbescholtene Ehefrauen zu werden. Laß den schamlosen Unfug und kümmere dich um deine Schule!«* Danach zog sich das kleine Mädchen – wie auch Alifa Rifaat – in ihre Einsamkeit zurück.

»Ich habe meine Tage von Moment zu Moment gelebt, wobei ich unter Tränen immer nur nach einem Tropfen von Mitgefühl in diesen steinernen Herzen der Männer gesucht habe; nur ein Tropfen hätte die Agonie meines Verlustes und meiner Verzweiflung zerstört.«

Der nächste Versuch, sich aus den Fesseln der Familie zu lösen, endete ebenso kläglich wie alle anderen Schritte, die sie bis dahin unternommen hatte. Sie wollte eine Universitätsausbildung beginnen und schrieb sich dafür am Kolleg der Schönen Künste ein. Aber die Weigerung des Vaters zerstörte ihre Pläne; er zwang sie, zu Hause zu bleiben, und verheiratete sie 1951, ohne sie vorher zu fragen, mit einem Geologen, den sie vorher nicht kennengelernt hatte und den sie nicht liebte.

Alifa Rifaat, die sich schon als Kind mehrfach zu widersetzen versucht hatte, mobilisierte erstaunlicherweise immer wieder enorme Kräfte, um den für sie vorbestimmten Lebensweg zu durchkreuzen. Ihre erste große Rebellion war die Weigerung, diese Ehe, die sie nicht gewollt hatte, zu vollziehen. Sie lebte mit diesem Mann acht Monate lang zusammen, ohne eine sexuelle Beziehung zu ihm herzustellen, bis er sie verstieß und sie als Jungfrau zu ihren Eltern zurückschickte.

1952 heiratete sie ihren zweiten Mann, einen Verwandten, ihren Cousin mütterlicherseits. Er war Polizeioffizier und stieg später zum Polizeioberst auf. Aus dieser Ehe stammen zwei Söhne und eine Tochter. Er hatte nach der Scheidung von ihrem ersten Mann viel Verständnis und Sympathie für sie und schrieb ihr zahlreiche Liebesgedichte; nach ihrer Hochzeit entdeckte sie jedoch, daß diese Ge-

* Zitate aus: ›Meine Freundin‹, entnommen dem Band ›Erste Liebe – Letzte Liebe‹, Berlin 1989.

dichte nicht von ihm selbst stammten, sondern daß er sie aus einem Buch abgeschrieben hatte. Das war für sie die zweite große Enttäuschung. Denn in diese Ehe hatte sie alle Hoffnungen gesetzt, sich durch sie endlich aus der Enge der Familie befreien zu können.

»Ich sah mich um, um nach jemandem zu suchen, der mich vor der Härte des täglichen Lebens, vor der Ungerechtigkeit der eigenen Familie und der Unterdrückung durch die anderen hätte beschützen können. Ich suchte überall nach einem sympathischen Gesicht, nur um gegen die Boshaftigkeit von Wölfen anzurennen, die versuchen – alle, einfach alle –, die Geheimnisse der Frau zu stehlen und den Duft verborgener Orte der Lust zu genießen.«

Ihre Ehe mit diesem Mann war unglücklich und zerstörte die Hoffnungen, die sie in ihn gesetzt hatte. Sie erfuhr, daß er heimlich trank, sein Geld bei Pferderennen verwettete und sogar damit protzte, außereheliche Beziehungen zu Hausangestellten und anderen Frauen zu unterhalten. Ihr gegenüber trat er in all den Jahren jedoch als anständiger Ehemann auf. Nach wenigen Jahren konnte er sich dieses vor allem auch finanziell recht aufwendige Leben nicht mehr leisten und hatte eine beachtliche Erbschaft, die er gemacht hatte, aufgebraucht. Er ließ sich deshalb 1960 versetzen, verließ Kairo und lebte mit der Familie von nun an in verschiedenen kleinen Orten auf dem Lande. Das Leben in der ägyptischen Provinz ist daher auch oft Schauplatz von Erzählungen von Alifa Rifaat, die häufig stark autobiographische Züge tragen. Sie begleitete ihren Mann auf seinen beruflichen Reisen und schrieb später über ihre Erfahrungen.

Viele Geschichten von Alifa Rifaat beschreiben anschaulich den Tagesablauf im Leben einer Frau auf dem Lande und in der Stadt. Sie vermitteln, wie die Frau in ihrem Alltag denkt und fühlt, und zeigen einen Lebenszustand, der von wenig Aktion gekennzeichnet ist. Es sind ganz einfache Skizzen aus dem Leben. Sie handeln oft von Frauen, die sich in diesem begrenzten Rahmen des traditionellen Lebens auf dem Lande bewegen müssen, ohne auch nur die geringste Chance zu haben, sich ein wenig daraus zu befreien. Die Enge der traditionellen dörflichen Gemeinschaft und die Erwartungen, die man an eine anständige Ehefrau stellt, lassen ihr kaum Bewegungsspielraum. Es geht in den Erzählungen um das Leben der arabischen Frau, die im Alltag versteckt bleibt und nicht in Erscheinung tritt.

»In der Tat, seit ich Kind bin, fühle ich, was die Frau erleidet, vor allem auf dem Lande, weil ich dort lange Zeit verbracht habe, obwohl ich aus der Stadt und aus einer konservativen, bürgerlichen Familie komme. Aber ich beobachtete die Frau lange Zeit und fühlte, wie sie unter der Entfremdung und Einsamkeit litt, obwohl sie von vielen Menschen umgeben war.«

Auch sie selbst litt unter Depressionen. Das kam daher, daß ihr Ehemann als Polizeioffizier auf dem Lande arbeitete und sie zwang, keine Kontakte zur Gesellschaft und zur Bevölkerung in ihrer Umgebung aufzunehmen, mit der Begründung, er wolle keine Benachteiligung für die einen oder die anderen. Und wenn etwas passieren würde, dann sollten die Leute nicht sagen können, er stehe auf der Seite der einen oder der anderen, weil er sie kenne. So war sie immer allein. Sie hatte kaum Besuch, niemand kam zu ihr, obwohl sie gerne mit Menschen sprach, mit Männern, Kindern und Frauen. Deshalb schrieb sie viel über die einsame, verlassene Frau. Die Heldinnen ihrer Geschichten leben ständig mit diesem Einsamkeits- und Entfremdungsgefühl. So spricht zum Beispiel die Frau in der Geschichte ›Es war einmal mein Geliebter‹ als Ersatz für den Kontakt zu Menschen mit ihrem Papagei. Das Tier wird zum verständnisvollen Partner, der zuhört, wann immer sie es will, und der ihr die Einsamkeit ein wenig erträglicher macht.

»Aber meine Kontakte waren immer oberflächlich. Und wenn ich Frauen traf, zum Beispiel im Club oder im Urlaub am Strand, dann erzählten sie mir intime Dinge. Und sie haben immer zu mir gesagt, obwohl sie mich nicht kannten: ›Du bist ein vertrauenerweckender Mensch.‹ Deshalb nannte ich mich selbst später Alifa, die Vertraute.« Sie schrieb nur unter diesem Namen und nicht unter ihrem richtigen Namen Fatima. Die Frauen erzählten ihr alles und wußten nicht, daß sie eine Schriftstellerin war, denn sie schrieb ja unter einem Pseudonym.

»Mich hat immer die Beziehung in der Ehe interessiert. Ich suchte diese Geschichten. Ich war immer neugierig, persönlich und literarisch, etwas über diese Beziehung zu erfahren.«

Es ist erwähnenswert, daß ihr Ehemann außer sich geriet, als sie ihre erste Kurzgeschichte 1955 unter dem Titel ›Eine Frau hinter Gittern‹ in der Zeitschrift ›Ar-Risala Al-Gadida‹ in Kairo veröffentlichte. Er

schickte sie wegen dieser Veröffentlichung zurück zu ihrem Vater, der sie jedoch wieder zum Haus ihres Mannes brachte. Ihr Mann bestand darauf, daß er keine Schriftstellerin als Ehefrau an seiner Seite wollte. Kunst und Literatur waren für ihn ohnehin negativ besetzt.
»Ich hatte eine Schwester. Sie war wie eine Zwillingsschwester für mich. Sie erkrankte im Ausland wegen ihres Mannes. Einmal fand sie ihn im Bett zusammen mit einer Babysitterin. Meine Schwester wurde krank und starb bald darauf. Ich war schockiert. Ich schrieb eine Erzählung darüber mit dem Titel ›Eine Frau hinter Gittern‹. Ich wartete auf meinen Mann, um ihm meine erste Veröffentlichung in der Zeitung zu zeigen. Ich erwartete von ihm, daß er mir dafür etwas schenken würde, zum Beispiel einen Füller aus Gold oder etwas Ähnliches. Aber er war wütend und sagte, daß er dagegen sei, daß seine Frau an die Öffentlichkeit trete und er sich dann in ihrem Schatten bewegen müßte.«
So schickte sie ihre Briefe an Verlage und Zeitschriften unter verschiedenen Pseudonymen wie ›Aida‹, ›Alifa Sadiq‹ und ›Bint Banha‹, was ›die Tochter von Banha‹ heißt. In dieser Zeit lebte sie in Banha, wo ihr Mann arbeitete. Sie schrieb Kommentare zu gesellschaftlichen und kulturellen Ereignissen, aber auch Kurzprosa und Essays. Die meisten davon veröffentlichte sie in der Tageszeitung ›Al Gumhurria‹, bis ihr Mann dies 1960 entdeckte. Er stellte sie vor die Entscheidung, zwischen ihm und dem Schreiben zu wählen. Sie mußte auf den Koran schwören, daß sie nicht mehr schreiben und veröffentlichen werde. »Ich schwor auf den Koran, damit ich meine Kinder unter meiner Obhut erziehen konnte.« Der Schwur auf den Koran ist für eine gläubige Muslimin eine ernstzunehmende und bindende Verpflichtung. Er kann nur durch die Person, vor der sie auf den Koran geschworen hat, wieder gelöst werden.
Dann verschwand Alifa Rifaats Name plötzlich von der literarischen Bühne. Sie zog mit ihrem Mann von einem Ort zum anderen, bis sie sich endlich wieder in Kairo, ihrer Stadt, niederließ, wo sie seitdem wohnt. Sie begann erneut in Zeitschriften zu veröffentlichen.
Tatsächlich hat sie für etwa fünfzehn Jahre aufgehört zu schreiben; während dieser Zeit hat sich Alifa Rifaat viel mit Büchern beschäftigt. Sie studierte Literatur und las viele Werke über Sufismus, Geschichte, Astronomie und Naturwissenschaften.

1971 litt sie unter einer schweren psychosomatischen Krankheit, der die Ärzte hilflos gegenüberstanden. Ein Arzt fand schließlich heraus, daß der Grund das Schreibverbot war.
»Fünfzehn Jahre lang schrieb ich nicht und litt unter schweren psychosomatischen Störungen. Als die Ärzte herausfanden, daß ich etwas verdrängte, fragte mich mein Mann nach dem Grund, und ich antwortete ihm: das Schreiben. Mein Mann entband mich daraufhin von dem einst geleisteten Schwur, nicht mehr zu schreiben. Er hatte dieses Schreibverbot schon vergessen. So fing ich wieder an zu schreiben. Inzwischen waren meine Kinder groß geworden.«
So war Alifa Rifaats Leben eng mit ihrer schriftstellerischen Arbeit verknüpft. Dieses Leben führte sie zu einer für sie und ihre Literatur entscheidenden Frage: Was war es, was der Mann tatsächlich von einer Frau wußte? Die Suche nach der Antwort auf diese Frage hat sie über Jahre ihres Lebens beschäftigt, und sie bezahlte einen außerordentlich hohen Preis (ein Nervenzusammenbruch und zahlreiche psychosomatische Störungen). Schließlich begann sie wieder, Kurzgeschichten zu schreiben. Dies war der Zeitpunkt, als sie herausgefunden hatte, was der Mann von der Frau wirklich wollte:
»Er will, daß sie ohne jeden Zweifel Jungfrau ist mit einem gesellschaftlichen Hintergrund, der seinem Sinn für Ehre Sicherheit gibt – dann wird er sie heiraten. Anschließend möchte er, daß sie weltklug im Bett ist und weiß, wie sie ihm Vergnügen schenken kann, so wie bestimmte Frauen, die manchmal zu ihm kommen, um ihm seine Wünsche zu erfüllen. Diese Sklavinnen und Huren bieten ihm billiges und leichtes Vergnügen und geben ihm das Gefühl, er wäre der Meister und sie seine Dienerinnen, die ihm versprechen, ihm jede Laune zu erfüllen, solange er nur den Preis bezahlt. Also gibt es keinen Unterschied zwischen dem Bezahlen des Preises für ein Eine-Nacht-Mädchen und der Inbesitznahme einer Frau für sein Heim mit dem gesetzlichen Recht, sie zu entlassen, wann immer er das will.«
Um gegen diese Situation zu revoltieren, begann sie zu schreiben. Anders als viele andere Schriftstellerinnen hat sie nicht versucht, die westlichen Frauen nachzuahmen, die Gleichheit forderten. »Tatsächlich trägt nämlich der Islam bereits ein Prinzip der Gleichheit zwischen den Geschlechtern in sich. Ich bin stolz, eine Frau zu sein. Gott ist großzügig zu mir, weil er mich damit geehrt hat, mir eine

Gebärmutter zu geben, deren Name schon von Seinem abstammt« (auf arabisch bedeutet Gebärmutter ›Rahem‹, das ist gleichzeitig ein Beiname Gottes und bedeutet ›Gnade‹), »und er schuf den Garten Eden unter den Füßen von Müttern. Ich habe herausgefunden, daß es das allumfassende Recht der Frau ist, auf einem ganzheitlichen emotionalen und sexuellen Leben in der Ehe zu bestehen, ein Zustand, der bisher nicht existiert. Lange Zeit hat der Mann die Rechte der Frau nicht respektiert, und die Frau hat nicht darauf geachtet, hat sich auf ihre Fersen gesetzt und war damit zufrieden, im Zustand der Unwissenheit zu verweilen und sich geistig nicht zu entwickeln. Dann, als eine neue arabische Frauenbewegung entstand, versuchte sie blind den Westen nachzuahmen, obwohl es – wenn sie sich ihrer selbst und ihrer Rechte bewußt gewesen wäre – der Westen hätte sein müssen, der sie nachgeahmt hätte.«

Alifa Rifaat ist eine gläubige Muslimin, aber eine aufgeklärte, keine Fundamentalistin. Sie versteht den Islam nicht als Hindernis, sondern als schöpferische Kraft, deshalb verwendet sie oft Koranzitate in ihren Erzählungen und schafft damit eine fast religiöse, jedoch unverkrampfte Atmosphäre. Sie trägt in Ägypten das Kopftuch und meidet weitgehend die Öffentlichkeit. Das Religiöse, das sie sehr beschäftigt, ist für sie ein Teil ihrer Suche nach Erfüllung im Leben. In der mystischen und spirituellen Erfahrung der Religion findet sie die Liebe, die sie sucht. Ihre Religiosität fand ihren Höhepunkt in ihrer Pilgerfahrt nach Mekka.

»Ich bin nicht gegen den Islam, aber unsere Vorstellung des Islam braucht eine Erneuerung. Ich selbst bin eine muslimische, religiöse Frau. Ich verstehe den Islam richtig, deshalb verlange ich, daß der Islam modern gedeutet werden muß. Und wenn wir den Islam richtig begreifen, können wir alle Muslime werden, weil alle Religionen einen Geist haben; alle Religionen vereinigen sich in dem Glauben an den Schöpfer der Welt, und das ist alles.«

Auf der ersten Internationalen Frauen-Buchmesse in London 1984 nahm sie an einer Diskussion im Afrikanischen Zentrum teil. Das war ihr erster Auftritt im Ausland in der Öffentlichkeit. Sie sprach über die Rechte der Frauen im Islam. Als sie gefragt wurde, ob sie die Polygamie akzeptiere, schockierte sie viele anwesende Frauen mit ihrer Antwort:

»Ja, ich stimme ihr zu, aber nur weil Gott eine gerechte Behandlung zur Bedingung gemacht hat. Weil das jedoch in der Praxis sehr schwierig zu erreichen ist und weil die finanzielle Unterstützung unter den jetzigen Umständen auch ein schwieriges Problem ist, da es sogar schwierig ist, nur eine einzige Familie zu ernähren, folgen die meisten Muslime dem leitenden Licht dieses Koranverses. Sie befürchten, daß sie nie gerecht sein könnten, und meinen, daß es deshalb am besten ist, mit einer Frau zufrieden zu sein. Gleichzeitig ist das Hassenswerteste unter den von Gott gebilligten Dingen die Scheidung, die nur durch ein legales Urteil rechtmäßig wird und nicht etwas ist, das der Ehemann benutzen kann wie ein Schwert, das über dem Kopf der Ehefrau hängt und mit dem er ihr droht.«
Die meisten ihrer Geschichten beziehen sich auf das Recht der Frauen auf ein erfülltes emotionales und ein befriedigendes sexuelles Leben in der Ehe. »Die Eheleute können sich nur dann lieben, wenn sie sich in einem Zustand vollständiger seelisch-geistiger Entspannung befinden, so daß sie in der Lage sind, diesen paradiesischen Höhepunkt zu erlangen, der zu den kreativen Fähigkeiten gehört und der dem Mann neue kreative Horizonte eröffnet, die ihn zum Himmel führen, wo er die Mächte des Schöpfers, gelobt sei Er, entdeckt.«

Vier Ereignisse in ihrem Leben erlangten für sie eine außerordentliche Bedeutung: der Tod ihrer Schwester und der Tod des langjährigen Freundes ihrer Kindheit waren zwei schockierende Erfahrungen für sie, die sie immer wieder – auch literarisch – versucht hat zu bearbeiten.
»Der Tod entriß mir alle unschuldige Freude, als der Freund meiner Kindheit starb, der einzige leidenschaftliche Freund, den ich je hatte, der, obwohl er noch ein Kind war, verstand, worunter ich gelitten habe. Ich erkannte mich in der unschuldigen Tiefe seiner Augen als Objekt seiner ernsthaften Freundschaft. Das süße Lächeln, das aus dem Herzen kam, verschwand. Die Dornen meiner Zweifel wurden in jedes Flüstern eines Mannes gesät, der sich mir näherte, dessen Annäherung mich hätte bezaubern können, und so warnten sie mich aus Angst davor, daß er auf der Jagd sein könnte und daläge, wartend, um die Perle zu stehlen.«
Der Tod ist ein zentrales Thema in ihren Erzählungen, und er er-

scheint immer wieder eng verknüpft mit der Sexualität als Grundthema ihrer Literatur.

»Das Interessante daran war die Lektion, die ich früh im Leben lernte: Die Liebe und der Tod sind die zwei Beine, auf denen wir stehen, und das hat mir geholfen, der Boshaftigkeit der Welt zu begegnen. Liebe bedeutet die Gegenwart des Mannes in meinem Leben. Tod bedeutet die Sicherheit, nach dem Tod im anderen Leben Gott zu treffen.«

Das dritte Ereignis, das für sie als Kind sicher unbegreiflich war, war die Heirat ihres Vaters mit einer zweiten Frau neben ihrer Mutter.

»Aber das Merkwürdige daran war, daß der innere Verlust, an dem ich litt, und mein ständiges Nachdenken über das Mysterium des Lebens, keine andere Frau zu beschäftigen schien. Ich war die einzige, die darüber nachdachte. Ich schrieb diesen inneren Verlust dem Entzug der Zärtlichkeit zu, die ich zuvor von meinem Vater bekommen hatte. Er hatte zusätzlich zu meiner Mutter eine andere Frau geheiratet, und so wurden wir seiner Zärtlichkeit beraubt.«

Und schließlich war ihre größte Enttäuschung, von der Alkohol- und Spielsucht ihres Mannes und seinen zahlreichen heimlichen Liebschaften mit Hausmädchen erfahren zu müssen. »Aus diesem Grunde habe ich weder gegenseitige Zärtlichkeit zwischen mir und meinem Mann erfahren, noch habe ich diese Zärtlichkeit von anderen Männern erhalten. Alles, was Männer suchen, ist Vergnügen. Deshalb erhebe ich in all meinen Schriften die Forderung nach einer vollständigen, ganzheitlichen Liebe.«

Überhaupt spielt für Alifa Rifaat die Tabuisierung der Sexualität, insbesondere von Frauen, in der Gesellschaft eine außerordentlich wichtige Rolle. Es ist erstaunlich zu sehen, mit welcher Offenheit sie dieses Thema in ihrer Literatur immer wieder anspricht.

Ihr Mann starb 1979. Danach konnte sie sich als Schriftstellerin endlich entfalten, sich frei äußern und mit ihrem Werk an die Öffentlichkeit treten.

Es war in dieser Zeit, daß die Geschichte ›Meine unbekannte Welt‹, 1981 zum ersten Mal auf arabisch veröffentlicht, Aufmerksamkeit in der Öffentlichkeit hervorrief, eine Erzählung, in der Wirklichkeit und Fiktion miteinander verschmelzen. In dieser Geschichte beziehen sich die Phantasien der Frau nicht etwa auf die Vorstellung eines anderen, besseren Mannes, sondern auf eine Traumwelt. Die Frau findet nur in der Phantasie die Erfüllung, nach der sie in ihrem unglücklichen und einsamen Leben vergeblich sucht, aber ihre Wünsche und Sehnsüchte brechen sich Bahn und erscheinen symbolisch in der phantastischen Beziehung zu einer Schlange. Für Alifa Rifaat verkörpert die Schlange »die Begierde und die Angst«. In der Geschichte lebt die Ich-Erzählerin ihre erotischen Sehnsüchte aus, die sich in der Realität nicht erfüllen lassen: »Ihre Finger streichelten mich, ihr zarter Mund saugte das Gift des Verlangens ein und hauchte den Nektar der Lust in mich hinein. Ich sank in köstliche, beglückende Trance.«*

Einige Jahre später begegnete sie dem englischen Orientalisten und Übersetzer Denys Johnson-Davis, der sie ermunterte, ihren Stil zu verändern und einige romantische Aspekte wegzulassen. Er überzeugte sie auch davon, die Dialoge in der Umgangssprache zu schreiben. Die beiden arbeiteten an einer neuen Textsammlung, die er übersetzte. Später heiratete sie ihn, und er machte sie international bekannt. Aber die Ehe hielt nicht lange. Alifa Rifaat ließ sich wieder von ihm scheiden, obwohl er, um sie zu heiraten, zum Islam übergetreten war.

In ihren Erzählungen durchbricht Alifa Rifaat die Oberfläche und zeigt das, was wir von der arabischen Frau nicht sehen und nicht kennen. Sie entschleiert das Gesicht der arabischen Frau und insbesondere das der ägyptischen Frau. Dabei verfolgt sie die Spuren des Lebens der Frau als Tochter, Ehefrau und Geliebte und vergleicht zwischen dem, was in der Welt der Frauen, und dem, was in der Welt der Männer geschieht. Sie stellt fest, daß die Frau vom Leben und von den Männern ungerecht behandelt wird, obwohl sie »die Melodie der Liebe, das Lächeln der Hoffnung und der Nektar des Glücks« ist.

Alifa Rifaat hat trotz ihrer Talente nicht die Anerkennung erhalten wie viele andere weniger talentierte Schriftstellerinnen. Sie lebt heute zurückgezogen in Kairo, geht kaum aus dem Haus und nimmt an literarischen und anderen kulturellen Ereignissen in Ägypten selten teil.

* Aus: ›Meine unbekannte Welt‹, entnommen dem Band ›Zeit der Jasmin-Blüte‹, Zürich 1988.

In Ägypten ist es für eine Frau nicht so einfach, Mutter und gleichzeitig berufstätig zu sein. Anders als in Europa, wo ein Teil des Problems durch die zur Verfügung stehenden Kindergärten und ähnliche Einrichtungen gelöst ist, gibt es in Ägypten und vielen anderen arabischen Ländern kaum Kindergartenplätze, und wenn, dann nur für Familien, die das Geld für einen Platz aufbringen können. Dazu kommt das Verkehrsproblem, das bis heute ungelöst ist. Daher zieht der Ehemann in Ägypten es meistens vor, daß seine Frau zu Hause bleibt, um sich um die Kinder und den Haushalt zu kümmern. So erging es auch Alifa Rifaat. Sie mußte zu Hause bleiben, um ihre drei Kinder großzuziehen. Heute, da die Kinder groß sind, lebt sie allein.

Das Leben in Ägypten ist sehr schwer geworden. Die wirtschaftliche Lage trägt nicht dazu bei, das Schreiben zu ihrem Beruf zu machen. Dazu kommt die Schwierigkeit zu veröffentlichen. Die Verlage sind zum großen Teil staatlich und werden von Männern beherrscht. Sie hat schon sieben Romane geschrieben, aber kein Geld, um sie im eigenen Verlag zu veröffentlichen. Das Veröffentlichen von Büchern unterliegt in der arabischen Welt anderen Gesetzen als in Europa: Es gilt nicht der Maßstab der Qualität, sondern der der Beziehungen. »Man muß diesen verantwortlichen Männern ständig etwas schenken.«

Auch viele ihrer männlichen Kollegen, die großen Einfluß in den Medien haben, nehmen sie nicht ernst und behandeln sie manchmal mit einem Hauch von Verachtung.

1990 war sie gemeinsam mit anderen arabischen Schriftstellerinnen und Schriftstellern in Berlin zu den arabischen Literaturtagen eingeladen, und die erste Frage, die mir die männlichen Kollegen vor allem aus Ägypten, wie zum Beispiel Gamal Ghitani, stellten, war: »Warum ist diese Frau eigentlich eingeladen worden? Sie ist doch gar keine Schriftstellerin.« Als ich ihm jedoch erzählte, daß sie sogar eine gute Schriftstellerin sei und ich einige Erzählungen übersetzt hätte, war er überrascht. Am zweiten Abend waren wir zusammen bei ihrer Lesung, und sie las die Geschichte ›Wenn der Nil über die Ufer tritt‹. Sie las sehr gut, der Saal war voll, über fünfhundert Besucher waren gekommen. Ein neues Bild von ihr entstand, plötzlich erschien sie verändert. Sie war selbstbewußter als sonst, ihr Auftritt war dynamisch. Ghitanis Gesicht veränderte sich, und er flüsterte mir zu: »Das habe ich nicht erwartet! Sie ist doch eine außergewöhnliche Frau. Wenn ich zurückfahre, werde ich über sie schreiben.« Aber leider hat er dieses Versprechen nicht erfüllt, obwohl er großen Einfluß in den ägyptischen Medien besitzt.

ST

ALIFA RIFAAT
Das ist meine Nacht

Das ist der Traum meiner Jugend und der Traum jeder Jungfrau, deren Körper vom Zauber der Jugend berührt wurde, die sich glücklich fühlt und sich in eine frische, reife Gestalt voller Wünsche verwandelt. Das ist der Augenblick, wo sie sich und ihre Früchte in der Hochzeitsnacht dem auserwählten Mann schenkt, es ist der Augenblick, den alle ihre Lieder umkreisen.

Meine Nacht ist gekommen, aber ich bin traurig, mutlos, ohne Flügel. Mein Herz klagt ängstlich und pocht zitternd. Vor mir wiegt sich eine Tänzerin nach dem Rhythmus der Lautenmusik. An dem lauten Schlagen der Trommel und ihren Zimbeln erfreuen sich alle eingeladenen Gäste und wiegen sich ebenso glücklich hin und her.

Nur mir gefällt sie nicht, vor allem nicht ihre unverhüllte Nacktheit und ihr unsittlicher Tanz, der ihren Körper erschauern läßt und die um sie Versammelten erfaßt, die voller Begeisterung klatschen. Nur ich sehe das anders. Es scheint mir, als ob sie sich vor Schmerzen wiegt und vor Kummer ihren letzten Atemzug tut. Vielleicht läßt die Angst, die mich bedrückt, mich das so sehen.

Mein Platz und der Platz des Mannes, den ich heute nacht heiraten werde, sind umrahmt von zahlreichen Blumensträußen. Dieser Thron, auf dem ich sitze, erscheint mir wie eine Totenbahre voller vertrockneter Blumen, die plötzlich in ein dunkles, bodenloses Grab hinunterführt, so wie mir die unbekannte Zukunft erscheint, der ich mich ergeben mußte. Ich ersticke, ich ersticke! Ich will aufstehen und diese mich bedrängende Menge um mich herum verlassen.

Ich möchte fliehen, denn ich glaube, niemand von ihnen weiß, wie ich mich fühle und wie sehr ich leide. Ich weiß nicht, warum sie kein Mitleid mit mir haben und nicht weggehen. Was soll das, sie zu meiner Nacht einzuladen? Ich schäme mich und zittere, wenn mir einfällt, daß sie alle wissen, was mit mir heute nacht passieren wird. Ich bekomme Angst und habe das Gefühl, mich nicht mehr bewegen oder auch nur aufstehen zu können.

Ich habe kein Zeitgefühl mehr. Ich spiele die Rolle einer Heldin in einer Komödie, die sie ›Freude‹ nennen. Warum sollte ich mich freuen? Demnächst werde ich viel Verantwortung übernehmen und viele Kämpfe führen müssen. Die Menschen haben zur Vorbereitung dieses Fests viele Tage gebraucht. Wenn die versprochene Nacht dann kommt, füllt sich das Haus mit Menschen, und es wird geschmückt mit Blumen und Leuchtern. Viele Getränke werden angeboten, und eine Menge köstlicher Süßigkeiten verteilt. Ich habe das Gefühl, daß das Haus meines Vaters, in dem ich aufgewachsen bin, mir fremd geworden ist. Seit diesem Moment, als wir den Hochzeitsvertrag unterschrieben haben, fühle ich mich hier in diesem Haus wie ein Gast, und nichts gehört mir mehr. Ich bin sehr traurig, weil ich das Haus in Kürze verlassen muß. Sie werden mir die Frage stellen, warum ich der Heirat zugestimmt habe, obwohl ich in meinem Innern so viel Ablehnung spürte.

Der Grund ist einfach. Ich gehorche meinem Vater, und die Lage unserer Familie zwingt mich, diese Heirat zu akzeptieren, denn ich weiß genau, daß ich meinem Vater die schwere Last, unter der er seit Jahren leidet, gern erleichtern möchte. Ich bin die Älteste in einer langen Reihe von Töchtern. Meine Pflicht ist es, den Weg frei zu machen für die Jüngeren, so wie es die Tradition vorschreibt.

Der andere Grund ist: Ich möchte meiner kranken Mutter, die die Härte des Lebens lange Zeit für uns ertragen hat, eine Freude machen. Denn die Heirat ihrer Töchter erfreut die Mütter, obwohl sie wissen, welche Probleme und Unannehmlichkeiten das mit sich bringt.

Tatsächlich habe ich keine Hoffnung mehr, einen Mann zu finden, den ich selbst auswähle. Und dieser Mann, der seit heute mein Mann und mein Herr geworden ist, paßt zu mir, erzählte mir mein Vater, als er mir gratulierte, nachdem er ihm schon sein Wort gegeben hatte. Er hat sich gründlich nach ihm erkundigt. Er hat herausgefunden, daß er ein fleißiger Ingenieur ist und aus einer Mittelstandsfamilie stammt wie unsere Familie. Sein Vater ist ein frommer und anständiger Mensch. Seine Mutter ist eine liebe, gute Frau. Er wuchs bei ihnen auf und genoß eine gute Erziehung. Sofort nach seinem Studienabschluß bekam er eine Stelle bei der Stadt. Er folgte einem Ruf ins heilige Land, machte seine Pilgerfahrt, erlag nicht den Verführungen des Lebens, und so näherte er sich Gott. Er vergaß sich ganz und blieb lange Zeit dort. Er lebte wie ein Eremit auf einem Berg in einem einfachen Zelt.

Dann ergriff ihn die Sehnsucht der Jugend und weckte ihn aus seinem Wahn. Er begriff, daß der richtige Glaube bedeutet, im Leben gegen die Versuchung des Teufels zu kämpfen, und nicht, sich in die Einsamkeit zurückzuziehen und ein Leben in Verlassenheit zu führen. So kehrte er zu seiner Familie zurück.
Seine Mutter ist mit meiner Mutter befreundet, und sie hat mich für ihn ausgesucht. Ich akzeptierte das und war mit meinem Schicksal und meinem Los zufrieden.
Auf wen sollte ich warten, nachdem mein Geliebter gestorben war und mich verlassen hatte, als wir noch sehr klein waren? Wir waren Kinder, aber wir begriffen, was wahre und treue Liebe bedeutet.
Wir versteckten die Süßigkeiten und Spielzeuge, damit wir uns gegenseitig überraschen konnten. Wir genossen diese Überraschung. Wir standen im Garten und betrachteten die vielen Blumen um den kleinen Springbrunnen herum und liefen hinter Schmetterlingen her, bis sie hoch über die Bäume davonflogen. Wir liefen Hand in Hand und waren glücklich und voller Freude über die Schönheit der Natur.
Wir hatten ein tiefes Gefühl der Dankbarkeit gegenüber dem Schöpfer dieser Welt, der uns diese bezaubernden Gläser der Schönheit füllte, aus denen wir in vollen Zügen tranken. Manchmal standen wir beisammen, gerührt, bezaubert, als ob wir ein Gebet verrichteten. Dann brachen unsere leidenschaftlichen Gefühle hervor, wir umarmten uns mitten am Tag vor allen Leuten, ohne uns darum zu kümmern, ob jemand uns beobachtete.
Wir hatten nie daran gedacht, daß eine Umarmung eigentlich verboten war. Wir legten uns ins Gras, Arm in Arm, und kullerten über diesen weichen Teppich und versuchten, den kleinen Insekten zu folgen, bis sie in ihren Nestern verschwanden. Und wenn wir vom Spielen müde waren, saß einer von uns im Schoß des anderen, außer Atem, und Zärtlichkeit floß durch unsere Körper. Manchmal, wenn wir zusammen waren, fühlte ich ein süßes, warmes Erschauern, ein Erschauern, wie es die Tänzerin in den Körpern auslöst. Manchmal verlor ich auch mich selbst, dann bedeckte ich das Gesicht meines Geliebten mit Küssen, ohne zu ahnen, was das bedeutete.
Unsere Eltern sahen und erfuhren etwas davon, aber sie vermochten nicht, uns zu trennen, weil unsere Beziehung so eng und unsere Liebe sehr stark war. Seine Mutter, unsere Nachbarin, versprach meiner

Mutter, als sie uns lächelnd beobachtete, daß ich seine Braut würde, wenn wir größer wären. Wir lachten voller Freude, wir lachten aus der Tiefe unseres Herzens, und er flüsterte mir zu:
»Du bist ab heute meine Braut.« Ich zog ihn an der Hand zu mir heran und rief überglücklich:
»Laß uns mit unseren Geschwistern das Hochzeitsspiel spielen!«
Ich nahm heimlich den Schleier meiner Mutter und das Kleid, das sie unter ihrem Gebetsteppich aufbewahrte, und zog es an. Dann schminkte ich mich mit dem roten Lippenstift meiner Mutter; mein Gesicht sah wie eine kleine rote Rose mit ungeordneten Blättern aus.
Meine Schwester, die in der langen Reihe nach mir kommt und die meine Eltern beneidenswert geschaffen haben, stand da, in ihrer Hand ein kupfernes Tablett. Sie begann, auf das Tablett zu schlagen und dabei das Hochzeitslied zu singen.
Die anderen Schwestern begannen, sich nach dem Rhythmus des Liedes zu bewegen und mitzusingen:
»Wiege deine Hüfte, o Schöne, o Süße, du Rose im Garten...«
Ich stolzierte umher und fühlte mich wie eine Rose, die in einem Garten blüht. Ich bewegte mich majestätisch und stolperte dabei über das lange Kleid, das ich anhatte. Meine Hand lag in der Hand meines Geliebten, meine Augen schauten innig in seine Augen und spürten die Geborgenheit in seinen leuchtenden, glücklichen Augen. Mein Herz flog vor Freude, und ich begann, spontan mitzusingen. Meine dünne Stimme übertönte alle anderen Stimmen. Dann hörten alle auf zu singen, und meine kleine Schwester hörte auf, auf das Tablett zu schlagen. Der Hochzeitszug hielt an, und meine Schwester schalt laut mit mir:
»Du darfst nicht singen, die Braut darf doch nicht singen!«
Die Quellen meiner Freude versiegten sofort, und eine rätselhafte Trauer überfiel mich. Ich fragte mich:
»Warum darf ich nicht singen und mich freuen wie sie? Warum darf die Braut sich denn nicht freuen?«

Jetzt bin ich eine richtige Braut. Es ist auch meine Nacht, aber ich singe nicht und bin nicht fröhlich. Ich freue mich nicht mit den Leuten. In mir ist ein Herz, das ängstlich pocht und das zerreißt. Ich sitze

da mit gebrochenem Mut. In mir eine Stimme, die mich auffordert, alles, was das Schicksal für mich bereithält, abzulehnen. Sie ruft den König Tod, mich aus dieser unbekannten Zukunft, auf die ich zugehe, zu befreien.
Plötzlich lautes Trillern, die Trommeln schlagen schneller, die Tänzerin bewegt ihre Hüfte schneller. Ihre Fähigkeit, Freude zu demonstrieren und ständig zu lächeln, erstaunt mich. Alle Anwesenden stehen plötzlich auf, der Ritter meiner Nacht gibt mir seine Hand, um mir beim Aufstehen zu helfen. Meine Mutter, schüchtern wie ich, gibt mir ein Zeichen, meinem Mann zu gehorchen. Ich stehe auf, aber mein Herz rutscht mir hinunter bis in meinen silbernen Schuh. Ich tanze mit, und vor mir her tanzt eine Gruppe von Mädchen, die Kerzen in der Hand halten.
Ein kleines Mädchen tritt auf den Zipfel meines langen Kleides, das mit Blumen an meinem Kopf befestigt ist; beinahe wäre ich hingefallen. Mir tut mein Hals weh. Das Mädchen lacht voller Freude, und ihre Träume umkreisen mich. Sie träumt von ihrer Nacht, wenn sie eines Tages an meiner Stelle stehen wird. Ich gehe weiter zu Fuß, dann steige ich in ein Auto, und wir fahren los. Später gehe ich nochmals zu Fuß. Schließlich bin ich mit dem Mann, der mein Ehemann geworden ist, allein in einem verschlossenen Zimmer.
Ich stehe da, scheu und ratlos, mit gesenktem Blick. Ich weiß nicht, was ich tun soll nach diesem langweiligen, anstrengenden Sitzen auf dem Fest. Auch er steht verwirrt und verlegen herum. Dann geht er zu einem Tisch, auf dem eine große Menge von Speisen und Süßigkeiten steht. Die Männer vergessen ihre Mägen nicht, ganz gleich in welcher Situation sie sich befinden. Oder vielleicht ist das Essen die Rettung aus unserer verwirrenden Situation? Vor dieser Nacht hatten wir uns schon ein paarmal getroffen. Während der Verlobungszeit waren wir zusammen spazierengegangen. Wir hatten schon über viele Themen gesprochen, aber heute ist es das erste Mal, daß wir uns gegenübersitzen als Mann und Frau, unsere beiden Familien erwarten etwas von dieser Begegnung. Nachdem er etwas in seinem Mund geschoben hat, sagt er mit zitternder, heiserer Stimme:
»Hast du Hunger?«
Ich antworte mit verstohlenen Blicken, und meine Augen sind immer noch nach unten gerichtet:

»Nein!«
Er sagt mit Nachdruck:
»Du mußt etwas essen, denn unsere Nacht wird lang sein!«
Ich erschrak, und ich fühlte mich sehr einsam und verlassen. Ich wünschte mir, von hier zu fliehen und an der Brust meines Vaters Schutz zu suchen. Er würde mich bestimmt beruhigen. Ich flüchte mit unsicheren Schritten hinter den Vorhang. Dann nehme ich meinen Schleier vom Kopf, um diesen von der großen Last zu befreien. Ich ziehe auch das weiße Hochzeitskleid aus und falte es sorgfältig, damit meine Mutter es später für die anderen Schwestern benutzen kann. Es hat so viel Geld gekostet. Ich ziehe das weiße verzierte Nachthemd an, das man extra für meine Nacht genäht hat.
Ich schleiche heimlich ins Bett und versuche, vor seiner ›langen Nacht‹, von der die Leute sich so viel versprachen, in den Schlaf zu fliehen. Als er mit dem Essen fertig ist, kommt er zu mir und flüstert von weitem:
»Gib mir einen Kuß.«
Ich drehe mich widerwillig um. Voller Zorn warte ich darauf, was er machen wird.
Als ich ihn, weit entfernt von mir, wie einen Fremden betrachte, murmele ich verdrossen:
»Gute Nacht.«
Er schaltet das Licht aus, nimmt mir die Decke weg und zieht mich zu sich heran. Ein ängstliches Erschauern befällt mich, und ich beginne zu zittern. Ich schließe meine Augen und überlasse mich dem Schicksal. Dabei fällt mir die Geschichte von Ismail wieder ein, wie er sich selbst als Opfer zum Schlachten darbrachte, um seinen Gott zufriedenzustellen, als Abraham ihn zum Opferstein zerrte.
Er zieht mir meine Unterwäsche aus. Früher hatte ich mich sehr geschämt, wenn mein Vater nur zufällig meine Unterwäsche im Bad zum Trocknen hängen sah. Sie gehörte zu meinen ureigensten Geheimnissen. Das Blut steigt mir zu Kopf, und mir wird schwindlig.
Unermüdlich versucht er es eine lange Zeit lang, und ich verberge meine Qual und meine Angst und warte ab. Ich warte darauf, daß die Mauer zwischen uns fällt. Aber der furchtbare Alptraum geht nicht zu Ende. Plötzlich läßt er mich los, läuft zum Schalter und macht das Licht an. Ich öffne erstaunt die Augen und schaue nach, ob der Herr-

scher des Himmels das Opferlamm nicht herunterschicken will. Aber ich sehe nur einen nackten Mann mitten im Zimmer stehen. Seine kräftige Gestalt erregt mich. Aber er schreit, rauft sich die Haare und weint laut:

»Diese Hunde! Was haben sie mit mir gemacht?«

Ich verstand überhaupt nicht, was geschehen war. Ich trocknete meine Tränen, die über mein Gesicht rannen, und bedankte mich bei Gott dafür, daß er mich gerettet hatte. In Wahrheit ist mir klar, daß mein Leben das Opferlamm ist. Ich muß auch noch meinen unschuldigen, naiven Mann dazu bringen, daß er seine Rolle erfüllen kann. Er war wie ich noch unerfahren und hatte bis jetzt noch keine Frau kennengelernt, so wie ich auch noch von keiner Hand eines Mannes berührt worden war. Ich stand auf, zog mich an und nahm ihn zu mir. Ich bedeckte ihn mit der Seidendecke und meiner Wärme, damit ich ohne Scham mit ihm reden konnte. Er beruhigte sich ein wenig, vergrub seinen Kopf an meiner Brust und sagte weinend:

»Das hat die Frau meines Onkels getan. Sie wollte, daß ich ihre Tochter heirate.«

»Aber meine Mutter hat dich ausgesucht, weil du freundlich und lieb bist«, sage ich, um ihn zu trösten, und fahre fort: »Mich interessiert nicht, was dich so beschäftigt. Laß uns zusammen glücklich leben. Laß sich zwischen uns Liebe und Verständnis entwickeln. Das ist tausendmal besser als das, was du vorhattest.«

Er schlägt sich an die Brust und sagt verzweifelt: »Wie sollen wir nur ein Ehepaar werden?«

Ich sage liebevoll zu ihm:

»Ich werde dir jetzt etwas offenbaren. Als ich noch ein Kind war, hatte ich einen kleinen Geliebten. Wir umarmten uns unschuldig, er legte seinen Kopf auf meine Brust, glücklich und vertraut stundenlang. Warum sollen wir nicht jetzt auch das gleiche machen und schlafen?«

Er sagt ärgerlich:

»Meinst du, daß wir dadurch den Zweck der Heirat erfüllen?«

Ich antworte ihm vergnügt:

»Kannst du jetzt überhaupt etwas anderes tun?«

Er sagt gleichgültig, als ob er sich bei mir angesteckt hat:

»Nein, ich bin auch müde.«

Ich sage überglücklich:
»Dann laß uns einander jetzt erst kennenlernen, gegenseitig Vertrauen entwickeln und unser Schicksal dem Tag überlassen.«
Er antwortet mit ein wenig mehr Hoffnung:
»Glaubst du, ich könnte es in der nächsten Nacht schaffen?«
Ich sage gestärkt, nachdem ich die Angst und Sorge verloren habe:
»Die Liebe vollbringt Wunder.«
Dann sagt er erfreut:
»Laß uns anfangen wie die Kinder.«
Ich lache, und er nimmt mich vorsichtig in seinen Arm, und ich sage:
»Ich glaube, wir werden in dieser Nacht schnell erwachsen.«
Wir liegen Arm in Arm im Bett, küssen uns, und es ist uns gleichgültig, was um uns herum geschieht. Das Licht ist ausgeschaltet. Er ist wieder ruhig, und wir überlassen uns dem erhofften Traum. Denn, wie ihr wißt, ist das meine Nacht.

Aus dem Arabischen von Suleman Taufiq

Biographische Notiz

Alifa Rifaat wurde 1930 in Kairo geboren. Bis 1948 besuchte sie die Haushaltsschule. 1951 wurde sie, ohne vorher gefragt worden zu sein, mit einem Geologen verheiratet. Sie weigerte sich jedoch, die Ehe zu vollziehen. Nach acht Monaten wurde sie als Jungfrau geschieden. 1952 heiratete sie ihren Cousin mütterlicherseits. Er war Polizeioffizier.
Mit vierzehn Jahren hatte sie schon ihre erste Geschichte geschrieben; 1955 veröffentlichte sie ihre erste Erzählung mit dem Titel ›Eine Frau hinter Gittern‹. Ihr Mann schickte sie wegen dieser Veröffentlichung zurück zu ihrem Vater. Ihr Vater brachte sie wieder zum Haus ihres Mannes, der jedoch keine Schriftstellerin als Ehefrau an seiner Seite wollte. So schrieb sie unter verschiedenen Pseudonymen, ›Die Tochter von Banha‹, ›Aida‹, ›Alifa Sadiq‹, bis ihr Mann dies 1960 entdeckte. Er stellte sie vor die Entscheidung, zwischen ihm oder dem Schreiben zu wählen. Sie mußte auf den Koran schwören, daß sie nicht mehr schreiben und veröffentlichen würde.

1971 litt sie unter einer schweren psychosomatischen Krankheit, der die Ärzte hilflos gegenüberstanden. Ein Arzt fand schließlich heraus, daß es das Schreibverbot war, das ihre Krankheit verursacht hatte. Ihr Mann entband sie von dem Schwur, so daß sie das Schreiben wieder aufnehmen konnte.

1979, nach dem Tod ihres Mannes, konnte sie sich als Schriftstellerin endlich entfalten und sich frei äußern. Sie lebt heute in Kairo. Ihr Werk umfaßt viele Erzählbände und Erzählungen in verschiedenen ägyptischen Zeitungen und Zeitschriften.

Den Verstand entschleiern!
NAWAL EL-SAADAWI

Wenn man davon ausgeht, daß der wahre Schleier das Schweigen ist und als solcher den Verstand vernebelt, kann der Umgang mit der Umhüllung durchaus spielerisch sein. In einer Vorstadt von Kairo finden wir eine Boutique für islamische Mode. Die Exponate in den Schaufenstern locken ihre Kundschaft mit glänzenden Stoffen und knalligen Farben. Bordüren und Litzen, Perlen und Stickereien auf Schleiern, über langen Ärmeln. Islamischer Schick.

Wer aus welchen Gründen auch immer sich der islamischen Kleiderordnung fügt, sei es nun wegen gesellschaftlicher Forderungen oder familiärer Notwendigkeiten, sei es aus Protest gegen die Verwestlichung, sei es aus Gründen der Sparsamkeit (man muß nicht so oft zum Friseur), kann das tun, ohne seine modischen Ansprüche aufzugeben.

Da wird der Schleier kühn drapiert und zum dekorativen Accessoire umgedeutet – und der islamischen Vorschrift, nach der Haare, Arme und Beine bedeckt sein müssen, dennoch Genüge getan. Hauptsache, man verschleiert sich nicht den Blick fürs Wesentliche.

Zu Besuch bei der Frau, die den Slogan ›Den Verstand entschleiern!‹ geprägt hat.

Nawal el-Saadawi hält hof in ihrem Büro. Den Ehemann an der Seite, empfängt sie Journalisten, Frauenrechtlerinnen oder Studenten und bringt sie, wie weiland die Salondamen aus dem 18. Jahrhundert, miteinander ins Gespräch. Der Ehemann ordert Tee für die Besucher, Nawal el-Saadawi blickt wohlwollend in die Runde.

Sie ist eine Art ›Hauptdarstellerin‹ der zeitgenössischen arabischen (Frauen-)Literaturszene und genießt in der arabischen Welt und im Westen einen beträchtlichen Ruf. Es scheint, als ob der Westen sie als Sprecherin für ganz Arabien adoptiert habe. Geht es um das Thema ›arabische Frau‹, ist in den westlichen Medien Frau Saadawi gefragt. In ihrer Heimat allerdings ist sie keineswegs unumstritten und gilt in manchen Kreisen als ›berüchtigt‹ – ihr Konfrontationskurs paßt nicht jedem, ebensowenig wie ihre gern geübte Dominanz.

Nawal el-Saadawi, ägyptische Ärztin und Schriftstellerin, eine der bekanntesten Feministinnen der arabischen Welt, kämpft seit vielen Jahren vehement und mutig für die Rechte der arabischen Frau. Ihre Mittel dafür sind ihre zahlreichen Bücher, ihr klares politisches Engagement in der Frauenbewegung, ihre zähe Geduld. Anfang der Siebziger schockte die gelernte Ärztin die Öffentlichkeit mit ihren Erörterungen zum Thema ›Frauen und Sexualität‹, ein absolutes Tabu in der damaligen arabischen Gesellschaft. Das Buch wirkte wie eine Bombe. Es war das erste Buch in arabischer Sprache in diesem Jahrhundert, das ein Tabuthema behandelte. Nawal el-Saadawi analysierte darin die Zusammenhänge von Religion, Moral, Sexualität und dem politischen System. Das Buch wurde in Ägypten verboten, sie verlor ihre Stellung als Leiterin des ägyptischen Gesundheitswesens, und ihre Zeitschrift ›Gesundheit‹ wurde ebenfalls verboten. Sie erhielt Publikationsverbot. Nur in Beirut konnten ihre Bücher noch erscheinen.

Wenn auch ihre Bücher im Lauf der Jahre zensiert und verboten wurden – aufgegeben hat die streitbare Feministin nie. Wenn sie nicht hätte schreiben können, sagt Nawal el-Saadawi, wäre sie schon längst verrückt geworden.

Aufgewachsen ist sie im Dorf, in einem dieser rückständigen Dörfer, die vom Fortschritt nicht viel abbekommen haben, wo die Armut herrscht und das Leben aller bestimmt.

Die wenigsten Bewohner auf dem Land können lesen und schreiben. Die Analphabetenquote wird auf sechzig bis siebzig Prozent geschätzt, wenn nicht höher. In einem solchen Umfeld schreibt Nawal el-Saadawi ihren ersten Roman, die ›Erinnerungen eines Kindes‹. Da war sie dreizehn. Vor nicht zu langer Zeit sind die frühen Schreibversuche sogar veröffentlicht worden.

»Ich schreibe am liebsten in meinem Dorf, denn Kairo ist eine sehr laute Stadt. Und dort werde ich demnächst auch meine Memoiren schreiben.«

Lassen Sie uns zwanzig Jahre zurückgehen, als Sie als Ärztin arbeiteten und viele Patientinnen hatten. Welche Erfahrungen haben Sie damals gemacht?

»Ich betrachte mich lieber als Schriftstellerin und Romanautorin, weniger als Ärztin. Meine medizinische Karriere war mir immer weniger wichtig als meine schriftstellerische. Aber ja, ich wurde Ärztin und fing damals in meinem Dorf an zu arbeiten. Ich tat das ganz bewußt, denn ich hatte eine romantische Idee im Kopf – ich werde die Menschen in meinem Dorf heilen, von Bilharziose und Tropenkrankheiten, ich werde Gesundheitserziehung betreiben und viele andere Dinge bewirken...

Aber das war natürlich Einbildung. Ich brachte Leben und Schreiben durcheinander. Aber meine Jahre als Ärztin bescherten mir viel Erfahrung, Einsicht und Kenntnis vom Leben der Frauen und Männer in meinem Dorf und in ländlichen Gegenden überhaupt.«

Auf welche Weise hat Ihnen Ihre Arbeit als Ärztin den Antrieb für Ihr erstes Buch gegeben, ›Frauen und Sexualität‹?

»Das war nicht das erste. Mein erstes war ein Roman und hieß ›Erinnerungen einer Ärztin‹. Ich schrieb darüber, wie eine Frau in der Stadt und dem Dorf lebt, und über ihre politischen, ökonomischen, sozialen und sexuellen Erfahrungen. Danach schrieb ich mein erstes Sachbuch über Frauen und Sexualität. Das hatte einige Probleme zur Folge, denn es brachte Tatsachen und stellte eine Verbindung her zwischen der sexuellen und ökonomischen Unterdrückung der Frauen.«

Eine Folge Ihrer ärztlichen Tätigkeit, die Ihnen detaillierte Einblicke in das Leben mißbrauchter Frauen gab?

»Meine Erfahrungen auf dem Land, aber auch in der Stadt haben mir die Augen geöffnet. Auch meine eigene Kindheit, denn ich stamme ja aus dem Dorf.

Ich war allerdings mit meiner Arbeit als Ärztin nicht zufrieden, sie genügte mir nicht. Ich wollte nicht nur mit Problemen zu tun haben und Symptome kurieren. Ich wollte die Ursachen von Krankheiten beseitigen, im besonderen die der Frauen. Wenn man die ursächlichen Krankheiten kurieren will, muß man sich mit Geschichte, Soziologie, Politik und Eigentum befassen. Man muß die Frage stellen, warum Menschen arm werden, warum krank, warum Frauen beschnitten werden, warum es diese große Kluft zwischen Arm und Reich gibt. Man muß eine Menge Fragen stellen. Deshalb gab ich ein

Gesundheitsmagazin heraus – übrigens wurde es eingestellt, nachdem ich über die Verbindung von sexueller und politischer Unterdrückung und Gesundheit geschrieben hatte.«

Es war recht mutig, in der damaligen Zeit ein Buch über Frauen und Sexualität zu schreiben.

»Ja, denn es war das erste Buch in einem arabischen Land, das die Verbindung von sexueller Problematik und Alltagsleben herstellte, zu sozialen, politischen und wirtschaftlichen Problemen. Es war kein Buch über Sexualität allein. Bücher, in denen es nur um Sex geht, haben wir genug, aber sie trennen zwischen Sexualität und Politik und Wirtschaft. Deshalb sind sie auch erlaubt. Es gibt eine Menge Bücher, die sich mit der Hochzeitsnacht, mit dem Orgasmus befassen, das ist auch alles; ich dagegen schrieb über die Körper der Frauen, über die von Familie und Staat unterdrückte und beherrschte Sexualität. Welche Verbindung gibt es zwischen Unterdrückung des Körpers und des Geistes? Und der Kultur und Politik?«

Die Reaktion auf ihr Buch erklärt Nawal el-Saadawi mit einer tiefsitzenden Angst. Einer Angst, auf der nach ihrer Auffassung das patriarchalische Klassensystem gegründet ist. In anderen Religionen sieht sie diese Merkmale ebenfalls. Ein Beispiel ist die Geschichte von Adam und Eva: Es gibt eine Angst vor Eva, weil sie vom Baum der Erkenntnis gegessen hat. »Es gibt eine Angst vor Erkenntnis überhaupt!«

Das Buch wurde sofort nach Erscheinen zensiert?

»In Kairo. Ich verlor meine Arbeit, man stellte die Zeitschrift ein, meine Arbeit wurde zensiert, aber nicht allein wegen des Buchs. Wegen meiner Artikel, meiner politischen Haltung. Ich denke, Frauen in unseren Breiten werden nicht nur von ihren Familien und Männern unterdrückt, sondern auch von außen, von neokolonialen Kräften. Wenn wir arm gemacht werden, indem wir unserer Rohstoffe beraubt werden. Das betrifft die Frauen zuerst, sie haben weder politische noch ökonomische Macht. Die meisten von ihnen haben keine Ausbildung. Arbeitslosigkeit und Armut trifft zuerst die Frauen. Darüber schrieb ich, und deshalb verlor ich meine Arbeit unter Sadat.«

Ägypten gilt als modernes arabisches Land mit einer traditionellen Frauenbewegung. Trotz innenpolitischer Repression während der vielen Jahre, in der Nasser das Land regierte, wurden Künstler und Intellektuelle angeregt, beflügelt und geprägt von den Ideen der nationalen Unabhängigkeit und sozialen Gerechtigkeit. Der Sechstagekrieg gegen Israel 1967 stoppte eine positive Entwicklung. Die Niederlage hatte die hochgesteckten Hoffnungen und Erwartungen zunichte gemacht und das ägyptische Selbstbewußtsein empfindlich getroffen.
Die Zeit, in der Sadat regierte, bedeutete für Ägypten eine Phase der Stagnation. Das soziale wie auch das kulturelle Leben war stark eingeschränkt. Viele Intellektuelle verließen damals das Land oder kamen ins Gefängnis. 1981 wurde auch Nawal el-Saadawi zusammen mit zahlreichen anderen Intellektuellen für kurze Zeit verhaftet. Damals entstand ihr Roman ›Der Sturz des Imam‹, eine ›Predigt‹ gegen die autokratische Herrschaft der Imame, aller Imame, mögen sie nun geistliche oder weltliche Führer sein.
»Als ich diesen Roman schrieb, stand ich unter dem Eindruck der elfjährigen Regierungszeit Sadats. In dieser Zeit wurden alle meine Bücher beschlagnahmt. Ich verlor meinen Arbeitsplatz und landete im Gefängnis. Unter dem Regime Sadats wurde ich massiv verfolgt und unterdrückt. Gleichzeitig hörte ich, wie er sich der ›gläubige Präsident‹ nannte. Er sprach öffentlich über Religion. Diese Leute trugen Militärmützen und darüber noch eine religiöse Mütze. Sie benutzten Gott und die Religion für ihre Kriege, für das Morden, das Blutvergießen und die Unterdrückung. Ich stand stark unter dem Eindruck der Person Sadats. Obwohl der Imam im Roman einige Merkmale Sadats besitzt, ist er nicht nur Sadat. Er ist überall.«

Wie diagnostizieren Sie die Lage der arabischen Frauen heute?
»Ich denke, wir Frauen in Ägypten leiden, aus vielen Gründen. Die politische Situation seit Sadat... Sadat hat die Fundamentalisten ermutigt. Sie haben mit ihren Ideen, die sie lauthals propagieren, negative Auswirkungen für die Frauen. Es gibt viele Bücher und Zeitungen von Fundamentalisten, in denen steht, daß die Frauen zurück nach Hause gehen sollen. Die Fundamentalisten sind überall, nicht nur im Islam oder unserer Gegend. Auch Arbeitslosigkeit ist ein universelles Problem. Wir haben steigende Arbeitslosigkeit und einen Mangel an

Entwicklung. Auch unter Sadat gab es keine richtige Entwicklung, mehr eine plötzliche Modernisierung. Der Weg ist lang und mühsam.«

Wenn auch die Politik den Frauen inzwischen größere Freiheiten einräumt, so sind die gesellschaftlichen Strukturen noch vielfach die alten. Die Widersprüche sind groß – die hohe Zahl gebildeter Frauen etwa und dagegen ihre gesellschaftliche Stellung. Die tiefe Kluft zwischen den Analphabetinnen auf dem Land und den hochgebildeten Frauen in der Stadt. Was allerdings kein auf Ägypten beschränktes Problem ist. Zu allem übrigen kommt die von arabischen Autorinnen beschriebene Angst vor dem ›symbolischen Kapital‹ aus dem Westen, die Ideen von Demokratie und Menschenrecht, Angst, die arabische Identität könnte unterminiert und in Frage gestellt werden.

Die Frauen zwischen Moderne und Tradition: Sie sitzen zwischen allen Stühlen.

Welchen kulturellen Einfluß haben die Fundamentalisten?

»Der kulturelle Einfluß läßt sich nicht von dem politischen trennen. Denn die fundamentalistische Bewegung in Ägypten und der arabischen Welt ist ja in erster Linie eine politische Bewegung.

Die kulturelle Wirkung der fundamentalistischen Bewegung besteht darin, daß die politischen Führer junge Menschen benutzen, arme junge Frauen und Männer vom Land. Diese jungen Menschen brauchen vielleicht Geld, um in die Schule oder auf die Universität zu gehen. So helfen die Fundamentalisten ihnen und injizieren ihnen gleich dazu ihre Ideen. Mit Religion hat das alles nichts zu tun. Sie geben zum Beispiel einem armen jungen Mädchen aus dem Dorf einen Schleier und sagen ihr: ›Du sollst verschleiert sein, dann bezahlen wir dir die Schule.‹ Den Mädchen, die heiraten wollen, sagen sie: ›Wir helfen dir, dich zu verheiraten: Du bekommst einen Mann von uns, den Fundamentalisten. Du hast dann einen Mann, eine Familie, aber du mußt dein Gesicht verdecken und darfst weder ausgehen noch arbeiten. Das hat Gott gesagt.‹

Tausende von Frauen werden auf diese Weise einer Gehirnwäsche unterzogen. Die Fundamentalisten nutzen die Armut für ihre Zwecke, um die Armen kulturell und religiös zu beeinflussen und ihnen ihre Menschenrechte vorzuenthalten.«

Ist es eine Minderheit oder ist es die Mehrheit der Frauen vom Land, die von den Fundamentalisten beeinflußt wird?
»Die Zahl wächst. Als ich Medizin studierte, gab es in der Universität keine einzige verschleierte Frau. Das war in den Fünfzigern. In den Siebzigern, als meine Tochter studierte, gab es vielleicht zwei Dutzend verschleierte Frauen. Während dieser Jahre stieg ihre Zahl weiter. Die Fundamentalisten wurden vom Staat unterstützt, bis zu einer gewissen Grenze. Es wurde ihnen nicht erlaubt, eine bestimmte Grenze zu überschreiten. Jetzt gibt es Auseinandersetzungen zwischen der Regierung und den Fundamentalisten.«

Ihr Slogan ist: Unveil the mind, den Verstand entschleiern. Wann ist Ihr eigener Verstand entschleiert worden?
»Das war ein sehr, sehr langer Prozeß. Als Kind hatte ich glücklicherweise relativ liberale Eltern. Sie haben mir in bestimmter Hinsicht geholfen, meinen Verstand zu entschleiern. Mein Vater brachte mir bei, nicht an Gott zu glauben, nur mit dem Verstand. Das heißt ›entschleiern‹: nichts für selbstverständlich nehmen, auch nicht Religion. Ich muß mit meinem Verstand über Religion nachdenken. Meine Mutter brachte mir bei, daß mein Lebensweg nicht ›Heirat‹ heißt, sondern daß ich tun sollte, wozu ich Lust hätte. Wenn du schreiben willst, sagte sie, dann schreibe, tanze oder tu, was du willst, verwirkliche dich. Nicht durch Heirat, sondern durch deine eigene Arbeit. Sie entschleierte also ebenfalls meinen Verstand, als ich noch klein war. Natürlich hatte ich Krach mit meinen Eltern, als ich mich verliebte und mir meinen Mann aussuchen wollte, meinen ersten Mann. Immerhin genoß ich als Kind einige Freiheiten. Ich konnte mich umsehen, sehen, was um mich herum vor sich ging. Natürlich versuchten die Schulen und Universitäten mit ihren Ausbildungsmethoden, mir eine andere Art Schleier überzuwerfen. Aber ich versuchte, meinen Verstand dadurch zu entschleiern, daß ich las und schrieb und versuchte zu verstehen, was vor sich geht. Auch in der Welt, wir können Ägypten ja nicht trennen vom internationalen Geschehen. Wir werden von kolonialen, neokolonialen und imperialistischen Mächten bewegt, und wir müssen diese Kräfte verstehen, die uns ausbeuten wollen. All das half mir, meinen Verstand zu entschleiern und die Probleme der Frauen hier besser zu verstehen.«

Haben Sie die Themen, über die Sie geschrieben haben, im Lauf der Jahre verändert? Legen Sie die Schwerpunkte inzwischen anders?
»Es ging mir immer um Freiheit, Gerechtigkeit und Liebe. Das war mein größtes Anliegen. Wenn wir über den Begriff von Gott reden – Gott ist in mir, er ist Freiheit, Gerechtigkeit und Liebe, und wenn ich sehe, daß irgendwo Frauen, Männer, Arme oder Kinder unterdrückt werden, werde ich wütend. Dann fange ich an zu schreiben.«
Nawal el-Saadawis Bücher gleichen Horrorgeschichten, wenn sie von Stationen eines Frauenlebens erzählt, die wohl als ›normal‹ anzusehen sind. Zweitrangig schon bei der Geburt, das traumatische Erlebnis der Klitorisbeschneidung, die Vorbereitung auf die künftige Rolle als gehorsame Ehefrau, das Verbot sexueller Wünsche, die Heirat mit einem ungeliebten Mann, die Unterdrückung in der Ehe mit ihrer unerfüllten Sexualität. Was bleibt, ist die Rückschau auf ungelebtes Leben.
Am Ende so mancher Erzählung findet Nawal el-Saadawi nur einen Ausweg: Mord und Totschlag. Gewalt als Akt der Notwehr, als Befreiung.

Viele Ihrer Bücher enden tragisch. Frauen töten ihre Unterdrücker, das Ende ist oft gewalttätig. Glauben Sie, für manche Frauen sei Gewalt die einzige Lösung, um sich zu befreien?
»Keineswegs. Es hängt davon ab, wie man Gewalt versteht. Ein Beispiel: Wenn ein Mann versucht, mich zu töten, soll ich dann lächeln oder mich verteidigen? In unseren Gesetzen heißt es, man dürfe töten, um sein Leben zu retten. Es ist elementares Menschenrecht, nicht ausgebeutet, nicht geschlagen, nicht getötet zu werden. In einem meiner Romane merkt eine Frau, daß ein Mann sie töten will. Sie nimmt ihm das Messer weg und tötet ihn. Das ist keine Gewalt, das ist Selbstverteidigung. Die Frauen werden dazu erzogen, sich nicht zu verteidigen, sie sind nicht unabhängig. Sie waren Sklaven, deshalb konnte man sie zum Schweigen bringen.
Männer schlugen ihre Frauen und sagten: Du sollst lächeln, weil du geschlagen wirst. Und das erzeugte, was wir Masochismus nennen. Die Frauen wurden masochistisch. Sie fingen an, ihre Unterdrücker zu lieben, anstatt gegen sie zu kämpfen, sie zu schlagen, wenn sie selbst geschlagen wurden, zu töten, wenn sie getötet werden sollten.

Aber die Frauen lächelten und dachten dabei, kill me softly, töte mich ganz sanft. Auch die Menschen in der sogenannten dritten Welt entwickelten so etwas wie masochistische Tendenzen. Sie werden durch kolonialistische Gesetze unterdrückt von Leuten, die kämpfen und töten, um ihnen ihre Lebensgrundlagen zu nehmen. Und dann lächeln sie noch und sagen, wir sollen friedlich sein! Es muß Gerechtigkeit geben, ohne sie gibt es keinen Frieden.«
Nawal el-Saadawi ist von den männlichen arabischen Literaturkritikern massiv attackiert worden. Aus Neid, konstatiert sie, man habe argwöhnisch ihre Erfolge im Westen beobachtet.
»Als ob ich für den Westen schriebe und nicht für die arabische Welt! Außerdem haben die Kritiker keinen Verstand. Wenn sie einen Roman von einer unterdrückten Frau lesen, in dem diese Unterdrückung deutlich gemacht wird, bekommen sie Angst. Es ist eine bestimmte Art von Angst, die Abwehr erzeugt.«

Ihr Motto war immer: write and fight, schreibe und kämpfe! Sie haben ja schon viel mitgemacht in Ihrem Leben, Ihre Bücher wurden zensiert und verboten, Sie waren im Gefängnis – Sie sind offenbar eine Frau mit großer Kraft.
»Ja, ich denke, ich habe Kraft, in meinem Innern, seit meiner Kindheit. Ich wurde dazu erzogen, meine Rechte zu verteidigen und mich nicht zu unterwerfen. Es ist ein langer Prozeß im Leben, diese Kraft zu entwickeln. Für die Freiheit muß man einen Preis zahlen, besonders in einem Land wie dem unseren, in dem es keine oder kaum Demokratie gibt. Die persönliche Freiheit von Frauen wird eingeschränkt von der Familie, der Mann ist dominant. Wohin man auch geht, immer wird es jemanden geben, der einen unterdrücken möchte. Dagegen muß man kämpfen, um sich zu schützen.«

Keine Kompromisse?
»Es kommt darauf an. Mein zweiter Mann sagte mir eines Tages, ich müsse mich entscheiden zwischen ihm und meinem Schreiben. Denn was ich schriebe, könne seine Karriere beeinträchtigen. Ich entschied mich fürs Schreiben. Ich opferte meine Ehe und meinen zweiten Ehemann. Eine andere Frau hätte sich vielleicht anders entschieden, für die Ehe und ihren Mann und gegen das Schreiben.«

Welchen Preis haben Sie für die Freiheit bezahlt?
»Einen sehr, sehr hohen Preis. Ich verlor meine Arbeit im Gesundheitsministerium, ich hatte Schwierigkeiten in meiner medizinischen Laufbahn, ich hätte leicht Gesundheitsministerin werden können oder mehr. All meine Bücher wurden unter Sadat zensiert. Ich mußte in Beirut oder sonstwo publizieren. Ich mußte ins Gefängnis... Die Rechten meinten, ich sei Kommunistin, denn ich spräche immerzu über die Unterdrückung der Klassen; die Linken meinten, ich sei verwestlicht, denn ich spräche von sexueller Unterdrückung; die islamischen und christlichen Fundamentalisten meinten, ich sei atheistisch, denn ich stünde der Religion kritisch gegenüber. Ich habe mich von zwei Ehemännern scheiden lassen und fand glücklicherweise einen dritten, der liberal ist. Nach meinem Roman ›Der Sturz des Imam‹ bekam ich Todesdrohungen von fanatischen Gruppen. Die Regierung stellte Wachposten vor meiner Tür auf, zwei Jahre lang, von 1987 bis 1989. Das Leben ist manchmal sehr schwer für mich gewesen. Man hat auch meinen Mann und meine Kinder bedroht.
Mir wurde von seiten der Regierung nicht gesagt, wer mich bedrohte, auch die Sicherheitsleute wußten nichts, ein furchtbares Gefühl. Ich tappte im dunkeln. Ich denke, es ist ein schweres Leben, aber ich habe es gewählt.«
Unbeirrt ist Nawal el-Saadawi ihren Weg gegangen. Sie hat dabei viel riskiert: die Anfeindungen ihrer Kritiker und etlicher Schriftstellerkollegen, die Drohungen ihrer politischen Gegner. Sie nimmt anonyme Telefonanrufe ebenso in Kauf wie die ständige Überwachung ihrer Person, die zu ihrer Sicherheit gedacht ist. Autorinnen in anderen arabischen Ländern achten ihre unbeugsame Haltung und ihren persönlichen Mut, selbst wenn sie mit ihren Werken und ihrem Politikverständnis nicht einverstanden sind. So wie Nawal könnte ich nicht leben, sagt so manche von ihnen.

Was bedeutet Schreiben für Nawal el-Saadawi?
»Es ist wie Atmen. So verwirkliche ich mich, meine Existenz.«

Schreiben heißt Schweigen brechen?
»Das Schweigen brechen, um mich auszudrücken, wie könnten wir denn leben, ohne uns auszudrücken. Ich möchte nicht, daß andere für

mich denken. In unserem Land werden wir dazu erzogen, daß Ältere, die Regierung, die Autoritäten für uns denken. Wie kann ich mit einem Gehirn leben und gelähmt sein? Ich muß meinen Verstand gebrauchen und denken – das hat mir mein Vater beigebracht.
Ich bin für Konfrontation, auch wenn der Weg schwierig und gefährlich ist.«

Haben Sie Unterstützung?
»Am Anfang nicht. Aber auch das ist ein Prozeß, man bekommt Unterstützung, je mehr man kämpft. Die Unterstützung wuchs mit dem, was ich schrieb. Ich fühle mich mächtig, nicht politisch, aber durch meine Ideen, durch meine Bücher – und das ist genug.«
Nawal el-Saadawi hatte Anfang der achtziger Jahre die ›Arab Women Solidarity Association‹ (AWSA) gegründet, eine Frauenorganisation, die es mittlerweile in über einem Dutzend arabischer Staaten gibt.
»Ich mache keinen Unterschied zwischen Mensch und Politik. Politik ist alles, was wir trinken, was wir essen. Die Sexualität, die Religion, die Moral, das Geld, die Auslandsschulden, der Staat und die Frau und die Stellung der Frau in der Gesellschaft, aber auch die Ehe und die Scheidung, alles hat mit Politik zu tun. Deshalb wurde unsere Gesellschaft ›Arab Women Solidarity Association‹ vor kurzem verboten, weil wir der Meinung waren, daß die Frauenfrage eine politische, soziale, ökonomische, psychologische und sexuelle Frage ist. Doch das zuständige Ministerium hat eine andere Meinung dazu. Für dieses Ministerium hat die Frauenfrage nur mit Kindern und Wohlfahrt zu tun, das heißt, es gibt keine Inhalte.«
Das Vermögen der Gesellschaft wurde beschlagnahmt und einer fundamentalistischen Frauengruppe übereignet. Nawal el-Saadawi war mit ihren Mitstreitern (übrigens waren viele Männer darunter) vor Gericht gegangen in der Hoffnung, die Schließung werde rückgängig gemacht, aber ohne Erfolg.
Das drastische Vorgehen der Behörden zeigte wieder einmal, wie gefährlich es ist, für die Rechte der Frauen in einer Gesellschaft einzutreten, die vom Islam, einer männlichen Ideologie, für die es keinen Vergleich auf der Welt gibt, beherrscht wird. Nawal el-Saadawis großes Engagement für die Sache der Frauen in der arabischen Welt trägt heute Früchte. Viele Frauen haben sich die streitbare Autorin zum

Vorbild genommen, und die Zahl der Frauen, die zur Feder greifen, wird – gerade in Ägypten – immer größer. Die arabischen Männer werden sich hoffentlich daran gewöhnen.

SZ

NAWAL EL-SAADAWI

Eine Frage bleibt ohne Antwort

Ich war damals sechs Jahre alt. In jener Nacht lag ich friedlich in meinem warmen Bett, wohlig zwischen Wachen und Schlafen, während zarte Kinderträume, rasch wie mit Elfenflügeln, an mir vorüberhuschten. Unter den Decken fühlte ich eine Bewegung, als ob eine riesige Hand, kalt und grob, meinen Körper suchend abtastete. Und fast im selben Augenblick legte sich eine andere Hand, groß und kalt und grob wie die erste, über meinen Mund, um mich am Schreien zu hindern.

Sie trugen mich ins Badezimmer; ich weiß nicht, wie viele es waren, ob Männer oder Frauen, und ich kann mich an ihre Gesichter nicht erinnern. Die Welt erschien mir in einen dunklen Nebel getaucht, so daß ich nichts erkennen konnte – vielleicht hatte man mir auch irgendwie die Augen verbunden. Ich weiß nur noch, daß ich Angst hatte, daß sie zu vielen waren und daß meine Hände, Arme und Beine in einen eisernen Griff gerieten, der jeden Widerstand und jede Bewegung unmöglich machte. Unter meinem nackten Körper spürte ich die eiskalten Fliesen des Badezimmers. Gelegentlich wurde die Vielfalt von Geräuschen und unbekannten Stimmen unterbrochen von einem metallischen Schaben, das mich daran erinnerte, wie der Schlachter sein Messer schärft, wenn er zum ›Eid‹-Fest ein Schaf tötet.

Mir erstarrte das Blut in den Adern – gewiß waren Diebe in mein Zimmer eingedrungen und hatten mich aus dem Bett geraubt. Nun waren sie dabei, mir die Kehle durchzuschneiden – genauso erging es unartigen Mädchen wie mir stets in den Geschichten, die meine alte Großmutter so gern erzählte.

Ich konnte nichts sehen, und irgendwie hatte ich auch aufgehört zu atmen. Als es plötzlich aufhörte, war mir, als bliebe auch mein Herz stehen. In meiner Vorstellung kam das Ding, von dem das schabende Geräusch ausging, immer näher – jedoch nicht, wie ich erwartet hatte, an meine Kehle, sondern eher zu einem anderen Teil meines Körpers. Irgendwo tief am Unterleib, wie auf der Suche nach etwas, das zwischen den Schenkeln verborgen lag. In diesem Moment wurde mir erst bewußt, daß man mir die Oberschenkel weit auseinandergebogen hatte,

daß Finger wie aus Stahl meine beiden Beine gepackt hielten und sie, ohne nachzulassen, so weit wie möglich spreizten. Ich fühlte das gewetzte Messer, die Klinge direkt auf meine Kehle niederstoßen – doch dann fuhr die stählerne Schneide mit einemmal zwischen meine Schenkel und schnitt mir dort ein Stück Fleisch aus dem Körper.
Trotz der Hand, die fest über meinen Mund geschlossen war, schrie ich vor Schmerz – denn dies war nicht ein gewöhnlicher Schmerz, sondern eine sengende Flamme, die durch meinen ganzen Körper schoß. Einige Augenblicke später blickte ich auf meine Hüften und sah sie in einer roten Lache von Blut. Was man mir vom Körper geschnitten hatte, wußte ich nicht – ich wollte es auch nicht wissen. Ich weinte nur und rief um Hilfe nach meiner Mutter. Der schlimmste Schock kam, als ich mich umsah und merkte, daß sie neben mir stand. Ja, sie war es, in voller Lebensgröße – es konnte keinen Zweifel geben. Mitten zwischen diesen Fremden stand sie, sprach mit ihnen und lächelte sie an, als habe sie nicht eben erst an der Abschlachtung ihrer Tochter teilgenommen.
Man brachte mich zu Bett. Ich sah, wie sie meine zwei Jahre jüngere Schwester packten – genau in der gleichen Weise, wie sie mich vor wenigen Minuten ergriffen hatten. Ich schrie: Nein! Nein! so laut ich konnte. Zwischen den großen, großen Händen sah ich das Gesicht meiner Schwester – totenbleich, die dunklen Augen weit aufgerissen. Für den Bruchteil einer Sekunde trafen sich unsere Blicke; ich werde den Ausdruck namenlosen Schreckens in ihren Augen nie vergessen. Im nächsten Moment war sie fort – hinter der Tür des Badezimmers verschwunden, wo ich gerade erst gewesen war. Der Blick, den wir getauscht hatten, schien mir zu sagen: »Nun wissen wir es; nun wissen wir, worin unsere Tragödie besteht. Wir sind mit einem besonderen Geschlecht, dem weiblichen, zur Welt gekommen. Wir sind verurteilt, einen Vorgeschmack des Leidens zu bekommen: Kalte, gefühllos grausame Hände reißen uns ein Stück unseres Körpers aus.«
Meine Familie gehörte nicht etwa zu den ungebildeten Familien Ägyptens. Im Gegenteil, meine Eltern hatten beide das Glück gehabt, eine für die damalige Zeit sehr gute Erziehung zu genießen. Mein Vater besaß einen Universitätsabschluß und war in jenem Jahr (1937) zum obersten Leiter des Erziehungswesens in der Provinz Menoufia, im Gebiet des Nil-Deltas, nördlich von Kairo ernannt worden. Meine

Mutter war von ihrem Vater, dem Generaldirektor der Musterungsbehörde in der Armee, auf französische Schulen geschickt worden. Aber dennoch, die Sitte der Beschneidung war sehr verbreitet, und kein Mädchen, ob in der Stadt oder auf dem Land, entging der Klitorisamputation. Als ich mich von der Operation erholt hatte und wieder zur Schule ging, fragten mich meine Freundinnen und Klassenkameradinnen nach dem, was mir geschehen war. Ich mußte feststellen, daß sie alle die gleiche Erfahrung hinter sich hatten, gleichgültig aus welcher sozialen Schicht sie kamen.

Wie ich später bei meinen Verwandten in Kafr Tahla herausfand, sind in den armen Bauernfamilien auf dem Land alle Mädchen beschnitten. Auf den Dörfern ist diese Sitte noch immer sehr verbreitet, und selbst in den Städten hält ein großer Teil der Familien die Prozedur für notwendig. Allerdings sorgen die Ausweitung der Schulbildung und wachsende Einsicht bei den Eltern dafür, daß inzwischen immer mehr Eltern darauf verzichten, ihre Töchter beschneiden zu lassen.

Mich hat die Erinnerung an die Beschneidung stets wie ein Alptraum verfolgt. Es blieb ein Gefühl der Ungewißheit – bei jedem Schritt in die Zukunft schien Unbekanntes zu lauern. Ich war mir nicht einmal sicher, ob nicht meine Mutter und mein Vater, meine Großmutter und die anderen Menschen um mich her irgendeine neue Überraschung für mich bereithielten. Seit ich zum ersten Mal die Augen aufschlug und ins Leben blickte, hat mich die Gesellschaft fühlen lassen, daß ich ein Mädchen war und daß das Wort ›Bint‹ (Mädchen) fast überall, wo es ausgesprochen wird, einen abschätzigen Beiklang hat.

Selbst als ich schon erwachsen war und 1955 mein Examen als Ärztin gemacht hatte, konnte ich jenes schmerzliche Ereignis nicht vergessen. Es hat meine Kindheit ein für allemal beendet und mich in meiner Jugend und während vieler Jahre meines Ehelebens daran gehindert, meine Sexualität ganz zu entfalten und jene Erfüllung im Leben zu finden, die nur aus allseitiger psychischer Ausgeglichenheit entstehen kann. Alpträume jeder Art verfolgten mich durch all die Jahre, vor allem in der Zeit, als ich meinen ärztlichen Beruf in ländlichen Gebieten ausübte. Ich mußte dort oft junge Mädchen behandeln, die nach einer Beschneidung, stark blutend, zur ambulanten Behandlung kamen. Die unmenschliche und primitive Durchführung dieser Operation – die ohnehin grausam genug ist –, kostete vielen von ihnen das

Leben. Andere zogen sich akute oder chronische Infektionen zu, unter denen sie manchmal ihr Leben lang zu leiden hatten. Und die meisten, wenn nicht gar alle, erlitten infolge dieser Erfahrung dauerhafte geistige oder sexuelle Deformationen.
Eine Zeitlang brachte es mein Beruf mit sich, daß ich auch Patienten untersuchte, die aus anderen arabischen Ländern kamen. Unter ihnen waren sudanesische Frauen. Ich stellte mit Entsetzen fest, daß die Mädchen im Sudan bei der Beschneidung einem Eingriff unterzogen werden, der zehnmal grausamer ist als in Ägypten. Hier wird nur die Klitoris entfernt, und dies meist nicht vollständig. Im Sudan dagegen besteht der Eingriff in der restlosen Entfernung aller äußeren Geschlechtsteile. Man amputiert die Klitoris, die beiden äußeren großen Schamlippen und die beiden inneren kleinen Schamlippen. Anschließend wird die Wunde versorgt. Nur die Scheidenöffnung bleibt unversehrt, allerdings versäumt man während der Wundversorgung nicht, diese Öffnung durch einige zusätzliche Stiche etwas enger zu nähen. Auf diese Weise wird es dann nötig, in der Hochzeitsnacht diese Stelle mit einem scharfen Messer oder einer Rasierklinge an einer oder an beiden Seiten aufzuschlitzen und die Öffnung zu weiten, damit das männliche Organ eingeführt werden kann. Wird eine sudanesische Frau geschieden, so macht man den Eingang der Vagina erneut enger, um sicherzustellen, daß sie keine sexuellen Beziehungen haben kann. Heiratet sie abermals, so erfolgt wieder die Weitung.
Als mir diese Frauen erklärten, was mit einem sudanesischen Mädchen bei der Beschneidung geschieht, stiegen Zorn und Empörung in mir auf. Meine Wut wuchs um ein vielfaches, als ich 1969 während eines Besuches im Sudan feststellen mußte, daß diese Praxis der Beschneidung unvermindert üblich war, nicht nur draußen in den Landgebieten, sondern auch in den Ortschaften und selbst in den Städten.
Obwohl ich in Erziehung und Ausbildung ein Verständnis für medizinische Fragen erworben hatte, konnte ich damals nicht begreifen, warum man die Mädchen einer so barbarischen Prozedur unterwirft. Immer und immer wieder fragte ich mich: Warum? Warum? Aber ich fand nie eine Antwort – nur die Frage wurde immer dringender. Ebensowenig hatte ich je Antwort auf jene Fragen gefunden, die sich am Tag, als meine Schwester und ich beschnitten wurden, in meinem Kopf überstürzten.

Irgendwie schien diese Frage mit anderen Dingen zusammenzuhängen, die mir rätselhaft waren. Weshalb wurde mein Bruder bevorzugt, wenn es ums Essen ging oder um das Recht, aus dem Haus zu gehen? Warum behandelte man ihn in so vielen Punkten besser als mich? Er durfte lachen, so laut er konnte, durfte die Beine bewegen, laufen und spielen, ganz wie er wollte. Ich dagegen sollte den Leuten nicht offen in die Augen sehen, sondern den Blick senken, sobald mir jemand gegenübertrat; mein Lachen durfte nur leise und kaum vernehmlich sein – genaugenommen hatte ich mich auf ein scheues Lächeln zu beschränken. Beim Spiel durfte ich mich nicht bewegen, wie es mir gefiel, sondern ich mußte wohlerzogen die Beine geschlossen halten. Meine Pflichten bestanden vor allem darin, beim Kochen und beim Saubermachen im Hause zu helfen und außerdem noch, seit ich zur Schule ging, meine Schulaufgaben zu machen. Von den Brüdern dagegen verlangte man nur, daß sie für die Schule lernten.
In einer so gebildeten Familie wie der unseren, wo der Vater selbst Lehrer war, nahm die unterschiedliche Behandlung der Jungen und Mädchen nicht solche Formen an, wie sie in den meisten Familien üblich sind. Ich sah voller Mitleid, wie es den jungen Mädchen in meiner Verwandtschaft erging. Sie mußten die Schule verlassen, um an einen alten Mann verheiratet zu werden, der eben zufällig etwas Land besaß; oder sie hatten Demütigungen und Schläge von ihren jüngeren Brüdern zu erdulden, die sich das erlauben durften – grundlos, nur als Ausdruck ihrer überlegenen Stellung.
Auch mein Bruder versuchte, mich in die Hand zu bekommen, aber mein Vater war ein toleranter Mann und bemühte sich nach Kräften, in der Behandlung seiner Kinder keine Unterschiede zwischen Jungen und Mädchen zu machen. Ebenso erklärte meine Mutter, Mädchen und Jungen seien gleich – aber ich hatte oft das Gefühl, daß die Praxis anders aussah. Wo solche Unterschiede gemacht wurden, wehrte ich mich – manchmal in heftiger Empörung. Ich fragte Vater und Mutter, weshalb meinem Bruder Vergünstigungen gewährt wurden, die mir versagt blieben, obwohl ich doch in der Schule besser vorankam als er. Stets erhielt ich nur die eine Antwort: »Das ist eben so...« Ich erwiderte dann: »Aber warum muß das so sein?« und bekam abermals die gleiche Antwort: »Weil es eben so ist...« Wenn ich gerade besonders eigensinnig war, wiederholte ich meine Frage, bis meine

Eltern endlich die Geduld verloren und im gleichen Tonfall erklärten: »Er ist ein Junge, und du bist ein Mädchen.«
Vielleicht glaubten sie, diese Antwort würde mich schließlich überzeugen oder wenigstens zur Ruhe bringen. Aber ich wurde dann erst recht hartnäckig und fragte: »Was ist der Unterschied zwischen einem Mädchen und einem Jungen?« An diesem Punkt pflegte sich meine alte Großmutter, die oft bei uns zu Besuch war, in die Diskussion einzumischen, die in ihren Augen einfach ›unschickliches Benehmen‹ darstellte. Von ihr wurde ich dann streng zurechtgewiesen: »Im ganzen Leben habe ich noch kein Mädchen gesehen, das so schwatzhaft war wie du! Natürlich bist du nicht so wie dein Bruder. Dein Bruder ist ein Junge, hörst du, ein Junge! Wenn du nur als Junge zur Welt gekommen wärest wie er!« In der Familie erhielt ich von keinem je eine überzeugende Antwort auf meine Frage. Also wälzte ich sie immer weiter in meinem Kopf; sie stand augenblicklich im Vordergrund, sobald sich in irgendeiner Situation zeigte, daß die Männer immer und überall behandelt werden, als seien sie eine besondere, den Frauen überlegene Art.
Als ich in die Schule kam, fiel mir auf, daß die Lehrer stets den Namen meines Vaters auf meine Schulhefte schrieben – und nie den Namen meiner Mutter. Also fragte ich sie danach, und auch diesmal gab sie zur Antwort: »Das ist eben so.« Mein Vater dagegen erklärte mir, daß die Kinder den Namen ihres Vaters tragen, und als ich den Grund wissen wollte, wiederholte auch er den Satz, den ich nun schon gut kannte: »Das ist eben so.« Ich nahm allen Mut zusammen und fragte: »Warum ist das so?« Aber diesmal konnte ich an seinem Gesicht sehen, daß er die Antwort wirklich nicht wußte. Ich fragte ihn nicht weiter danach – erst viel später wieder, als ich noch andere Fragen an ihn richtete und mit ihm über viele Dinge sprach, die ich inzwischen entdeckt hatte.
Seit diesem Tag wurde mir immer klarer, daß ich auf die Frage, die niemand beantworten konnte, selbst eine Antwort finden mußte.

Ins Deutsche übertragen von Edgar Peinelt
unter Mitarbeit von Suleman Taufiq

Biographische Notiz

Nawal el-Saadawi wurde 1931 in dem Dorf Kafr Tahla am Nil geboren. Sie studierte Medizin in Kairo und arbeitete einige Jahre als Ärztin auf dem Land, später auch in Kairo. Sie leitete die Abteilung Gesundheitserziehung im Ministerium und war Chefredakteurin einer Zeitschrift, die mit medizinischen Themen ein breites Publikum erreichen wollte.
Schon während ihrer Tätigkeit als Ärztin hatte sie Romane und Erzählungen veröffentlicht. Furore machte sie allerdings mit ihrem ersten Sachbuch über den Zusammenhang von sexueller Unterdrückung, Religion und Politik. ›Frauen und Sexualität‹ erschien 1972 und wurde bald nach Erscheinen verboten.
Das Verbot ihrer Bücher begleitete Nawal el-Saadawi viele Jahre, dennoch hat sie zahllose Leser im gesamten arabischen Raum und im Westen, wo sie viel zum Verständnis der Situation von Frauen in einer autoritären Männergesellschaft beigetragen hat.
Sie ist in dritter Ehe verheiratet und lebt in Kairo.

Wer auf andere Gedanken kommt, ändert sich
SALWA BAKR

Wir hatten uns über ein Jahr nicht gesehen. Was denn so passiert sei, frage ich. »Ich habe ein Kind bekommen«, sagt sie. Ein paar Jahre über vierzig ist Salwa Bakr und hat schon eine kleine Tochter. An ein zweites Kind habe man zwar nicht gedacht, aber es sei nun da, ein Junge – und alle freuen sich. Besonders die Großmutter, die wieder einen Sinn in ihrem Leben findet, seit sie den Kleinen betreuen darf, wenn die Mutter auf Lesereise im Ausland ist und der Vater arbeitet.
Und sonst? Man kann es drehen und wenden, wie man will, der Fundamentalismus ist das alles beherrschende Thema. Es ist die zunehmende fundamentalistisch-islamische Atmosphäre in Ägypten, die vor allem den Frauen angst macht. »Die Fundamentalisten sind aggressiv und frauenfeindlich«, sagt Salwa Bakr, »und nicht nur gelegentlich. Unser ganzes Leben wird jetzt von ihnen beeinflußt.«
Mit großer Besorgnis beobachten die wachen und kritischen Bürger, was in ihrem Land vorgeht. Seltsame Wandlungen geschehen: Filmschauspielerinnen, beliebte und berühmte Stars, werden plötzlich religiös. Sie verschleiern sich, ziehen sich aus der Öffentlichkeit zurück und enthüllen, wenn überhaupt, höchstens die Etappen ihrer inneren Wandlung. In den Buchhandlungen Kairos finden sich immer wieder Broschüren, in denen die Idole der Massen ihren Anhängern den wahren Weg des Islam anpreisen. Nun könnte man die Handlungen der Leinwandhelden als Privatsache abtun, wären die Filmstars nicht Vorbilder und Leitfiguren für Mädchen und junge Frauen. Wenn die schöne erfolgreiche X den Schleier nimmt, so muß doch etwas dran sein, oder? In dieser Atmosphäre, in der den Frauen suggeriert wird, ihr wahrer Platz sei im Haus, bei ihrer Familie, wird es immer schwieriger, über die tatsächliche Lage der Frauen zu diskutieren und mehr Rechte für Frauen zu fordern.
Das Bermudadreieck der Tabus, so nennt man in Ägypten die Themen, über die öffentlich nicht gesprochen werden darf: Religion, Politik, Sexualität.
»Wir haben in Ägypten seit Anfang des Jahrhunderts ja durchaus eine Reihe von fortschrittlichen Gesetzen für die Frauen«, sagt Salwa

Bakr, »aber jetzt müssen wir Rückschläge befürchten. Die Stimmen werden immer lauter, die die Frauen wieder zu Haus haben wollen, weg von der Arbeit.«

Salwa Bakr gibt einen lebhaften Zustandsbericht über die heutigen Zeiten. Das soziale Leben erscheint komplizierter als noch vor wenigen Jahren. Das Verhalten der Männer auf den Straßen hat sich geändert, die Wertmaßstäbe sind andere geworden.

Viele Frauen sind in diesen bewegten Zeiten unsicher und ratlos. Man hat ihnen eingeredet, sie hätten die Pflicht, ›richtige‹ Muslime und ›richtige‹ Mütter zu sein, zu Hause zu bleiben und dies als ihre wahre und einzige Lebensaufgabe zu begreifen. Und die Frauen glauben dieser Botschaft. Sie haben ein Bild der Frau verinnerlicht, das nicht zuletzt von den ägyptischen Medien in unerbittlicher Hartnäckigkeit propagiert wird.

Selbst Menschen, die sich stets für aufgeklärte Bürger gehalten hatten, scheinen desorientiert. Von Freunden, die plötzlich religiös geworden seien, berichtet Salwa Bakr, von einem begabten Sänger, der nicht mehr singt, sondern nur noch in der Moschee anzutreffen ist. Warum nicht Fundamentalist sein, habe er gesagt, dieses Leben gibt mir nichts. Salwa Bakr hat die Haltung ihres Freundes erschreckt. Sie versucht, sich seinen Sinneswandel mit einer Lebenskrise, mit Depressionen und Sinnverlust zu erklären.

»Wer keine Lösung für seine Lebensprobleme findet und keine Zukunftsperspektiven mehr sieht, wendet sich den Fundamentalisten zu, die ihm Lösungen im Paradies versprechen. Und dann betet er, um ins Paradies zu kommen.«

* * *

Salwa Bakr ist eine engagierte Autorin und scharfe Beobachterin ihrer Gesellschaft – unter besonderer Berücksichtigung der Situation von Frauen. Sie bezeichnet sich nicht als Feministin, sie ist keine Vertreterin der feministischen Literatur. Literaturwissenschaftler unterscheiden zwischen ›feminine‹, ›feminist‹ und ›female‹. Der ersten Gruppe werden die frühen Autorinnen zugerechnet, die sich an männlichen Mustern und einem archetypischen Frauenbild orientierten. Sie beklagen zwar die Benachteiligung der Frauen, zeigen aber keine Alternativen auf. Zur zweiten Gruppe gehören Autorinnen wie etwa Nawal el-Saadawi, die gegen das negative Frauenbild in der Gesellschaft kämpfen und sich vehement für die Rechte der Frauen einsetzen. Die dritte Gruppe, zu der Salwa Bakr zu zählen ist, schreibt aus einem Umfeld der Sprachlosigkeit und konkreten Lebenserfahrungen von Frauen. Diesen Autorinnen geht es besonders um die authentische Darstellung der Lebenssituation von unterprivilegierten Frauen, um ihr Verhältnis zu Männern, der Familie, um ihren Standort, ihre Benachteiligungen, ihre Sehnsüchte. Sie sprechen für die, deren Stimmen nicht gehört werden.

Salwa Bakr – eine eigene Stimme. Sie gibt sie denen, die zum Schweigen verurteilt waren.

Heute gibt es viele Schriftstellerinnen in Ägypten. Ein weiter und beschwerlicher Weg war es bis dahin. Kultur war lange nicht Sache der Frauen oder sollte sie nicht sein. Mühsam haben sich die Frauen Terrain um Terrain erkämpft, eine ungeheure Anstrengung in einer Region der Welt, wo das Sprichwort gilt: »Sie hat den Mund, um zu essen.« Noch heute regiert das männliche Kritikerestablishment. Nur wer sich der männlichen Sicht anpaßt und beim Schreiben einen männlichen Standpunkt einnimmt, kann Anerkennung erwarten. Frauenliteratur wird in der ägyptischen Öffentlichkeit noch immer abfällig beurteilt, noch immer sitzen schreibende Frauen zwischen allen Stühlen.

»Indem Frauen schreiben, versuchen sie zu schreien, sie schreien ihre Worte laut heraus, sie wollen ihre Probleme ausdrücken.«

Salwa Bakr gehört einer Generation an, die sich den Ideen und Träumen von einer besseren Gesellschaft verschrieben hatte und mit viel Elan dafür kämpfte. ›Unveil the mind‹ (den Verstand entschleiern), der Slogan von Nawal el-Saadawi, galt so oder ähnlich als Programm.

»Ein guter Slogan, aber nicht nur für Frauen, auch für Männer. Er bedeutet: Laß jeden Gedanken, jede Idee, jeden Blick deinen Verstand passieren. Es ist eine Art des Denkens. Wenn man Kinder diese Art des Denkens lehrt, werden sie es immer ›drin‹ haben. Das Problem unserer Gesellschaft ist der Mangel an Bildung. Ein furchtbares Problem. Denn wo keine Bildung ist, ist kein Verstand. So viele können nicht lesen, nicht schreiben. Sie gebrauchen ihren Verstand nicht. Warum? Weil sie keine Bildung haben. Unsere Gesellschaft leidet nicht an Armut – ein zweitrangiges Problem –, sie leidet an den geringen Bildungsmöglichkeiten. Ich bin in einer anderen Atmosphäre aufgewachsen. Jeder hatte viele Träume und Hoffnungen. Die individuellen Wünsche waren auch die öffentlichen, gesellschaftlichen. Wir wollten die Gesellschaft verändern, das war mein eigener Wunsch und der meiner Generation. Ich habe damals, wie viele andere auch, eine Zeitlang mit Erwachsenen vom Land gearbeitet, habe ihnen Lesen und Schreiben beigebracht, jeder aus meiner Generation hat das getan. Niemand hatte einen Schleier vor dem Verstand.«

Und heute?
»Heute kehren viele offene, aufgeklärte Menschen zu einer anderen Art des Denkens und der Verschleierung zurück, es gibt zahlreiche Beispiele an den Universitäten, in Schlüsselpositionen... Sie haben die Hoffnung im Leben verloren, und so hoffen sie auf etwas danach.«
Als Salwa Bakr ihr Universitätsstudium beendet hatte, übernahm sie einen Job in der Verwaltung, als Regierungsangestellte. In dieser Zeit gewann sie Einblicke in die unterschiedlichsten sozialen Bereiche und lernte vor allem die Frauen am Rande der Gesellschaft kennen: arme Frauen, ungebildete Frauen, alleinstehende Frauen, die ohne die Segnungen der Ehe auskommen müssen. Während der sogenannten ›Brot-Unruhen‹ 1977, nachdem die Regierung die Preise für Brot und Grundnahrungsmittel erhöht hatte, kamen die Frauen zu Salwa Bakrs Behörde, um sich Lebensmittelkarten abzuholen. Gerade in dieser Zeit erlebte die Autorin die Verzweiflung dieser Frauen, aber auch ihre Stärke und Unbeugsamkeit. Eine Erzählung ist aus dieser Erfahrung entstanden. Analphabetinnen demonstrieren gegen die Politik, von der sie übergangen worden sind. Man muß nicht reich oder gebildet sein, um zu wissen, was einem zusteht.
Sie, denen niemand zuhört, wurden die Hauptfiguren ihrer Kurzgeschichten und Erzählungen. Sie, die der Unterklasse angehören und am ärgsten unterdrückt werden, erkor Salwa Bakr zu ihren Heldinnen – Dienstmädchen, Prostituierte, Sklavinnen von Ehemännern.
Verträumte, verrückte Frauen werden uns vorgestellt, sie haben ihre eigenen Ideen von einer besseren Welt und ihrem Platz darin. Nuna,

Fatma, Zeinat, Sayeda, Farha, und wie sie alle heißen, sind unvergeßliche Frauengestalten mit ihren Wünschen und Visionen in ihrem elenden Dasein. Unvergeßlich, weil Salwa Bakr sie mit angemessenem Ernst und zugleich liebevollem Spott charakterisiert.
Soll der geneigte Leser lachen oder weinen, wenn er die Geschichte von Sayeda erfährt? Sayeda, die eines Morgens erwacht und feststellt, daß sie eine sehr schöne Stimme hat. Sie ist beglückt von ihrer Entdeckung. Aber jeder, dem die brave Hausfrau und Mutter vieler Kinder davon erzählt, macht sich über sie lustig. Ihr Mann bringt sie schließlich zum Psychiater. Hier hofft Sayeda auf Verständnis, der Psychiater ist schließlich ein gebildeter Mann.
Aber als sie ihm ein kleines Lied vorsingt, wird sie sogleich durch seinen ernst-besorgten Blick zum Schweigen gebracht. Er verschreibt ihr Tranquilizer und Antidepressiva und hat beruhigende Worte für sie: Die kleine Verwirrung werde wohl bald vorübergehen. Entmutigt verliert Sayeda ihre schöne Stimme und geht zur gewohnten Tagesordnung über, als brave Hausfrau und Mutter vieler Kinder. Den Tranquilizern allerdings verweigert sie sich – sie spült sie die Toilette hinunter. Immerhin, ein Akt der Rebellion.
Beim Psychiater oder in einer Anstalt landen etliche von Salwa Bakrs Frauen. Der Irrsinn wird ihr Schicksal, weil ihnen die Möglichkeit, über ihr eigenes Geschick zu bestimmen, genommen wird. Um ihrem grauen Alltag zu entfliehen, machen sie sich bunte Träume und denken sich kleine Fluchten aus, aber sobald sie einen eigenen Gedanken äußern, werden sie von ihrer Umwelt zunächst belächelt, dann bespöttelt, beschimpft und schließlich bestraft. Die Kraft zur Veränderung ihres Lebens haben sie selten. Ihr Widerstand kann nur im geheimen weiterleben.
Karima wird in eine Anstalt eingewiesen, weil sie sich den Forderungen ihrer Umwelt nicht fügen wollte und eigene Ideen entwickelte. Einen roten Schreibtisch in ihr graues Büro stellen zu lassen oder etwa keinen Büstenhalter tragen zu wollen oder das Fällen von einunddreißig Bäumen in ihrer Straße zu beklagen – zeugt das nicht bereits von schweren Störungen der Persönlichkeit? Als Karima sich die Zunge abschneiden will, um nicht mehr anzuecken mit ihren von der Norm abweichenden Meinungen, ist der Fall klar. Einweisung ins Irrenhaus.

Und noch so ein Fall ist Farha. Ihre Weigerung, sich anzupassen, bekommt ihr schlecht. Sie kann ihre Mitmenschen nur noch zwanghaft als Würmer wahrnehmen.
Aber schon schlichter Bildungshunger wirkt verdächtig. Als Nuna, sie wird ›Nuna, die Gestörte‹ genannt, von der Polizei gesucht wurde, stellte sich heraus, daß niemand sie so recht beschreiben konnte. Wie sah sie eigentlich aus? Die Geschichte von einem Mädchen ohne Gesicht, das keiner wahrgenommen hatte, erzählt vom Alltag und den Träumen eines dreizehnjährigen Dienstmädchens. ›Nuna, die Gestörte‹ wünscht sich nichts mehr als Bildung und Wissen. Sie lauscht dem Unterricht, den sie von der nahegelegenen Schule mitbekommt, und läßt sich verzaubern von Worten, die ihr fremd sind. Sie will ihrem Analphabetendasein entfliehen und bemüht sich in rührender Weise zu begreifen, was sie aufschnappt. Aber ihr Lerneifer kollidiert mit der Wirklichkeit und dem Unverständnis ihrer Umwelt. Als ihr Vater sie mit einem Mann aus ihrem Dorf verheiraten will, verschwindet sie. Nuna verweigert sich den Besitzansprüchen ihrer Familie und entflieht ihrer Unmündigkeit.
»In der Welt der Salwa Bakr«, so schreibt ihre Übersetzerin und Freundin Hoda el Sadda, »ist es gerade die einfache, ungebildete Frau, die der Gehirnwäsche durch die Massenmedien oder ein unterdrückendes Erziehungssystem oder den Nettigkeiten von Sitten und Gebräuchen nicht völlig erlegen ist. Sie unternimmt positive Schritte, um ihr Leben und ihre Umgebung zu ändern. Auf diese Weise gelingt es Salwa Bakr, dem unterdrückten Diskurs der Frauen ein Forum zu geben, die vitale und wirksame Rollen in der Gesellschaft spielen, Rollen, die das konventionelle, stereotype Muster, wie es in der herrschenden Kultur vorgeführt wird, in Frage stellen und in seiner Bedeutung abwerten.«

Welche Chancen gibt Salwa Bakr den Frauen am Rand der Gesellschaft, die arm sind und keine Ausbildung haben?
»Keine. Wenn sie starke Persönlichkeiten sind, werden sie es gerade schaffen, mit ihrem armseligen Leben einigermaßen zurechtzukommen. Die Chance zur Veränderung werden sie nicht bekommen.«
Zwar gehören die meisten Frauenfiguren Salwa Bakrs zum Rande der Gesellschaft, es sind aber keineswegs nur die Marginalisierten, denen

sie ihre Aufmerksamkeit widmet. Denn ihr eigentliches Thema heißt: ›Einsamkeit‹, und die gibt es in allen Schichten der Gesellschaft.
Um die Einsamkeit geht es in einer ihrer neuesten Geschichten. Eine Frau aus der Mittelschicht verliebt sich in einen Mann im Alter ihres Sohnes. Sie durchlebt heftige Konflikte, ob sie ihrer Liebe nachgeben und die Beziehung zu dem viel jüngeren Mann aufrechterhalten soll oder im Hinblick auf die Normen und Werte der Gesellschaft Schluß machen muß.
Jeder, dem sie von der Geschichte erzählt habe, sagt Salwa Bakr sehr amüsiert, wollte wissen, wie sie ausgeht. Wie wird sich die Frau entscheiden, wird sie es wagen...? Offenbar keine einfache Vorhersage, wenn man die Situation, in die sich Salwas Heldin hineinmanövriert hat, einigermaßen abschätzen kann. Nun, das Ende ist happy. Allerdings nicht, weil die Frau sich für ihre Liebe entscheidet, sondern weil sie es geschafft hat, sich von ihrem traurigen Leben vor der Beziehung zu ihrem Freund zu befreien. Sie hat sich von überkommenen Wertvorstellungen, in denen sie gefangen war, lösen können und den Mut aufgebracht, sich den gesellschaftlichen Normen zu widersetzen.
»Das Leben gibt uns unerwartete Dinge – die einen verschleiern sich plötzlich, die anderen finden die Courage zur Veränderung. Wer die Geschichte liest, wird übrigens feststellen, daß der Mann der Frau geholfen hat, sich selbst zu finden, sich zu verändern, eine andere zu werden. Das Ende ist vielleicht nicht das Ende der Traurigkeit, aber sie hat sich geändert, und das ist das wichtigste.«

Unter welchen Bedingungen kann man sich denn ändern?
»Man muß andere Standpunkte kennenlernen, die andere Seite der Medaille sehen. Als die Revolutionäre in der Geschichte entdeckten, daß es noch eine andere Art des Lebens gab, suchten sie die Veränderung. Das Gefährlichste von allem ist, den Menschen keine Bildung zu geben. Ein armer Bauer kennt nichts anderes in seinem Leben, als in seinem Haus und auf seinem Land zu bleiben. Hätte er Bildung, hätte er die Möglichkeit zur Veränderung. Wer auf andere Gedanken kommt, ändert sich.«
Noch ein anderer Faktor bestimme das Unglück der Menschen, meint Salwa Bakr, das Gefühl der eigenen Bedeutungslosigkeit, die Überzeugung, das eigene Leben habe weder Bedeutung noch Sinn. Sie er-

innert sich an ihre Zeit im Gefängnis (wie fast jeder kritische Intellektuelle in einem arabischen Land hat auch Salwa Bakr einen Gefängnisaufenthalt hinter sich), als sie mit vielen Gefangenen ins Gespräch kam. Es waren keine kriminellen Frauen, nur unglückliche. Ihre gesamte Lebenssituation hat sie ins Verbrechen getrieben, sie waren die eigentlichen Opfer. Diese Frauen im Gefängnis seien verrückt geworden, weil sie den Sinn ihres Lebens verloren hatten.
»Man muß etwas tun, muß handeln!«

* * *

Kurz nachdem ihr Sohn zur Welt gekommen war, erblickte ihr zweites ›Baby‹ das Licht der arabischen Öffentlichkeit – die Antwort auf den zunehmenden gesellschaftlichen Rückschritt: ein Magazin in Buchform, das in regelmäßigen Abständen erscheinen soll. Veröffentlicht werden Beiträge zur Frauenfrage, die die gegenwärtige Situation reflektieren.
Unterschiedliche Standpunkte tragen zur Klärung und Versachlichung emotionaler Diskussionen bei, sich widersprechende Thesen (›Frauen sollen zu Hause bleiben‹ versus ›Frauen sollen arbeiten‹) werden einer kritischen Prüfung unterzogen, Beweise geprüft. Das Ziel ist, Bücher zu machen über Frauen im Gesetz, im sozialen Bereich, in der Literatur. Gründliche Recherchen und Analysen werden dabei verlangt.
»Wir wollen Daten, keine Meinungen«, fordert die Herausgeberin. Die Wissenslücken sind immens, entsprechend ist der Nachholbedarf an Informationen. »Unsere Leser sind Intellektuelle. Aber wir haben entdeckt, daß viele nichts, aber auch gar nichts über Frauenangelegenheiten wissen.«
Die Herausgeberinnen unterstreichen, daß sie keine Feministinnen sind – ein Reizwort in ihrer Gesellschaft, das man besser vermeidet. Feministin sein bedeutet nach Auffassung konservativer Kritiker, europäische Frauen zu imitieren. Diese Absicht haben Salwa Bakr und ihre Mitarbeiterinnen keineswegs. Sie wollen dem Westen nichts nachmachen, nur profitieren von den Erfahrungen, die westliche Frauen hinter sich haben. Im übrigen müsse man die eigenen Probleme mit eigenen Mitteln lösen.

»Wir fürchten auch, daß man uns für links und kommunistisch hält. Hätten wir diesen Ruf, würde uns keiner mehr lesen.« Man ist also offen für andere Meinungen. Alle sind aufgefordert, sich mit Artikeln zu beteiligen, Linke, Liberale, auch Islamisten. Jeder kann sich äußern, der etwas zur Sache der Frau beizutragen hat. Frauen und Männer, versteht sich.

Für arabische Verhältnisse ist das Magazin, das eher den Umfang eines Buches hat, erfolgreich. 3000 Exemplare sind in Ägypten verkauft worden, 1000 in Tunis. Die Zahl der Leser ist vermutlich fünfmal so hoch.

Dennoch, die Zahl genügt der streitbaren Frau bei weitem nicht. Ein Gesetz, ja, ein Gesetz solle her, daß alle, und damit sind vor allem Männer gemeint, die Bücher von Frauen lesen müßten! Aber Kampf gegen die Männer ist nicht angesagt. Salwa Bakr glaubt nicht an die einfache Lösung, ›die Männer‹ für das Unglück der Frauen verantwortlich zu machen. Die Strukturen seien es, die Werte und Normen als natürlich gegeben erscheinen lassen – Strukturen, die von Männern und Frauen hingenommen werden. Dagegen wehrt sie sich: gegen die Haltung, daß etwas so ist, weil es immer schon so war, dieses Hinnehmen, dieses Sich-Fügen, diese vermeintliche Unabänderlichkeit. Salwa Bakr setzt auf die Vernunft und Einsicht des männlichen Geschlechts und erinnert an die große Zahl aufgeklärter Männer, die sich die Sache der Frau zu eigen gemacht haben. Ihr Ziel heißt: Friede zwischen Mann und Frau.

Die Arbeit an der Zeitschrift bedeutet nicht, daß sie das Verfassen von Kurzgeschichten und Erzählungen aufgegeben hätte. Material ist reichlich vorhanden. Kairo, in Salwa Bakrs Augen eine ungeheuer triste, häßliche und anödende Stadt, bietet es im Überfluß. »...und dazu die Möglichkeiten der Ironie...« Ihre Behauptung, »das Leben ist surrealistisch«, begreift man in Kairo besonders gut. Nach ihrer Methode befragt, in welchem Stil sie Botschaften am besten an ihre Leser bringe, nennt sie die Ironie, den Witz, den spielerischen Umgang mit den ernsten Themen der Zeit. Aber das Lachen, das Salwa Bakr erzeugt, ist ein Lachen, das leicht umkippen kann.

Die Methode ist subversiv und angemessen in einem Land, in dem man leicht als Kommunist denunziert wird, wenn der Ton des Textes eine gewisse Schärfe erreicht hat. Über die Schwierigkeiten bei der Veröffentlichung kann jeder kritische Autor Auskunft geben. Das beginnt mit der Wahl des Themas. Das Interesse an Frauenliteratur ist gering. »Warum schreibst du überhaupt so was«, hat sich Salwa Bakr fragen lassen müssen, als sie ihr letztes Buch vorlegte, in dem es um die Beziehung von Frauen und Männern ging. Wird das Buch gedruckt, so ist schon das nächste Problem da: Wie bringt man es unter die Leser? Derzeit kontrollieren zwei große Zeitungen den Vertrieb von Büchern. Wenn der Regierung ein Buch nicht gefällt, so wird es eben nicht vertrieben und geht zurück an den Herausgeber. Überdies sind Bücher teuer. In der gegenwärtigen Wirtschaftslage kauft mancher Leser lieber ein Kilo Fleisch als ein Buch.

Noch ist die neue Zeitschrift nicht in die Mühle der – offiziell nicht existierenden – Zensur geraten. Vielleicht wird sie für ungefährlich gehalten, denn wer kann sie schon lesen?

Mit Sorge verfolgt die Autorin die Entwicklungen in ihrem Land. Ägypten galt bisher als moderner arabischer Staat. Was ist nur geschehen? Zu Bedenken Anlaß geben Algerien und Sudan. Lichtblicke fänden sich in Tunesien und Marokko, sagt sie, aber wie lange noch?

»In unserer Gesellschaft, in der das Prinzip der Gruppe gilt, ist es schwierig, als einzelner Einfluß zu gewinnen. Man muß mit dem Strom schwimmen. Die Regierung bestimmt die Regeln, so ist es immer gewesen. ›Wen meine Mutter heiratet, den nenne ich Onkel‹, heißt ein Sprichwort bei uns.«

Schwarz sei die Zukunft, wenn die Fundamentalisten an die Macht kämen, ein anderes Iran ... hoffnungslos!

Haben Sie nicht schon vor einem Jahr gemeint, die Lage sei hoffnungslos?

»Ja, das stimmt. Aber jetzt ist sie noch hoffnungsloser«, sagt Salwa Bakr und versucht zu lachen.

SZ

SALWA BAKR

Tag der Frau

Die Schulleiterin betrat das Klassenzimmer, der Lehrer Osman befahl eifrig:
»Aufstehen!«
Die Mädchen sprangen auf und auch die Jungen, wobei sich Gemurmel breitmachte. Die Blicke von Osman streiften die Anwesenden, um sicherzugehen, daß alle seinen Ruf befolgten und daß absolute Ruhe herrschte, was in dieser Situation verlangt werden konnte. Er sagte deshalb zu seinen Schülern immer:
»Aufstehen bedeutet: ›Pssst, pssst‹, alle müssen die Luft anhalten. Das heißt, wenn ich eine Nadel auf den Boden werfe, muß ich ihren Klang hören können. Ist das klar?«
Als der Lehrer sicher war, daß jeder Schüler und jede Schülerin in der Klasse still stand, sagte er mit ruhiger, lauter Stimme:
»Setzen!«
Sie setzten sich wie vorher, und der Lehrer hieß die Schulleiterin willkommen. Er bot ihr seinen Stuhl an, der hinter seinem Tisch und den kleinen Schülern gegenüber stand, damit sie sich setzen und einen Blick in seine Klassenbücher werfen konnte, die den Stoff für den Rest der Woche enthielten. Als der Lehrer seine Vorgesetzte sah, wie sie sich den Büchern zuwandte und darin zu lesen begann, drehte er sich um und schrieb mit großer Schrift, die nicht elegant genug war für einen Arabischlehrer, an die Tafel: »Die Frau und das Leben.«
Die Schulleiterin begann, im Klassenbuch des Lehrers zu lesen, lange Sätze über die Wichtigkeit der Frau in der Gesellschaft, anläßlich der Feierlichkeiten zum Internationalen Tag der Frau. Sie bemerkte, daß der Lehrer bei seinen Themen nicht vergessen hatte, die Frauen des Propheten zu zitieren, auch die berühmten Frauen der Araber wie Al Khansa, Hind Bint Al Nouaman und Zoubaida, die Ehefrau von Harun Al Raschid. Daß er Zarqa Al Yamama vergessen hatte oder sie zumindest ignorierte, das beachtete sie nicht. Die Schulleiterin wußte aus zwanzigjähriger Erfahrung in der Grundschulausbildung, daß er sein Thema zweifellos mit einem bekannten Zitat des Dichters Hafis Ibrahim abschließen würde:

»Die Mutter ist eine Schule, wenn du sie gestaltest ...«
Dann lächelte sie und hob ihren Kopf, um zu verfolgen, was der Lehrer zu den Schülern sagte. Als sie ihn anschaute, bemerkte sie sein dichtes, krauses Haar, das man von weitem leicht erkennen konnte, selbst wenn Osman am anderen Ende des Schulhofes gestanden hätte. Sie folgte ihm, als er sagte:
»Dann sagte er zu ihm, wer noch? Er antwortete, deine Mutter. Dann sagte er zu ihm, dann dein Vater.«
Der Junge Ousama Abd Al-Fatah ließ den Lehrer Osman nicht mehr weiterreden. Er schrie von seinem Platz aus am Ende des Klassenzimmers:
»Entschuldigung, Herr Lehrer, Mohammed Mansour hält seinen Pimmel fest, weil er dringend muß.«
Die Ohren des Lehrers wurden rot, und die Schulleiterin wandte ihren Blick vom Gesicht des Lehrers ab und dem Buch wieder zu und tat so, als ob sie mit Lesen beschäftigt wäre. Währenddessen wurde das Gelächter der kleinen Schüler lauter, so laut, daß zwei Spatzen, die vorher am Fenster gesessen hatten, verscheucht wurden. Aber das kichernde Gelächter der Kleinen wurde schnell gebändigt und unterbrochen, weil das Gesicht des Lehrers sich verfinsterte und er seine Stirn runzelte. Dann herrschte Stille, und er schrie:
»Halt den Mund, du Esel!«
Aber der Junge Ousama Abd Al-Fatah war ehrlich, eifrig und mutig und bestand darauf zu retten, was zu retten war. Um seine Ehrlichkeit zu beweisen, fuhr er fort:
»Bei Gott, Herr Lehrer, er muß wirklich sehr dringend, er hat sich seine Kleider schon naß gemacht.«
Es gab keine Möglichkeit mehr, die Angelegenheit zu ignorieren. Die Schulleiterin lächelte, um die Atmosphäre zu entspannen. Der Lehrer schluckte seinen Zorn herunter und lächelte gezwungen. Er gab dem Jungen Mohammed die Erlaubnis, zur Toilette zu gehen, und rief:
»Mach, daß du wegkommst, du verdammtes Pech, und hüte dich davor, herumzutrödeln.«
Dann wollte er das Thema wechseln. Er wandte sich der Schulleiterin zu und sagte ihr mit leiser Stimme, daß er sehr streng mit den Schülern sei, vor allem, was das Hinausgehen zur Toilette während des Unter-

richts betreffe. Sie seien wirklich sehr frech und benutzten das Austreten während des Unterrichts als Vorwand dafür, dem Unterricht fernzubleiben. Dann erklärte er ihr, daß er den Stoff für den Unterricht schon bis zum Ende der nächsten Woche vorbereitet und daß er den Unterricht heute dem ›Tag der Frau‹ gewidmet habe, genau nach der Anweisung, die er von der Schulleitung bekommen habe.
Die Schulleiterin gab ihm ein Zeichen, den Unterricht fortzusetzen, damit die Zeit nicht verlorenginge. Denn sie hatte Sorgen und war damit beschäftigt, über ihr eigenes Problem nachzudenken.
Sie wünschte sich, daß an diesem Tag einer von diesen Zuständigen die Schule besuchen würde, um mit ihm das Problem besprechen zu können. Und als der Lehrer Osman über die Notwendigkeit sprach, daß ein Mädchen edle Sitten und gutes Benehmen haben solle, damit es, wenn es groß würde, eine geachtete Frau werden könne, wünschte die Schulleiterin sich, daß ein Wunder geschähe und die Erste Frau im Staate die Schule besuchen würde. Eine liebevolle, bescheidene und sensible Dame wie sie. Sie würde der Schulleiterin bestimmt wohlwollend zuhören, wenn sie ihr berichtete:
»Ist es gut, verehrte Dame, daß jemand wie ich, in meinem Alter und in meiner Position, sich jeden Tag durch den Verkehr drängeln und sich demütigen lassen muß, damit sie ihren Arbeitsplatz erreichen kann? Außerdem wäre meine Versetzung in eine Schule, die nicht weit von meinem Haus entfernt ist, doch eine leichte Angelegenheit. Das liegt in der Hand von Herrn Abd al Hamid Fikri, dem Staatssekretär im Ministerium, aber er beharrt darauf, daß ich an der Al-Nur-Schule bleibe, obwohl der Grund dafür unverständlich ist. Dabei sollte man nicht vergessen, daß ich für einen Haushalt mit Ehemann und vier Kindern, die alle noch in der Ausbildung stehen, zu sorgen habe. Deshalb bitte ich Sie, dieses Problem zu lösen, weil ich mich dadurch bedrängt und irritiert fühle.«
Dann würde sie ihr den Antrag überreichen, den sie mit sorgfältiger Schrift geschrieben hätte. Die Erste Frau nähme den Antrag wohlwollend entgegen und würde sie mit freundlichen Worten beruhigen. Sie würde ihn sofort dem Staatssekretär aushändigen, der sie wahrscheinlich am ›Tag der Frau‹ auf einer Inspektionsreise durch die Schulen begleiten würde. Er würde den Versetzungsantrag sofort und ohne Zögern unterschreiben.

Die Schulleiterin konnte den Traum nicht bis zu dem Moment fortsetzen, wo sie der Ersten Frau die Hand gab und sich bei ihr bedankte, weil der Lehrer Osman eine sehr laute Stimme hatte, die kaum weniger rauh war als seine Haare. Sie war gezwungen, keinen Antrag zu stellen, der Ersten Frau nicht die Hand zu geben und auf die Unterschrift des Staatssekretärs zu verzichten, als die Stimme des Lehrers lauter wurde und er sagte:

»Die Frau ist die Hälfte der Gesellschaft, und Gott legte uns ans Herz, für sie zu sorgen. Früher erzählte man...«

Die Schülerin Fatima Metwali hörte nicht zu, was »man früher erzählte«, weil sie damit beschäftigt war, für ihre Mitschülerin Aischa Mer'i auf die Schulbank zu schreiben:

»Ich mache es wie Mohammed, ich werde mich fest drücken, und du sagst dem Lehrer, daß Fatima ihre Muschi festhält, weil sie mal muß. Die Kinder werden alle lachen, und der Lehrer wird mir sagen: Steh auf, Mädchen, und mach, daß du zur Toilette kommst!«

Die Idee gefiel Aischa, zumal Aischa gerne Streiche machte, es den Jungen nachmachte und überhaupt alles tat, was sie taten. Vielleicht, weil sie zu Hause das einzige Mädchen unter drei Brüdern war. Vielleicht auch, weil sie im Laufen und Turnen bei den Jungen gerne siegte. Und weil sie leichtsinnig war und manchmal gerne in Abenteuer geriet, stand sie auf und sagte:

»Herr Lehrer, Fatima muß dringend. Sie hält schon ihre Muschi fest und möchte unbedingt zur Toilette gehen, aber sie schämt sich.«

Wie ein Blitz aus heiterem Himmel bewegte sich der Lehrer auf Aischa zu und gab ihr mit seiner dicken Hand eine Ohrfeige. Dabei kamen die Beschimpfungen so schnell wie Schaum aus seinem Mund. Er bezeichnete ihre Tat als Frechheit und Unverschämtheit und als Mangel an Erziehung. Er befahl ihr, ihren Platz zu verlassen und sich an die Wand zu stellen. Er drohte ihr mit einem schwarzen Tag, schwarz wie die Chinatinte.

Die Schulleiterin war ein wenig verärgert, weil der Lehrer Osman sehr brutal mit dem Mädchen Aischa umgegangen war. Aber sie wußte nicht, daß es einen Grund für diese Brutalität gab. Er war nämlich vorher in seinen Gedanken damit beschäftigt gewesen, wie er seine Frau wegen ihres schlechten Benehmens seinen Eltern gegenüber am besten bestrafen sollte. Sollte er sie so lange schlagen, bis er das Knirschen ihrer Knochen hörte, oder sollte er mit ihr nicht mehr schlafen und ihr kein Taschengeld mehr geben, bis sie begriff, daß Gott gerecht war? Als er sich das Bild seiner Frau vorstellte, mit ihren runden Waden, mit ihrem dicken hellen Hinterteil und mit ihrem fesselnden Lachen, wenn sie flirtete, fühlte er, daß die zweite Lösung ihm selbst teilweise schadete und ihn beunruhigte, deshalb konnte er sich aus Wut nicht mehr beherrschen und gab dem Mädchen Aischa eine Ohrfeige.

Die Schulleiterin überlegte sich, dem Lehrer etwas zuzuflüstern, um ihn daran zu erinnern, daß Schlagen in der Schule auf Anweisung des Ministeriums verboten sei und daß die Ohrfeige sehr heftig gewesen sei und vielleicht das Ohr des kleinen Mädchens verletzt habe. Aber sie beschloß, ihm das nach dem Unterricht mitzuteilen, denn jetzt mußte sie die Atmosphäre entschärfen und etwas sagen, letzten Endes war sie eine hochangesehene Erzieherin, die Schulleiterin der Schule. Sie sprach mit den Schülern und versuchte, ruhig und weise zu sein:

»Wir alle sollten wissen, daß wir uns anständig benehmen und unsere Worte mit Bedacht wählen müssen. Die Sprache von zu Hause ist anders als die Sprache in der Schule. Und die schlechten Worte sollte man nicht in der Schule oder auf der Straße benutzen. Ein Mädchen sollte wohlerzogen sein und leise reden. Auch ist es eine Schande, einen unreinen Teil des menschlichen Körpers zu berühren. Es ist für Mädchen sogar verboten, die unreine Stelle anzufassen. Ihre Hand sollte diese Stelle überhaupt nicht berühren, egal aus welchem Grund.«

Dann ging sie zu Fatima, zog sie am Ohr und verlangte von ihr, sich bei dem Lehrer zu entschuldigen.

Als sie die Klasse verließ, um eine andere zu besuchen, damit sie nachprüfen konnte, ob der Lehrer in dieser Klasse auch die Anweisung des Ministeriums zum ›Tag der Frau‹ befolgt hatte, stellte sie fest, daß sie schnell nach Hause gehen mußte, um das Mittagessen vorzubereiten.

Der Lehrer Osman kratzte sich gelassen an seinen Schenkeln. Die Schüler begannen aufzuatmen, als die Schulglocke ertönte. Der Unterricht war zu Ende.

Aus dem Arabischen von Suleman Taufiq

Biographische Notiz

Salwa Bakr wurde 1949 in Kairo geboren. Ihre Familie war arm. Aufgewachsen ist sie in einem reinen Frauenhaushalt. Erst als sie zur Universität ging, kam sie in Kontakt mit Männern. Sie studierte Betriebswirtschaft und Theaterkritik. 1974–1978 arbeitete sie als Regierungsangestellte bei einer Behörde. Während dieser Zeit lernte sie viele arme, ungebildete Frauen, die aus ihren Dörfern in die Stadt gekommen waren, kennen. Sie wurden die Heldinnen ihrer Erzählungen und Kurzgeschichten. Salwa Bakrs Thema ist das Leben der kleinen Leute, sie schreibt von den Träumen und kleinen Fluchten der Ärmsten und der von der Liberalisierungspolitik übergangenen Frauen.

Es gehe ihr »um die Menschen, denen die Hände zusammengebunden werden«, sagte sie einmal.

Salwa Bakr lebt in Kairo, ist verheiratet und hat zwei Kinder. Sie gilt als eine der wichtigsten zeitgenössischen Autorinnen Ägyptens.

Ich habe immer für die Freiheit gekämpft

EMILY NASRALLAH

Der Feind ist das, was du nicht kennst, sagt ein arabisches Sprichwort. Emily Nasrallah zitiert es, als sie überlegt, welchen Sinn es für Frauen aus dem Westen haben kann, Geschichten aus einem libanesischen Dorf, geschrieben von einer libanesischen Autorin, zu lesen. Nach einer Lesung der ›Septembervögel‹ habe ihr eine junge Deutsche gesagt, sie sei an ihre Kindheit auf dem Land erinnert worden. Obwohl doch die Erfahrungen in den Ländern so verschieden sind, die Kultur, der individuelle Hintergrund – dennoch finden sich Gemeinsamkeiten, wenn man nur genau hinsieht und sich in andere einzufühlen vermag. Emily Nasrallah hat sich über die Bemerkung ihrer deutschen Leserin gefreut, damit war für sie die Frage beantwortet, welchen Sinn und Zweck es denn haben könnte, ihre Texte zu übersetzen.

»Zur Zeit findet ein ungeheuer wichtiger Dialog statt, der hoffentlich in der Zukunft weitergeht«, sagt sie. »Die Massenkommunikationsmittel bringen zwar Menschen zusammen, aber wir, die wir in Krisengebieten leben, sehen, daß das Verständnis füreinander nicht größer geworden ist und es uns keine Hoffnung auf Frieden bringt. Die Menschen versuchen nicht, einander kennenzulernen. Es geht ihnen nicht darum, anderen zu helfen und mit ihnen zusammenzuarbeiten, um vielleicht eine bessere Welt zu schaffen. Es geht nur um ihren kleinen privaten Eigennutz.«

Emily Nasrallah ist eine international bekannte Schriftstellerin aus dem Libanon. Sie ist das beste Beispiel für eine Frau, die es geschafft hat, die dörfliche Enge ihrer Heimat zu überwinden und sich mit ihrem unbändigen Hunger nach Bildung und Lebenserfahrung die Welt anzueignen. Ihre Kraft wird spürbar, wenn sie aus ihrem Leben erzählt.

»Ein Onkel mütterlicherseits hat mir das Interesse für Literatur beigebracht. Er war einer der ersten Schüler, die damals, 1910, auf die Schule nach Nazareth in Palästina gehen durften. Dieses Privileg war nur wenigen Schülern aus unserer dörflichen Gegend vorbehalten. Später ging er nach New York und wurde Schriftsteller. Eine Krank-

heit brachte ihn in unser Dorf zurück. Durch ihn erwarb ich meine ersten Kenntnisse von der Welt. Ich erfuhr, daß es anderswo Frauen gibt, die unter völlig anderen Bedingungen leben als unsere im Dorf. Ich begriff auch, daß Frauen eine bessere Ausbildung und mehr Freiheit bekommen können – ja, daß sie selbstbestimmt leben können und keineswegs den Regeln und Verordnungen der Männer folgen.
Mein Onkel erzählte mir unzählige Geschichten von den Frauen New Yorks und von der Freiheit, die dort herrschte. Als ob er von einer Märchenwelt spräche! Mit diesen Geschichten wuchs ich auf – und mit den Gedichten meiner Großmutter, die sie selbst verfaßte.
In der Volksschule war es langweilig, ich erinnere mich gut daran – diese gähnende Langeweile. Ich war immer müde oder, besser gesagt, halb betäubt. Trost gab mir die Natur, diese wunderbaren Landschaften bei uns zu Hause, die Berge, die Bäume... Kleine Fluchten für ein Kind, dem sonst wenig Anregung geboten wurde. In diesen frühen Tagen meines Lebens hatte ich keine Möglichkeit zu lesen. Im Dorf gab es keine Bücher, bis auf eins: die Bibel. Natürlich war die Sprache zu schwierig für mich, aber ich las das Buch von Anfang bis Ende und noch mal und noch mal. Auch wenn ich kaum etwas verstand, hat es sich gelohnt. Neben den Texten der Schulbücher waren Zeitungsausschnitte meine erste Lektüre. Ich versuchte zu dechiffrieren, was da stand.
Das waren also die ersten Schritte meiner Bildung. Ein Buch habe ich während meiner ganzen Kindheit nicht gelesen. Erst als ich zur High School ging, bekam ich Zugang zu Büchern.
Mein erster Onkel hatte also mein Interesse geweckt, und auch meinem zweiten Onkel verdanke ich viel. Aus folgendem Grund: Da der erste Onkel zur Schule und später zur Universität ging, mußte der zweite Onkel zu Hause bleiben und dem Vater auf dem Feld helfen. Ein gebildeter Sohn in der Familie war genug. Aber der zweite Onkel hielt dieses Leben nicht aus und ging zu seinem Bruder nach New York. Er brachte es zu einem erfolgreichen Leben, aber sein größter Schmerz war, daß er keine Ausbildung hatte. ›Schickt Emily zur Schule‹, schrieb er aus Amerika, ›ich bezahle das Schulgeld.‹
Ich denke, das ist die größte Hilfe, die man den Menschen und den Völkern geben kann: Bildung.
Die Eltern in unseren Dörfern sind immer sehr darauf bedacht gewe-

sen, ihren Kindern eine gute Ausbildung zu ermöglichen. Meine Mutter ging zur Volksschule, mein Vater konnte weder lesen noch schreiben. Aus persönlichen Gründen hatte er selbst nie die Chance, zur Schule zu gehen. Aber er bestand darauf, daß ich es tat. Bald konnte ich ein paar Gedichte auswendig, und mein Vater rief stolz alle seine Freunde zusammen, um zu zeigen, daß seine Tochter etwas gelernt hatte. Viele Eltern arbeiten hart, sie verkaufen sogar Land, sie tun alles, um ihren Kindern eine Ausbildung zu ermöglichen. Ich kenne eine Mutter, eine einfache Schneiderin, die ihren Sohn in die besten Schulen schickte – er ist heute Präsident einer Universität. Sie ist kein Einzelfall. Unsere Leute sind sich der Notwendigkeit einer guten Ausbildung sehr bewußt. Im Libanon haben wir die geringste Analphabetenquote aller arabischen Länder.«

Was der Onkel dem kleinen Mädchen mitgab, hat Emily Nasrallah bis heute in ihrem Gedächtnis und in ihrem Herzen verwahrt. Die Botschaft lautet: Hilf den Menschen zu wachsen, ihre Fähigkeiten zu entwickeln. Mach sie stolz darauf, die Probleme ihres Lebens zu überwinden.

Ohne ihre beiden Onkel hätte Emily Nasrallah vermutlich das klassische Leben einer libanesischen Frau auf dem Land geführt. Zwar schickte der Vater sie zur Schule, aber sie sollte doch eine von den Frauen werden, deren Aufgabe es ist, zu heiraten, Kinder zu bekommen und für die Familie da zu sein. Darauf wollte sich die Tochter nicht festlegen lassen. Eine Familienmutter wollte sie nicht werden. In ihrem Erstlingswerk ›Septembervögel‹ malt sie später ein trübes Bild von den Frauen im Dorf:

»Ihre Existenzberechtigung hing einzig von der Zahl der Kinder ab, die sie in die Welt setzten. Das war der Maßstab, an dem ihr Wert gemessen wurde. Jahr um Jahr sind die Frauen vollauf mit Schwangerschaft und Stillen beschäftigt, manchmal mit beidem zugleich. Und in der Brutmaschine werden Kinder produziert: eins... zwei... drei... dann verliert sich ihre Zahl. Eine Mutter ist eine Frau, der das zerzauste Haar ungekämmt über die müden Schultern fällt; sie läuft ständig mit offenem Hemd herum, damit die schlaffen Brüste jederzeit die gierigen Mäuler stopfen können; die Farben ihres Kleides sind verblaßt, und der zerfaserte Saum schlenkert um die staubigen, behaarten Beine.«

Emily Nasrallah war jedoch ein Mädchen mit Ambitionen. Hatte ihr Onkel nicht den Keim zur Revolution in sie gelegt? So lebte sie zwischen zwei Polen – hier der Onkel, der ihr die Verheißungen der Freiheit gezeigt hatte, dort der strenge Vater, dem sie ihre Gedanken nicht anvertrauen konnte. Und die Mutter? Sie gehorchte und schwieg.

»Wenn der Mann ein Despot ist, läßt er sich von niemandem etwas sagen. Die Kinder kämpfen gegen ihn, wenn sie größer sind, aber dann ist es schon zu spät, ihre Persönlichkeit ist schon geformt. Entweder sie revoltieren, kämpfen gegen ihn und verlassen ihn, oder sie sind total zerstört. So funktioniert die traditionelle Familie.«

Emily kämpfte nicht gegen ihren Vater, aber sie tat viel hinter seinem Rücken. In ihrer Umgebung begriff man sehr wohl, daß man sie nicht einengen durfte. Aber als sie ihr Dorf verlassen und in die Stadt umziehen wollte, war das Entsetzen groß. Was?! Du willst in die Stadt?! Denk doch an deinen Ruf! Ach ja, die Einbildung der Menschen im Dorf ist wild... Die störrische Tochter setzte sich durch und ging nach Beirut.

* * *

Der Libanon, früher eines der offensten und landschaftlich reizvollsten Länder des Vorderen Orients – er galt als ›Schweiz des Orients‹ – ist mit seiner langen Küste und seinen blühenden Hafenstädten von jeher ein Durchzugsgebiet für die verschiedensten Völker und Religionen gewesen. Der Libanon hat eine uralte städtische Kultur, die schon im Altertum bekannt war.

Der Libanon existiert erst seit 1920. Er wurde durch französisches Kolonialmandat von Syrien getrennt und zum eigenständigen staatlichen Gebilde erklärt. In keinem anderen Land lebten einmal so viele christliche und muslimische Gemeinden und Gruppen friedlich nebeneinander. So konnte ein liberales Klima auf politischer, wirtschaftlicher und nicht zuletzt auf kultureller Ebene entstehen. Beirut, die Hauptstadt dieses neugegründeten Staates, entwickelte sich sehr schnell zu einem Zentrum nicht nur wirtschaftlicher und politischer Macht. Die Stadt wurde zum Knotenpunkt, an dem sich Orient und Okzident begegneten. Wohl kaum eine andere Metropole der arabischen Region hat so viele kulturelle Strömungen und neue Entwicklungen aus Ost und West erlebt wie diese Stadt. Sie wurde nicht nur zum kulturellen Zentrum des Nahen Ostens, das die Einflüsse aus Europa wie ein Schwamm aufsaugt und verarbeitet, sondern entwickelte sich auch zum Fluchtpunkt für zahlreiche Intellektuelle aus der gesamten arabischen Welt. Hier führten sie ein äußerst vitales kulturelles Leben, und wer woanders keine Möglichkeit hatte, seine Ideen zu verbreiten – hier bekam er sicher die Chance, einen Verlag zur Veröffentlichung zu finden.

* * *

Emily Nasrallah wollte unbedingt zur Universität. Harte Jahre folgten, sie hatte kein Geld, am Anfang reichte es nicht mal für die Miete. Also Nebentätigkeiten – Übersetzungen, Radiosendungen, Privatstunden. Neben ihrem Pädagogikstudium an der amerikanischen Universität, das sie 1958 als Bachelor of Arts abschließen sollte, nahm sie einen Job als Journalistin an. Beim Schreiben blieb es dann, auch nach ihrer Heirat und der Geburt ihrer Kinder. Sie schrieb Reportagen über soziale Themen, über die Wohlfahrt, über die Frauenbewegung. Auch über Kunst und Kultur. Und sie schrieb Romane, Erzählungen und Texte für Kinder.

»Ich schrieb nicht nur über Frauenthemen. Ich schrieb über die Situation der Frauen in meiner Gesellschaft in Beziehung zu ihrer sozialen Existenz und in Beziehung zu den Männern. In meinem ersten Roman ›Septembervögel‹ hieß mein Thema ›Emigration aus dem Dorf‹. Der Held ist das Dorf selbst in seiner ganzen Schwäche. Unfähig, seine Kinder dazubehalten.«

Die Dichterin des libanesischen Dorfs hat man sie genannt. Wenn im September die Zugvögel ins Dorf kommen, schreibt Emily Nasrallah, dann packt die Dorfbewohner das Reisefieber. Aber die Rückkehr der Vögel wird nicht gefeiert, denn wenn sie zurückkommen, sind sie nicht mehr dieselben wie zuvor. Eine Sicht, die sich leitmotivisch durch ihr Werk zieht. Wer weggeht, entfremdet sich dem Dorf und seiner heimatlichen Erde und verändert sich. Die Zeit baut Mauern auf zwischen dem, der geht, und denen, die geblieben sind. Ausgestoßen fühlt sich, wer meinte, die Enge des Dorfs verlassen und sein

Glück in der Fremde machen zu können. Von den Hoffnungen sind oft genug nur Gefühle der Einsamkeit und Verlorenheit übriggeblieben. Den tragischen Konflikt des Emigranten, nicht bleiben zu können, aber an einem anderen Ort nicht heimisch werden zu können, kennt Emily Nasrallah aus eigener Erfahrung. Die Dorfbewohner begegnen Zurückkommenden mit Ablehnung und Zurückhaltung. Sie machen mit dem, der sich entzieht und aus der Gemeinschaft verschwindet, kurzen Prozeß, sie stoßen ihn aus. Die Botschaft von Emily Nasrallah: Niemand verläßt ungestraft seine Heimat. Wer es tut, zahlt einen hohen Preis. Doch wie sähe die Alternative aus, zumal für Frauen?

›Septembervögel‹ zeigt mehrere Möglichkeiten, wie Frauen im Dorf ihr Leben planen können: sich anpassen, sich den Eltern fügen oder ihr Leben selbst in die Hand nehmen – und sich den Sprüchen des Priesters nicht fügen, der von den drei Gesichtern der Sünde spricht, dem Reden, dem Handeln, dem Denken...

»Meine nächsten Romane wurden für feministisch gehalten, weil es mir darin um die Frauen geht. ›Oleanderbaum‹ endet mit einer Katastrophe, die Frau begeht Selbstmord. ›Das Pfand‹ ist ein feministischer Roman. Ich erzähle darin die Geschichte eines Mädchens, deren Eltern vor ihrer Geburt auf dem Land eines Grundbesitzers arbeiten. Dieser sagte zu dem zukünftigen Vater: Ich sehe, daß deine Frau schwanger ist. Wenn das Kind ein Mädchen wird, werde ich es heiraten. Das Mädchen wird geboren und weiß nicht, daß sie versprochen ist. So war die Tradition. Für mich ein Symbol für die Gebundenheit der Frauen an ihre Gesellschaft. Das Mädchen wächst heran, sie ist vierzehn und weiß nicht, daß sie verlobt ist. Er schickt sie zur Schule, er sagt ihr, was sie tun soll. Dann erzählt eine verrückte Frau das Geheimnis. (Solch eine Person kommt in all meinen Romanen vor, eine ungehemmte Frau, die keine Rücksichten nimmt, eine ›Verrückte‹.) Das Mädchen hatte sich verliebt, aber sie geht zurück, weil sie gebunden ist.«

Emily Nasrallahs Romane enden nicht glücklich. Für ihre Frauen sind die Türen geschlossen, ohne Ausbildung und Geld gibt es keine Lebenschancen. Der einzige Ausweg, der gesehen wird, ist der Selbstmord. Selbst wenn es Wahlmöglichkeiten gibt, werden sie nicht ergriffen. Die traditionellen Normen sind verinnerlicht. Wer viele

Jahre im Käfig sitzt, kann nicht heraus, selbst wenn die Käfigtür geöffnet wird. »Man muß schon früh zur Freiheit erzogen werden.« Aber wer draußen in der Welt war und ins Dorf zurückkommt, so wissen wir, ist entfremdet und findet sich nicht mehr zurecht.
»Meine Geschichten enden nicht immer in Katastrophen«, sagt Emily Nasrallah, »aber sie sind pessimistisch.«

Sind denn die Frauen immer die Verliererinnen?
»Die Frauen im Libanon sind nicht ganz so unterdrückt wie in anderen Ländern«, sagt sie mit einem Lächeln. In der Politik ihres Landes spielen sie allerdings keine Rolle. Keine Frau ist jemals ins Parlament gewählt worden, die einzige Frau im Parlament hatte den Sitz ihres verstorbenen Vaters eingenommen.
Dabei seien die Frauen nach Auffassung von Emily Nasrallah qualifizierter als etwa siebzig Prozent aller Männer im Parlament oder in den Ministerien. Frauen sind Rechtsanwältinnen, Richterinnen, Ärztinnen, Akademikerinnen, Schriftstellerinnen, Künstlerinnen – hochqualifiziert, aber ohne Chance.

* * *

Beirut galt bis zum Ausbruch des Bürgerkriegs 1975 als die Hauptstadt arabischer Meinungsfreiheit. Und noch nach 1975, trotz Bomben, produzierte Beirut die meisten Bücher, Zeitungen und Zeitschriften in der arabischen Welt. Es war kein Zufall, daß die arabische Literatur gerade im Libanon durch libanesische und syrische Emigranten in Amerika und Ägypten ihre Renaissance erlebte. Denn der syro-libanesische Raum hatte durch seinen starken christlichen Bevölkerungsanteil enge Kontakte zu Europa. Und hier wurden auch die ersten modernen Universitäten in der arabischen Welt gegründet, wie zum Beispiel die Jesuiten-Universität und die amerikanische Universität in Beirut.
Der Bürgerkrieg im Libanon veränderte jedoch die Situation der Schriftsteller und Künstler deutlich. Die meisten von ihnen, ob nun arabisch oder libanesisch, verließen das Land und gingen nach Europa, wo sie sich niederließen, überwiegend in Paris oder London. Aber auch viele Buch- und Zeitschriftenverlage zogen um und eta-

blierten sich in Paris, London, Zypern oder Griechenland. Der Bürgerkrieg belastete nicht nur die Arbeit der Verlage, sondern erschwerte auch das Leben vieler Autoren. Auch Emily Nasrallah verließ mit ihrer Familie den Libanon und lebte in Kairo.
Vom Bürgerkrieg und seinen Auswirkungen handelt ihr Roman ›Flug gegen die Zeit‹; er bleibt aber nicht nur dem libanesischen Thema verhaftet, sondern ist nicht zuletzt ein Roman über die Fremde, über das Weggehen. Es ist eine Geschichte über die Emigration, die wohl jeden, der die Erfahrungen der Emigration schon einmal gemacht hat, anspricht. Es scheint, als ob Emily Nasrallah hier ihre eigene Geschichte aufgeschrieben hätte.
Im September 1975 – fünf Monate nach dem Beginn des Bürgerkriegs im Libanon – bekommen Radwan Abu Jussuf, siebzig Jahre alt, aus einem Dorf in Südlibanon, und seine Frau einen Brief von ihrem ältesten Sohn Nabil in Kanada; er lädt sie ein, nach Kanada zu kommen. Eine Woche später treten die beiden ihren ersten ›Flug gegen die Zeit‹ an. Im Flugzeug denkt Radwan über sein bisheriges Leben nach und erinnert sich an den Tag, als seine Kinder groß geworden waren und nach Kanada emigrierten. Am Flughafen angekommen, bereiten ihm seine Kinder einen großen Empfang. »Und da sind sie versammelt, wie er sie erwartet hatte, wie er sie sich Dutzende von Malen in Tag- und Nachtträumen vorgestellt hat...«
Im Hause seines ältesten Sohnes Nabil fühlt sich Radwan von Anfang an fremd. Es bedrückt ihn, daß seine Enkelkinder nicht arabisch sprechen und nicht nach seinen Vorstellungen erzogen sind. Seine Kinder kümmern sich zwar liebevoll um ihn und versuchen, ihm das Gefühl der Fremdheit zu nehmen, aber vergeblich.
»Warum ist er eigentlich hier? Was hat er in der Fremde, in diesem eiskalten Land zu suchen? Die Jungen besuchen, natürlich. Die Enkel kennenlernen, die in der Fremde geboren und aufgewachsen sind... Die Fremde ist zur Mauer zwischen dir und denen geworden.« Radwan findet sich nicht mehr zurecht. Der Kulturschock ist zu groß, das Gefühl der Entwurzelung hat ihn überwältigt. Obwohl sich der Bürgerkrieg im Libanon dramatisch zugespitzt hat, beschließt er, in sein Dorf zurückzukehren. Da gehört er hin. »Keinen Tag länger wird er auf dieser Insel bleiben. Er wird seine Kleider zusammenpacken und zurückkehren. Ja, zurückkehren, und wenn der Himmel einstürzte.

Nein, der Himmel wird nicht einstürzen. Das Schlimmste wird sein, daß sich seine Kinder seinem Entschluß widersetzen. Doch er wird hart bleiben.« Ohne seine Frau kehrt er ins Dorf zurück und wird, entgegen seinen Erwartungen, keineswegs mit offenen Armen empfangen. Der Krieg hat das Leben in seiner Heimat zerstört, er selbst wird ein Opfer der sinnlosen und brutalen Auseinandersetzungen.

Jede Emigration, so ist aus Emily Nasrallahs Buch zu erfahren, ist ein ›Flug gegen die Zeit‹. Zwei Zeitebenen werden hier beschrieben – die Zeit des Krieges, wie er vor allem im Südlibanon wahrgenommen wird, woher Radwan und die Autorin selbst stammen, und die persönliche Zeit, die Lebenszeit des Protagonisten.

Radwan in seiner Heimatverbundenheit scheitert an der Zerstörung eben dieser vertrauten Bezüge, die dem Bürgerkrieg zum Opfer fallen. Doch der Krieg spitzt eine Entwicklung, die sich seit mehr als hundert Jahren vollzieht, nur noch einmal zu. Denn durch die Emigration, die die Menschen aus den verschiedensten Gründen aus ihrem Land führte, sind in einem langen Prozeß die Strukturen der dörflichen Gemeinschaften schon zerstört worden.

Radwan ist ein Mensch, der noch an die Zusammengehörigkeit der Dorfbewohner glaubt, obwohl diese durch den Krieg kaum noch existiert. Ein Anachronismus, den die Autorin gleichzeitig sieht und zu bedauern scheint. »Alte Bäume kann man nicht mehr verpflanzen.«

* * *

Durch den Krieg hat sich das Leben verändert und damit auch gesellschaftliche Werte und Normen, ohne daß Veränderungen absichtlich herbeigeführt worden wären. Sie waren eine Folge des Kriegs. Manche profitierten davon, anderen wurden sie aufgezwungen. Emily Nasrallah nennt Beispiele. Da sind die Mädchen, die zum Militärdienst herangezogen werden. Sie gehen mit Männern aus, ganz selbstverständlich und sehr zum Leidwesen ihrer Eltern, die den Niedergang von Ehre und Moral fürchten. Was früher nicht erlaubt war, ist inzwischen an der Tagesordnung. Die Entwicklung läßt sich nicht zurückdrehen.

Aber nicht alle Veränderungen haben einen positiven Aspekt –

einige führen geradewegs zurück in die finsteren Zeiten der Vergangenheit. Ein Beispiel: Es gab einmal ein Gesetz, das den Frauen verbot, ohne Einwilligung eines männlichen Familienmitglieds ins Ausland zu reisen. Wenn eine Frau verreisen wollte, brauchte sie einen Brief vom Mann oder Vater, Bruder, Onkel, um einen Reisepaß zu bekommen. Ohne dieses Papier wurde einer Frau der Paß verweigert. Pech für alleinstehende Frauen, die kein männliches Familienmitglied vorweisen konnten.

Die Frauen hatten dieses Gesetz zu Fall gebracht. »Eine große Leistung«, findet Emily Nasrallah. »Aber in all diesen Kriegswirren entwickelten sich die Dinge zurück. Neuerdings braucht man wieder ein Papier, um einen Paß zu beantragen. Ein Gesetz gibt es dafür nicht, nur die traditionellen Gebräuche, aber sie nehmen den Rang von Gesetzen ein. Sie sind wie ein zweites Gesetz.«

Die Frauen seien nicht mehr so aktiv wie zuvor, sie seien müde vom Krieg. Natürlich betreffen die Veränderungen nicht nur Frauen, sondern die gesamte Gesellschaft. Auch das Spannungsgeflecht von Stadt und Dorf ist davon berührt.

»Die Stadt ist ein Dorf geworden«, findet Emily Nasrallah. Eine Folge des Kriegs war, daß viele Menschen aus der Stadt in die Dörfer zurückgegangen sind. Denn Beirut ist natürlich nicht mehr die magische Metropole der sechziger und frühen siebziger Jahre, keine blühende Stadt mehr, in der verschiedene Religionen und ethnische Gruppen friedlich zusammenlebten. Beirut heute ist eine bis in seine Grundmauern zerstörte Stadt, in deren Ruinen die Einwohner versuchen, zu einem halbwegs normalen Leben zurückzufinden.

»Was erwartet man von ihnen? Daß sie produzieren, daß sie vorankommen! Aber wie denn? Die Wirklichkeit sieht anders aus, alle gehen weg: die Emigranten, das Kapital, die Unternehmen, die Industrie, die Intelligenz, die Leute mit Know-how...«

In manchen Dörfern zumindest hat es Fortschritte gegeben, daneben finden sich andere, die zerstört und verlassen sind. Die Leidtragenden sind Frauen und Kinder, sagt Emily Nasrallah und erinnert sich an vergangene Kriegstage.

»Unsere Kinder, selbst die Fünfjährigen, kennen die Namen der Geschosse. Sie spielen damit. Nach einer Bombardierung laufen sie auf die Straße und sammeln Geschosse. Dann sagen sie: Das schlägt durch und explodiert, und das schlägt durch und brennt, es gibt gelbe und rote. Sie hören Raketen explodieren, und sie wissen, welche es sind. Sie wissen, wann die Miliz mit ihren Gewehren vorbeigeht – Krieg wird für die Kinder des Krieges zum Spiel. Ihre Kindheit wird ihnen genommen, ihre Unschuld.«

Vor kurzem hat Emily Nasrallah eine neue Kurzgeschichte veröffentlicht. Es geht um eine Frau, deren Haus zerstört worden ist. Sie kann in der Wohnung von Freunden unterkommen, die für eine Weile nach Europa gehen. Die Frau kann die Wohnung benutzen, aber mit welchen Gefühlen tut sie es? Sie ist umgeben von Fremdem. Die Bilder auf der Kommode sind nicht die Bilder ihrer Kinder, die Zahnpasta ist nicht ihre...

»Mit dieser Geschichte will ich meinen Lesern erzählen, daß ›das Haus‹ für eine Frau in der traditionellen Gesellschaft eine bedeutende Rolle spielt. Sie ist die Hüterin dieses Ortes, sie ist die Königin. Sie ist die Mutter, die Herrin des Hauses, es steht offen, um dort zu essen – ein schöner Aspekt im Leben von Frauen. Ich habe immer gern meine Kinder zum Essen dagehabt, habe gern für sie gekocht... In diesem Punkt stimme ich mit der Frauenbewegung nicht überein. Warum? Mit kämpferischen Meinungen urteilt man über natürliches Verhalten. Was ist denn falsch am Kochen? Eine Frau kann eine wichtige Rolle spielen, als Politikerin, als Künstlerin oder Unternehmerin, aber sie kann dennoch diese schöne Rolle einer Mutter spielen, einer Gastgeberin, die gern kocht...«

Emily Nasrallah vergißt für einen Moment ihre Ausführungen über die Schäden des Kriegs. Sie ist bei einem ihrer Lieblingsthemen angelangt, dem Kochen – dem Kochen als Kunst und als rituelle Bedeutung. Man denke an das Raffinement der libanesischen Küche mit ihren zahllosen Mezze, den Vorspeisen, die man je nach Anlaß verschieden zusammenstellen kann, zum Beispiel ein Dutzend Mezze ausschließlich in grüner Farbe, man stelle sich das vor! Nicht nur gesund sind die Köstlichkeiten der libanesischen Küche, sie dienen der Kommunikation. Arrak, der Anisschnaps, und Mezze: so leitet man Feierlichkeiten ein. Stunde um Stunde sitzt man beim Essen und singt, spielt Musik, erzählt Geschichten – das ist das Leben in der Gemeinschaft, bei Taufen, Hochzeiten, Begräbnissen. Es ist eine ganze Kultur, die sich ums Essen dreht. Den Körper ernähren, die Seele, den Geist, die Vorstellungskraft, die Augen... »Solche traditionellen Werte der Gesellschaft möchte ich bewahrt wissen, sie sollen nicht verändert werden.«

Emily Nasrallah hängt einem konservativen Familienbild an, das geprägt ist von dem Respekt vor den Alten, von dem Gefühl der Zusammengehörigkeit, selbst wenn die Kinder ihr eigenes Leben führen. Sie weiß, nicht viel wird von dem kulturellen Erbe übrigbleiben, mit dem die Menschen im Dorf aufgewachsen sind. So sieht sie ihre Aufgabe auch darin, manche der traditionellen Werte zu bewahren und sie dem Vergessen zu entreißen, indem sie darüber schreibt.

Entwurzelung, Entfremdung – das sind die großen Themen der libanesischen Autorin. Die Welt, die aus den Fugen geraten ist. »In den hochentwickelten Industriegesellschaften haben Sie ihre Probleme, und wir haben unsere Probleme, natürlich ganz andere. Die Probleme der modernen Zivilisation entsprechen in ihrer Komplexität ihren Gesellschaften. Unsere Umwelt ist zerstört, und was die chemische Industrie angerichtet hat, läßt einem nicht viel Hoffnung auf Rettung unseres Landes, unserer Erde. Die Zerstörung durch den Krieg, durch die Explosionen der Atombomben – so viel ist zu nennen, was die Türen zur Zukunft verschließt.«

Was vermag da, angesichts der katastrophalen Entwicklungen, denen sich Menschen aus allen Ländern und allen Teilen der Welt gegenübersehen, die Literatur? Emily Nasrallah kommt auf ihre Wünsche zurück, einander zu verstehen. Das gilt auch für verschleierte Frauen in der arabischen Welt. Warum sollten sie nicht zurückkehren zur Religion, nach allen Frustrationen und Enttäuschungen, die ihnen Kriege und wirtschaftliche Zusammenbrüche gebracht haben?

»Und die Frau mit dem Hijab – wie könnte ich sie verurteilen, wo ich doch gar nichts von ihr weiß? Ich muß mit ihr ins Gespräch kommen. Hat sie selbst entschieden, was sie tut, oder ist es ihr aufgezwungen worden? Ich versuche nicht, den Schleier zu verteidigen, aber es hängt davon ab, ob die Beweggründe politisch oder religiös oder anders motiviert sind. Ich habe kein Recht, das Schleiertragen zu kritisieren, solange es keine Konflikte mit meiner Freiheit gibt. Darauf muß man achten. Dafür habe ich immer gekämpft: für meine persönliche Freiheit und die Freiheit meines Landes.«

Nach einigen Jahren der Abwesenheit ist Emily Nasrallah in den Libanon zurückgekehrt. Auf unsere Frage, wie sie sich als ›Heimkehrerin‹ fühle, schrieb sie uns einen Brief.

»Heute, da man im Libanon ohne Angst vor Geschossen und Granaten schlafen kann und die Hoffnung auf einen dauerhaften Frieden groß ist, kehrte meine Familie in den Libanon zurück. Mit ihr kehrten auch viele junge und alte Menschen zurück, die früher in der ganzen Welt verstreut waren. Ich und mein Mann Philip waren die ersten, die zurückkamen. Bis 1988 waren wir in Beirut geblieben, wir hatten dreizehn Jahre Krieg, Mord, Zerstörung und Vertreibung ertragen müssen. Während der israelischen Invasion brannte unser Haus ab, und die Läden meines Mannes wurden zerstört. Wir haben versucht, das niedergebrannte Haus wieder aufzubauen und die Firma wieder in Betrieb zu nehmen.

Die Zeit danach war gekennzeichnet von unkontrollierbarer Gewalt. Viele Menschen wurden beraubt oder starben. Es war nicht mehr möglich, im Libanon zu leben und zu arbeiten.

Mein Mann ging nach Ägypten und gründete dort eine neue Firma (eine Hühnerfarm), so konnte er etwas ersetzen, was er im Libanon verloren hatte. Ich war als Ehefrau, die sich um die Kinder kümmern muß, gezwungen, ihn zu begleiten.

In Ägypten fühlt man sich als Libanese nicht fremd, was die Kultur, Sprache und Zivilisation betrifft. Die Ägypter waren zu den Libanesen sehr freundlich – das hat Tradition. Ende des 19. Jahrhunderts wanderten viele Libanesen nach Ägypten aus. Die meisten waren damals Journalisten, Schriftsteller, Denker. Sie flohen nach Ägypten, weil dort ein liberaleres Klima herrschte. Dort konnten sie freier ihre Meinung äußern.

Kairo ist nicht weit von Beirut entfernt, mit dem Flugzeug ist man in 55 Minuten dort. Es gibt auch im Denken und Fühlen eine Verwandtschaft zwischen beiden Völkern. Aber dennoch schrieb ich nicht. Der Stift blieb stumm. Warum?

Warum hatte ich am Anfang meines Aufenthaltes in Ägypten das Gefühl, ich befände mich in einem nicht selbst gewählten Exil? Ich bekam ein schlechtes Gewissen... Du hast dein Land in einer Zeit verlassen, in der es dich brauchte...

Dann habe ich mir geantwortet: Ich verließ das Land, um meinen

Mann und meine Kinder zu begleiten. Ich dachte viel über diese komplizierte Frage nach: Was war besser, die Loyalität zum Land oder zur Familie? Inwieweit habe ich das Recht, meine Familie in Gefahr zu bringen? Solche Fragen blieben, und ich versuchte immer wieder, eine Antwort darauf zu finden.

In den fünf Jahren in Kairo betrachtete ich mich nicht als Emigrantin, weil ich Beirut oft besuchte – mindestens einmal alle zwei Monate –, um nach dem Haus zu sehen. Ich versuchte die Löcher zu stopfen, die die Geschosse hinterlassen hatten. Aber meine Besuche fanden nicht in erster Linie des Hauses wegen statt. Ich hatte Sehnsucht nach der Verwandtschaft, den Freunden, den Nachbarn. Und dann wollte ich herausfinden, ob ein verborgener Faden mich noch immer an den Ort zurückzog und ob dieser Faden nach meiner Abwesenheit noch immer in meiner Hand lag.

Es hat mich geschmerzt, daß ich jedesmal das Gefühl hatte, ich stünde außerhalb der Ereignisse. Es schmerzte mich auch, von vielen, die zurückgeblieben waren, spöttische Bemerkungen zu hören: ›Ah, du bist zurück!‹ Das war ironisch gemeint und enthielt die Beschuldigung des Verrats.

Seit über einem Jahr lebe ich mit meinem Mann wieder in Beirut. Unsere beiden Töchter waren mit ihren Familien schon vor uns aus Kanada zurückgekehrt. Aber die Zusammenführung der Familie ist noch nicht vollbracht. Meine beiden Söhne sind in Ägypten geblieben, um sich um die Firma des Vaters zu kümmern. Wir sind eine typisch libanesische Familie. Ein Teil lebt in der Heimat, und der Rest ist verstreut über die ganze Welt.

Trotzdem bin ich zufrieden (wenn auch nicht glücklich), daß ich in den Libanon zurückgekehrt bin. Vor uns liegt ein langer Weg. Beirut kämpft noch immer darum, sich von der Zerstörung zu erholen, die der fünfzehnjährige Krieg angerichtet hat. Die Menschen kämpfen an allen Fronten, um ihr Leben zu normalisieren. Vor allem die wirtschaftliche Lage ist sehr hart. Sie beschäftigt die Menschen mehr als die psychologische Seite, künftig im Frieden zu leben. Wir haben mehrere Generationen, die im Krieg aufgewachsen sind, sie brauchen eine Therapie, um sich auf das normale Leben vorzubereiten. Ich glaube, dieser Aufbau wird schwieriger als die Renovierung der Häuser und Straßen.

Heute lebe ich inmitten des Geschehens und nehme daran teil – etwas ganz Natürliches, das ich fünf Jahre außerhalb des Libanon vermißt habe. Es bringt mich wieder zum Schreiben.«

SZ

EMILY NASRALLAH
Das Bild ihres Vaters

Ich stand zögernd in der Tür. Sie lag vor mir, versunken in tiefem Schlaf. Sie schlief auf der rechten Seite. Ihr Gesicht lag auf dem Kopfkissen, ihre dichten schwarzen Haare fielen offen darüber. Ich lauschte ihren Atemzügen, die im Einklang mit der im Raum herrschenden Ruhe zu sein schienen und aus dem Fenster nach draußen drangen. Die Stadt schlief.

Kairo bleibt die ganze Nacht wach. Dann schläft es mit der frühen Morgendämmerung ein. Die Fee der Träume entführt es, damit es auf den Träumen seiner alten Geschichte ausruht.

Ich fragte mich, ob sie auch in ihren Träumen versunken war, ob sie meine Anwesenheit spürte oder ihr das gleichgültig war.

Minuten waren vergangen, ich stand in der Tür, schaute sie an und zögerte, sie zu wecken.

Sollte ich sie wecken, wie sie es von mir verlangt hatte, bevor sie eingeschlafen war?

Die Stille um mich herum siegte und nahm mir die Entscheidung ab: »Nein, ich werde sie nicht wecken.«

Ich war erleichtert, als ich die Tür hinter mir schloß und in mein Zimmer zurückkehrte. Ich hatte das Gefühl, gesiegt zu haben. Ich ließ die Pflicht über die Gefühle siegen. Genau das sollte ich machen, aber...

Warum konnte ich nicht schlafen?

Ich schloß meine Augen und versuchte, die Stille um mich herum zu stören. Ich schaute auf die Uhr: Es war halb sechs. Die Morgendämmerung war noch nicht angebrochen. Ich hatte noch Zeit, zu schlafen, zu vergessen.

Ich versuchte, wieder zu vergessen, die Unruhe loszuwerden, um in den Schlaf sinken zu können.

Sie stieg aus der Tiefe des Bewußtseins empor, um von mir Rechenschaft zu fordern. Mit dem Schweigen ihrer schwarzen, großen Augen, mit dem Rätsel, das ihr Dasein umgab wie ein orientalischer Abaya, und mit der gesamten Mimik, die hinter Tausenden von Schleiern versteckt war, zog sie mich zur Rechenschaft und fragte:

»Warum hast du nicht...? Wie konntest du dir erlauben, für mich die Entscheidung zu treffen...?«

Von Anfang an war meine Begegnung mit ihr nicht geplant und nicht erwartet. Ich war in ihrem Land, weil ich dort an einem Kolloquium teilgenommen hatte. Sie war auch im Saal anwesend. Sie kam zu mir und wollte mit mir reden. Ich schenkte dem, was sie mir sagte, keine große Aufmerksamkeit, denn ich bemerkte nicht, daß das, was sie mir sagte, anders war als das, was eine Schriftstellerin bei solchen Begegnungen sonst zu hören bekommt, denn solche Treffen sind nichts anderes als ein Aufbrechen der in uns verborgenen Gedanken. Dann merkte ich bei der nächsten Sitzung, daß sie sich ständig in meiner Nähe aufhielt und sehr engagiert meine Beiträge kommentierte, als ob wir uns schon lange kannten. Bei der Fülle der Arbeit und dem Tempo der Ereignisse gab es keine Möglichkeit, eine Beziehung zu entwickeln, aber bei ihr war das anders, und ihre Beharrlichkeit war groß.
Am letzten Tag der Veranstaltung kam sie zu mir und bat mich darum, ihr meine Adresse zu geben. Sie sagte zu mir: »Es ist sehr wichtig, mit dir Kontakt zu halten und mit dir schriftlich zu sprechen, wenn die knappe Zeit es uns hier nicht ermöglicht, ausführlicher miteinander zu reden.«
Ich gab ihr meine Adresse, ohne dabei daran zu denken, ob sie es ernst damit meinte.
Sie erfüllte ihr Versprechen, und es verging nicht viel Zeit, bis sie mir schrieb. Vielleicht hatte sie diesen langen Brief noch in jener Nacht verfaßt, als ich mich von ihr verabschiedete und den Saal verließ. Sie blieb eine Weile stehen und sah mir mit diesen schwarzen, rätselhaften Augen nach.

Der Brief war auf englisch geschrieben. Das war nicht ihre Sprache und auch nicht meine Sprache, aber das war unsere gemeinsame Sprache, die es uns ermöglichte, miteinander zu reden.
Ich entdeckte in diesem Brief das Geheimnis der Anziehung und was es für sie bedeutete, an solchen Kongressen teilzunehmen: Sie war arabischer Abstammung, und sie trug ihre Vergangenheit in dem Schwarz ihrer Augen und dem Braun ihrer Haut mit sich.

»Meine Mutter ist Deutsche, aber mein Vater ist ein echter Araber, und ich gehöre der Gruppe der ›Schwarzen Deutschen‹ an.«
Diese Bemerkung war fremd für mich. Die ›Schwarzen Deutschen‹?
»Ja«, sagte sie und bekräftigte ihre Zugehörigkeit zu einer Gruppe von Frauen, die aus binationalen Familien stammten, schwarzen und weißen.
Ich las den Brief weiter und hatte große Lust, mehr zu erfahren:
»Ich habe nicht nur arabisches Blut in meinen Adern, sondern es ist auch noch vermischt mit heißem afrikanischem Blut, mit dem Blut meiner Großmutter väterlicherseits, Ra'eda.«
Ihre Großmutter väterlicherseits war schwarz. Sie überließ ihr einen durchsichtigen Schleier ihrer Farbe und vererbte ihr damit diese Unruhe in ihren Blicken und in ihrem Innern. Das war es, was sie suchen ließ. Suchen wonach?
»Durch deine Worte berührte ich eins von den Gesichtern meiner unbekannten Existenz oder meiner verlorenen, wenn du möchtest. Und nun drängt mich mein Bewußtsein und die Sehnsucht, danach zu suchen. Die Farbe war von Anfang an der Grund für die Diskriminierung, die mich mein ganzes Leben lang verfolgt hat. Sie war wie die Peitsche des Scharfrichters, schneidend und brennend: Ich bin nicht wie sie. Du gehörst nicht zu dieser reinen Rasse. Du bist die Frucht einer abgelehnten Mischung. Das sagten mir ihre Blicke auf den Straßen, in den Parks, in der Schule und auch in den Häusern der Freunde.
Als ich erwachsen wurde, entdeckte ich, daß ich keinen Freund und auch keine Freundin dieser reinen Rasse hatte. Meine Freunde stammten alle von diesem vermischten Blut: Deutsche und Schwarze, Deutsche und Sudanesen oder Deutsche und Inder, Araber, Japaner.
Ich hatte keine Vorstellung davon, daß die Haut eines Menschen sich in eine Verbannung verwandeln und ihn von den anderen trennen konnte, oder sogar die Farbe seines Haars oder seiner Augen. Mit dem Erwachsenwerden lernte ich, diese ›Häßlichkeit‹ in einen Vorzug zu verwandeln. Und das ließ mich besser als die anderen werden. Ich offenbare dir, daß diese ›Mischung‹ in der Tiefe meiner Existenz steckt. Ich bin ein Mensch, der sehr sensibel für die Dinge und alles Lebendige ist. Ich bin, unruhig, sehr unruhig, auf der Suche nach

Antworten auf meine Fragen, aber nicht mit den traditionellen, üblichen Mitteln (Buch und Schule), sondern mit eigenen.
Diese Unruhe bei der Suche ist es, was mich dazu drängt, mit dir zu reden, deine Schriften in der Übersetzung zu lesen, mich dir zu nähern mit diesem Mut, den du sicher bemerkt hast. Mein Gefühl bestätigt mir, daß ich dich schon sehr lange kenne, vielleicht schon vor der Geburt meiner Großmutter.
Mit der Freundschaft zu dir wollte ich Schritt für Schritt die Räume einer Welt betreten, die mich ängstigt, weil sie intensiv in mir lebte, in meinem Gedächtnis haftete, in meinen Nerven klebte und in den Bahnen meines Blutes floß. Ich werde dich nicht fragen, ob du bereit bist, mir zu helfen, weil ich schon Hilfe bekam beim Lesen deiner Worte. Ich fand bei dir das Bild jener entfernten, rätselhaften Frau, die allein meine Heimat und meine Identität bildet, es ist meine Großmutter Ra'eda.
Seit langer Zeit suche ich intensiv und unermüdlich nach ihr. Ich werde nicht aufgeben, auch wenn ich sie nicht finde wie ihr Bild in meinem Kopf. Ich werde sie erschaffen, ich werde sie mit meinen Worten und Gedichten gestalten, wie der Bildhauer seine Skulpturen formt und wie die Seidenraupe ihren Kokon webt, aber nur, wenn die Bedingungen meiner Suche erfüllt sind.«
Am Ende ihres Briefes fragte mich Christine, ob ich sie empfangen würde, wenn sie Ägypten besuchte, weil sie nach Ägypten kommen wolle, um ihre arabisch-afrikanischen Wurzeln und ihre eigentlichen Quellen kennenzulernen.
Auf den Brief folgte ein Anruf. Sie ließ mir keine Möglichkeit zu überlegen, ob ich sie empfangen wollte, wenn sie Ägypten besuchen käme und sich als Studentin um einen Studienplatz an einer der Universitäten von Kairo bewerben würde, um ihr Studium der Geschichte und Anthropologie fortzusetzen:
»In einer Woche fahre ich...« sagte ihre sichere Stimme am Telefon. Dann fuhr sie mutig fort: »Ich hoffe, ich kann bei dir ein paar Tage bleiben, bis ich einen Platz an der Universität finde.«
Ich hieß sie willkommen und gab ihr die genaue Adresse, damit der Taxifahrer das Haus leichter finden konnte. Sie kam um zwei Uhr morgens frisch an. Als sie das Haus betrat und ihre Tasche auf ihrem Rücken trug, fühlte ich, daß ich mich auf ein Abenteuer eingelassen

hatte, dessen Folgen unbekannt waren. Was wußte ich schon von dieser jungen Frau und von ihrer Situation?
»Wie glücklich war ich, als ich Kairo in der Nacht sah. Es sah genauso aus, wie ich es mir erträumt hatte: Ein altes Juwel, es schläft im Arm des heiligen Nil und träumt von den Pyramiden und von den Kuppeln der alten Moscheen und Kirchen. Nein, ich kann noch gar nicht fassen, daß ich in Ägypten bin!«
Ich zeigte ihr ihr Zimmer und schob die Zustimmung zu ihrer Begeisterung für später auf, weil ich müde war. Denn ich brauchte genügend Schlaf, damit ich meinen Alltag bewältigen konnte. Sie merkte das und folgte mir schweigend, als ob sie erst in diesem Moment bemerkt hatte, wie spät es war.

Als sie am hellichten Morgen erwachte, fiel mir sofort ihre Eleganz im Aussehen und in ihrer Sprache auf. Sie war vorsichtig wie ein scheuer Vogel. Ich schaute ihr ruhiges Gesicht an, das nicht geschminkt, aber wie mit einer hellbraunen Farbe getränkt war, und ihre zwei schönen schwarzen Augen, deren Reiz durch den Kohel hervorgehoben wurde. Und sie paßten zu ihrem sensiblen Mund und zu ihrer spitzen aristokratischen Nase.
Warum war sie unruhig und fühlte sich minderwertig, obwohl sie so wunderschön war?
Ich verbarg meine Frage und prüfte weiter ihr Aussehen, nicht um es zu kritisieren, sondern um sie näher kennenzulernen.
Ich bemerkte auch die Eleganz ihrer Kleidung und wie sorgfältig sie ausgewählt war. Es paßte alles zu einer Dame, die sich ihrer Weiblichkeit bewußt war. Sie wählte keine exotischen Farben aus, wie es normalerweise eine junge fünfundzwanzigjährige Frau tat. Die Farben waren Weiß, Braun und Schwarz, und auch die Schuhe fielen auf; sie waren sicher in speziellen Läden ausgesucht. Sie verbargen zwei zarte Füße wie die Füße von Vögeln.

Ich hörte zu, wie sie ihre Geschichte, die sie angefangen hatte, als wir uns zum ersten Mal gesehen hatten, fortsetzte:
»Ich wuchs im Ostteil von Berlin auf. Mein Vater kam aus einem arabischen Land als politischer Flüchtling. Dort setzte er sein Studium fort und wartete darauf, daß die Lage sich änderte, um dann in seine

Heimat zurückzukehren. Aber er kehrte nicht zurück, blieb dort und arbeitete dreißig Jahre lang in der Forschung...«

Dann hörte sie auf zu erzählen, als ob sie überprüfen wollte, ob ich noch mehr wissen wollte. Als sie meine Aufmerksamkeit bemerkte, fuhr sie fort:

»Ich bin nicht seinetwegen hier. Ich wurde sehr früh von ihm getrennt. Solange ich mich erinnern kann, liege ich mit ihm im Streit. Ich versuche jeden Moment, ihn loszulassen, obwohl ich weiß, daß ich die Verliererin sein werde, weil er kein Mensch ist, der weit entfernt von mir oder neutral ist, sondern er ist in den Poren meines Körpers und in jedem Tropfen meines Blutes enthalten. Bei meinen Versuchen möchte ich ihn als Person überwinden, um mich seinem Hintergrund, seinen Wurzeln, seinem Land, seiner Mutter zu nähern, dieser Großmutter, die ich nur von verblichenen alten Bildern kenne. Diese Bilder vermochten nicht, mir ihre wahre Gestalt und den Ausdruck ihres Gesichts zu vermitteln, aber immer, wenn ich in den Spiegel schaue, sehe ich sie, sie erscheint aus meiner Tiefe und aus den unbekannten Welten in mir.«

Sie hatte die Worte so energisch vorgetragen, als ob sie sie lange aufbewahrt hatte. Vielleicht hatte sie sie für unser Treffen, das sie genau und bewußt organisiert hatte, vorbereitet.

Wir saßen allein am Frühstückstisch, nachdem die anderen Familienmitglieder das Haus verlassen hatten und jeder zu seiner Arbeit gegangen war. Ich brauchte keine Fragen zu stellen. Sie fragte sich von allein und beantwortete ihre Fragen auch selbst. Meine Rolle beschränkte sich aufs Zuhören. Ich wollte verstehen, was sie damit meinte, wenn sie sagte, daß sie meine Hilfe brauche, und herausfinden, ob diese junge Frau tatsächlich Hilfe benötigte.

Jetzt, da ich die Linien auf das Papier zeichne, die ihre Worte klar und engagiert umreißen, weiß ich überhaupt nicht, warum sie sich ausgerechnet mich aussuchte. Aber ich fragte sie nicht. Ich glaube, daß sie bei ihrem Versuch, Kontakte mit anderen anzuknüpfen, selbst damit beschäftigt war, in die Tiefe ihres Inneren einzudringen. Bei einem Zusammentreffen mit einer fremden Person gewann sie etwas an Freiheit, um sich zu äußern und sich zu verhalten. Diese Möglichkeit hatte sie nicht im Alltag und mit Menschen, die ihr nahestanden:

»Mein Problem mit meinem Vater ist vielfältig und hat mehrere Gesichter...«
So begann die Geschichte zu fließen. Ihre Augen waren weit geöffnet, ihre Blicke gingen an mir vorbei und starrten Dinge an, die ich von meiner Ecke aus nicht sehen konnte. Ich versuchte, ihre Worte zu notieren.
»Wo soll ich anfangen? Das ist es, was ich mich selbst frage. Ich versuchte, es in verstreuten Gedichten zu Papier zu bringen. Ich beginne mit dem Anfang der Geschichte, als mein Vater in Berlin ankam und meine Mutter traf. Sie war wie er eine Studentin an der Akademie der Wissenschaften. Sie liebte ihn. Damit die Geschichte in ihren Elementen vollständig wird, muß ich erwähnen, daß er sie auch liebte. Als meine Mutter den Widerspruch zwischen seiner tatsächlichen Person und seinem Verhalten entdeckte, lehnte sie ihn ab. Aber er hat sich nicht geweigert (was ich ihm hoch anrechne), mir seinen Namen zu geben und mich zu akzeptieren. Er besuchte uns regelmäßig, und ich wuchs heran und lernte diese gestörte Beziehung zwischen zwei Personen kennen. Außer der Geburt eines Mädchens gab es keinerlei Verbindung zwischen den beiden. Dieser Riß war das Fundament meiner Existenz und ließ mich vorsichtig werden. Ich akzeptierte das Sein nicht so, wie es war, weil ich begriffen hatte, daß es unterschiedlich erscheint, je nach der Position der Menschen in ihm.
Meine Lage war weder leicht noch angenehm, denn ich entdeckte schon sehr früh, daß ich mich in der Farbe und im Charakter von den anderen unterschied. Außerdem hatte ich eine gespaltene Familie und eine Mutter, die unter dem Einfluß eines Mannes stand. Sie verteidigte ihn ständig, um mich zu schützen, vielleicht damit ich, wie sie es nannte, ›mit einem richtigen und nicht mit einem verzerrten Bild von ihm‹ aufwuchs.
Im Gegensatz zu den Mißerfolgen in meinem Leben in der Familie hatte ich in der Schule Erfolg. Ich war sogar sehr erfolgreich und bekam dafür Auszeichnungen und Stipendien, die mich dazu anregten, weiter zu lernen. Bei meinem Abschluß war ich die Erste in meiner Klasse. Hat mich das etwa glücklich gemacht, hat mir das etwas ersetzt? Nein, denn Wissen ist an das Gefühl gebunden, das uns zu weiterem Suchen führt, das heißt zu noch mehr Unruhe und Elend.

Ich empfand meinem Vater gegenüber Ablehnung, die ich bewußt nicht mehr kontrollieren konnte. Im Unterbewußtsein verwandelte sie sich und wurde zur Grundlage meines Problems. Auf der anderen Seite war ich ärgerlich auf meine Mutter, weil sie sich ihm gegenüber so schwach zeigte.

Als ich anfing zu studieren, schloß sich hinter mir die Tür zur Familie, das hat meinen Vater aufgeregt. Eines Tages kam er zu mir und brachte meine Mutter mit. Er war zornig über mein Verhalten, über meine Versuche, unabhängig zu werden, überhaupt über meine Ablehnung allen Dingen gegenüber, die um mich herum existierten, angefangen bei der Familie bis zu den Normen der herrschenden Gesellschaft. Ich habe mir herausgenommen, stolz auf meine Hautfarbe zu sein, obwohl ich weiß, daß diese Hautfarbe bei uns keinen Vorteil bedeutet.

Ich hörte, wie mein Vater den Satz sagte, der mir für viele mir unbekannte Tatsachen die Augen öffnete:

›Ich habe keine Töchter, die sich so verhalten wie du und die so etwas machen wie du...‹

Das sagte er. Meine Ohren fingen seine Worte auf, oder hatte er sich etwa versprochen?

›Töchter? Plural? Wen meinst du mit diesen Töchtern...?‹

Mein Vater senkte seinen Blick, und meine Mutter wandte ihr Gesicht von mir ab. Sie schaute aus dem Fenster und beobachtete, wie der Sturm die Äste der Bäume draußen bewegte. Ich wiederholte meine Frage:

›Welche Töchter meinst du? Was verbergt ihr vor mir? Ich habe das Recht, das zu erfahren... und zwar jetzt...‹

Mein Vater versuchte, die Angelegenheit herunterzuspielen, und behauptete, daß das nur so ein Wort sei und nichts anderes, man sage das einfach so. Dann nahm er seine Tasche und ging. Meine Mutter wollte auch gehen, aber ich hielt sie an den Schultern fest und schüttelte sie:

›Ich habe gemerkt, wie du versucht hast, vor der Tatsache zu fliehen. Was verbergt ihr vor mir, du und er? Sag es mir!‹

Meine Mutter setzte sich widerstandslos zurück auf ihren Platz, wie sie es schon öfter in solchen Situationen getan hatte. Vielleicht weil sie befürchtete, daß mein Zorn zu einem von diesen hysterischen Anfäl-

len führen würde, die mich für ein paar Minuten bewußtlos machten. Sie begann zu beichten:
›Es gibt nur eine Tochter und keine Töchter. Du hast eine Schwester von einer anderen Frau, die er vor mir kennengelernt hatte. Sie ist wie ich auch Deutsche. Deine Schwester ist heute, soviel ich weiß, fünfundzwanzig Jahre alt. Sie ist sieben Jahre älter als du...‹
›Kennst du sie?‹
Ich fragte meine Mutter, ohne meine Aufregung dabei zu verbergen. Sie schüttelte den Kopf. Aber sie gab zu, daß sie den Namen der Mutter und den Ort, wo sie wohnte, kannte.
Meine Mutter schwieg und schaute mich, die ich versunken war in meiner Verwirrung und dem Schock der Überraschung, an. Denn ich weiß, daß mein Vater verheiratet ist und zwei Söhne hat. Ich wollte sie nicht kennenlernen. Aber diese rätselhafte Schwester, die auf einmal aus dem Unbekannten auftauchte, provozierte alle Sehnsucht in mir, sie kennenzulernen und nach ihr zu suchen.
›Ich möchte sie kennenlernen‹, sagte ich, und Zorn stieg in meinem Innern auf; meine Mutter antwortete mit dem Klang der Niederlage:
›Ich habe dir alles erzählt, was ich weiß. Du mußt jetzt selbst nach ihr suchen.‹

Ich hätte zu ihm gehen und verlangen können, mich zu dem Ort, wo sie wohnte, zu führen. Aber ich vermied eine neue Auseinandersetzung mit ihm. Der Name der Mutter konnte mich auch dorthin bringen. Dann ist es mir gelungen, die Telefonnummer herauszufinden. Ich rief an; am anderen Ende der Leitung war meine Schwester Brigitte.
›Ich bin's, Christine. Wir sollen Schwestern sein. Weißt du etwas davon?‹
Nach meiner Frage herrschte zuerst Stille. Dann kam ihre Stimme:
›Bist du noch normal, oder spinnst du? Was sagst du da?‹
›Bist du nicht die Tochter von Housny Al Fourati? Ich bin auch seine Tochter, das heißt, ich bin deine Schwester, aber von einer anderen Frau. Laß uns uns treffen, um uns kennenzulernen. Dann werde ich dir ausführlich den Rest der Geschichte erzählen.‹
Ich wollte ihr noch sagen, daß sie auch betrogen wurde und man ihr

die Geschichte nicht erzählt hatte. Aber ihre Stimme kam wieder, diesmal freundlicher als vorher:
›Du machst mich neugierig, dich kennenzulernen und den Rest der Geschichte zu erfahren. Komm morgen zu mir.‹
›Nein, am Wochenende, das heißt in zwei Tagen. Gib mir deine ganze Adresse.‹
Was ich in diesen zwei Tagen getan habe, daran kann ich mich nicht mehr erinnern. Aber ich weiß noch genau, wie verwirrt meine Gefühle waren. Sie erhoben mich und ließen mich wieder fallen. Ich hatte das Gefühl, die Erde nicht mehr zu berühren, sondern in der Luft zu fliegen. Ich flog, und bunte Flügel wuchsen mir. Meine kindlichen Phantasien erwachten wieder in mir. Sie waren stark und bedrohten mich, sie überschütteten mich, sie hatten Mitleid mit mir und erzählten mir, daß ich eine Schwester hatte. Vielleicht liebte sie mich. Vielleicht würden wir uns verstehen. Dann hätte ich eine Familie. Meine Existenz bekäme dann eine neue Bedeutung, und vielleicht entwickelte ich eine andere Beziehung zu meinem Vater, zu meiner Mutter und zu meinem Leben.

Sie stand auf der Terrasse und wartete auf mich. Sie starrte mich an, als ich auf ihr elegantes Haus zuging. Ich hatte keinen Zweifel, daß sie meine Schwester war, obwohl sie blondes Haar und eine helle Hautfarbe hatte, sie war meine Schwester.
Ich stand sprachlos und verwirrt neben ihr. Der Eifer war verblaßt, und ich empfand jetzt eine merkwürdige Unruhe. Mein Hals war trocken, mein Körper schauderte. Und als ich sie begrüßte, waren auch ihre Finger kalt, obwohl wir warmes Frühlingswetter hatten und auch ihr schönes Haus sehr warm war.
Wir standen für eine Weile am Hauseingang und tauschten verwirrte Blicke aus. Ich betrachtete ihre blauen Augen, und ich dachte, es hätten meine Augen sein können, wenn sie nicht eine andere Farbe gehabt hätten.
Ihr Gesicht vor mir war wie ein Spiegel, der mir meine eigenen Gesichtszüge widerspiegelte, aber mit einem anderen Charakter und anderen Farben. Ich bemerkte, daß sie den gleichen Geschmack hatte wie ich, die Kleidung, die Frisur, der Schmuck. Sie war ohne Zweifel meine Schwester.

Sie nahm meine Hand, führte mich nach drinnen und sagte fröhlich:
›Sollen wir unsere Zeit hier auf der Schwelle verbringen? Komm rein, setz dich und laß uns einander kennenlernen. Was trinkst du?‹
›Danke, nichts.‹
›Nein, du mußt etwas trinken, Tee oder Saft?‹
›Ich trinke Saft, wenn es sein muß.‹
Sie ging für eine Weile in die Küche und kam mit zwei Gläsern Orangensaft zurück. Sie gab mir eines, setzte sich mir gegenüber und lächelte.
Die Verwunderung stand ihr ins Gesicht geschrieben. Bevor wir mit dem Gespräch anfingen, nahm sie eine Schachtel Zigaretten; es war dieselbe Marke, die ich rauchte. Sie bot mir eine Zigarette an, ich nahm eine. Sie nahm sich auch eine, zündete ihre Zigarette an, nachdem sie meine angezündet hatte. Sie rauchte in Ruhe, ich merkte, daß sie die Zigarette zwischen dem kleinen Finger und dem Ringfinger hielt genau wie ich. Sie saß auf dem Sofa wie ich. Sie winkelte ihr Bein an und setzte sich darauf, so konnte sie bequem sitzen.
Sie sagte mir, daß sie sich nie habe träumen lassen, daß ihr so etwas geschehen könnte. Sie wußte nicht, daß sie eines Tages die Heldin einer merkwürdigen Geschichte würde. Ihr Vater hatte ihr nicht von mir erzählt, auch ihre Mutter nicht. Wußte ihre Mutter überhaupt von meiner Existenz?
Ich erzählte ihr davon, daß wir noch andere Geschwister hatten, daß ich sie aber nicht kennenlernen wollte.
Sie sagte:
›Das ist sehr lustig.‹
Sie fragte mich, wie alt ich sei.
Ich sagte:
›Achtzehn.‹
Sie sagte:
›Das heißt, ich bin eure älteste Schwester und die Stammhalterin von Housny Al Fourati. Ich bin sehr glücklich über dieses Treffen.‹
Ich betonte, daß meine Gefühle nicht weniger stark waren, vor allem auch, weil die Initiative für dieses Treffen von mir ausgegangen war. Sie erzählte mir, daß sie vor einem Jahr einen reichen Unternehmer geheiratet hatte. Er garantierte ihr das schöne, bequeme Leben.

Für sie hatte die Frau keine andere wichtige Aufgabe als ihre Aufgabe im Haus: Hausfrau und Mutter. Sie wünschte sich, bald Mutter zu werden. Sie gab mir indirekt zu verstehen, daß sie sehr reich war und ihre einzige Sorge darin bestand, das Geld so auszugeben, daß es sie und ihre Familie glücklich machte.

›Frauenbewegung? Schwarze Deutsche? Das ist das letzte, was mich interessiert. Nein, nein, uns fehlen nicht noch Probleme.‹

Das sagte sie ganz entschieden. Sie diskutierte und redete nicht darüber. Aus der Position der Stärke diktierte sie ihre Vorstellungen.

Bevor ich mich von ihr verabschiedete, trat ihr Mann Ralf ein. Er war wie sie stark und selbstbewußt. Er warf mir neugierige, fragende Blicke zu, und als sie mich ihm vorstellte, versuchte sie, es lustig zu machen, damit sich der Schock verringerte:

›Meine Schwester Christine oder die, die aus dem Unbekannten kommt.‹

›Guten Tag, Christine.‹

Das sagte er ohne Herzlichkeit, und auf seinem Gesicht machten sich Verwunderung und Überraschung breit. Sein Gesicht fragte, was das alles zu bedeuten hätte. Wie konnte diese braune junge Frau die Schwester von Brigitte, der Blonden mit den blauen Augen und der hellen Hautfarbe, sein?

Dann versuchte Brigitte zu erklären: ›Selbstverständlich weiß Ralf, daß mein Vater ein Araber ist. Du hast etwas von ihm mitbekommen. Ist es nicht so?‹

Aber Ralf war nicht mehr interessiert. Er zog sich in sein Zimmer zurück und ließ uns allein. Unsere Begegnung begann abzukühlen. Sie war nicht mehr so herzlich wie am Anfang.

Ich stand auf und wollte mich von Brigitte verabschieden. Sie versuchte, mich davon abzuhalten:

›Das Abendessen ist schon fertig. Ich hatte gehofft, daß du mit ißt. Was ist denn los? Warum hast du es so eilig?‹

Ich entschuldigte mich mit einem aufgesetzten Lächeln: ›Es tut mir leid, Brigitte. Es ist weit bis dort, wo ich wohne. Und ich muß morgen früh arbeiten.‹

Sie streckte ihre Hand aus, um sich zu verabschieden: ›Ich hoffe, daß diese Begegnung der Anfang einer langandauernden Freundschaft für das ganze Leben sein wird.‹

›Das hoffe ich auch.‹
Ich sagte das und ging hinaus. Sie versuchte nicht, mich zu umarmen, wie es sonst beim Abschied üblich ist. Wir beschränkten uns auf ein Händeschütteln und auf einen Austausch der Blicke. Als ich die Treppe hinunterging, sagte ich mir:
›Ich werde nicht wiederkommen, Brigitte, und du weißt auch genau, warum. Bei diesem kurzen Treffen haben wir alles gesagt, was wir haben, und mehr haben wir eben nicht.‹

Und so kehrte ich in meine Einsamkeit zurück. Ich schloß die Türen hinter mir, auch die Tür, die mich noch einmal zu Brigitte hätte führen können.
Mein Treffen mit ihr blieb ein Geheimnis. Meine Mutter erfuhr nichts davon. Obwohl ich damit gescheitert war, mit ihr eine normale geschwisterliche Beziehung aufzubauen, begriff ich genau, daß die Suche nach dem anderen meistens eine Suche danach ist, sein eigenes tiefes Innere kennenzulernen.«
Christine beendete die Geschichte mit einem Schluck Kaffee und stand plötzlich auf:
»Oh, ich habe mich verspätet. Die Zeit ist vergangen, ohne daß ich es bemerkt habe.«
»Was hast du nun vor, Christine? Wofür hast du dich verspätet?«
»Die Pyramiden.«
Sie sagte das ohne Zögern und fuhr fort:
»Das möchte ich heute den ganzen Tag lang machen. Ich möchte die Pyramiden besuchen, ihre Steine berühren und sie umarmen.«
Ich stimmte ihr zu:
»Das ist ein ausgezeichneter Anfang für die ägyptische Reise. Du mußt aber aufpassen, daß du keinen Sonnenstich bekommst.«
Sie sagte mit großer Sicherheit:
»Ich weiß, ich habe das im Touristenführer gelesen. Ich bin bereit, allem zu begegnen. Sieh dir das an.«
Und sie nahm aus ihrer Handtasche eine kleine Glaskugel mit einer merkwürdigen Zeichnung und rätselhaften Symbolen. Sie hielt sie in der Hand und sagte:
»Das ist ein Geschenk von einer afrikanischen Schwester. Nimm sie. Trag sie überall mit dir, wo du bist. Sie schützt dich vor dem Bösen

und bringt dir Glück. Sie besitzt Wunderkräfte. Ich kann die Kräfte sogar spüren. Sie dringen in mich ein und machen mich stark und selbstbewußt. Diese Kugel, sagte mir diese Schwester, ist eine Träne der Tränen erniedrigter Frauen. Und wer weiß, vielleicht ist das auch eine der Tränen meiner Großmutter Ra'eda.«

Aus dem Arabischen von Suleman Taufiq

Biographische Notiz

Emily Nasrallah wurde 1931 in dem Dorf Kfeir im Südlibanon geboren. Sie wuchs in einer christlichen Familie auf, die Dorfbewohner waren Drusen – eine islamische Minorität. Die Traditionen des Handwerks und der guten Nachbarschaft haben Emily Nasrallah geprägt und gehören zu den Dingen der Vergangenheit, die sie bewahrt wissen will.

Gegen den Wunsch ihres Vaters verließ sie ihr Dorf, um in Beirut Erziehungswissenschaften zu studieren. Nachdem sie ihr Studium an der amerikanischen Universität mit einem B. A. abgeschlossen hatte, arbeitete sie als Lehrerin, später als Journalistin und Schriftstellerin.

Neben Romanen und Erzählungen schrieb sie auch viele Kinderbücher. Emily Nasrallah kocht gern und hat die klassische Rolle als Hausfrau und Mutter nie verschmäht.

Sie ist verheiratet und hat vier Kinder. Den Libanon hat sie während des Bürgerkriegs verlassen und teilt daher mit vielen Landsleuten die Erfahrung der Emigration, die sie auch immer wieder in ihren Büchern thematisiert. Emily Nasrallah hat lange in Kairo gelebt, jetzt ist sie in den Libanon zurückgegangen.

Ich stelle Fragen, natürlich
provoziert das
SAHAR KHALIFEH

Die Antwort war eiskalt. Nein, das Thema ›Frauen und Islam‹ interessiere sie nicht. Immer wieder die gleiche Frage. Was sich diese Leute aus dem Westen dächten. ›Frauen und Islam‹ scheine wohl der Renner bei ihnen zu sein. Ein Modethema! Als ob es keine anderen Probleme gäbe in den besetzten palästinensischen Gebieten.
Sahar Khalifeh, Autorin und Leiterin eines Frauenzentrums in Nablus/Westbank, macht es westlichen Besuchern nicht leicht. Dabei war die Frage nach den Frauen in der arabischen Welt, ihren Lebensbedingungen, ihrem Kampf um mehr Rechte, um Selbstbestimmung der Einfachheit halber verkürzt worden. ›Frauen und Islam‹ entpuppte sich also als Reizwort, das die streitbare Frau aus Palästina auf die Palme brachte. Immerhin ließ sie mit sich reden. Als wir uns darauf geeinigt hatten, daß es in ihrem Teil der Welt um Wichtigeres gehe, um nichts Geringeres als die Existenz nämlich, stimmte sie einem Treffen in Nablus zu.

Vorbei an Straßensperren und israelischen Checkpoints. Die Stimmung ist gereizt, gerade war ein Jahrestag der Intifada. Zur Erinnerung: Der palästinensische Aufstand gegen die israelische Besatzung begann im Dezember 1987. Die Palästinenser wehrten sich gegen die Besetzung ihres Landes. Es fing damit an, daß sie Steine warfen, in erster Linie gegen die israelischen Siedler, die ihre Häuser in der Westbank gebaut hatten. »Sie machten zum ersten Mal die Weltöffentlichkeit darauf aufmerksam, welches Unrecht hier geschieht«, sagt Sahar Khalifeh.
Die Bilanz heute ist deprimierend. Hunderte, wenn nicht Tausende von Toten und Verletzten auf beiden Seiten. Mißtrauen und Angst – und immer wieder Gewalt, die neue Gewalt hervorbringt. An jedem Jahrestag der Intifada erleben die Palästinenser ihr Dasein unter der Knute Israels mit besonderer Intensität. Die Bewohner der Westbank und Gazas sind dann besonders angespannt, die Nerven liegen bloß. Demonstrationen und Gewaltakte bestimmen das Bild, die Israelis reagieren mit Ausgangssperre.

Ich hatte Sahar Khalifeh aus Jerusalem angerufen, ob und wie man zu ihr kommen könne, denn die Israelis hatten angeblich eine Straße gesperrt. Wieder diese Kälte: Man müsse schon selber sehen, wie man sich seinen Weg suche...

Die eineinhalbstündige Fahrt nach Nablus in dem blauen Leihwagen nahm absurde Züge an. Das Auto hatte eine arabische Aufschrift (um den Palästinensern zu signalisieren, daß man zur ›Freund‹-Seite gehört) und ein gelbes Nummernschild (um den israelischen Wachen an den Checkpoints zu signalisieren, daß man kein Palästinenser ist, denn die haben blaue Nummernschilder). Freunde hatten geraten, aus Sicherheitsgründen ein rot-weißes Palästinensertuch auf das Armaturenbrett hinter die Windschutzscheibe zu legen, damit wütende Jugendliche keine Steine nach dem Auto warfen. Das Tuch mußte allerdings vor jedem Checkpoint heruntergenommen und versteckt werden, es hätte sonst Irritationen bei den Israelis ausgelöst. Nun also: Tuch oben, Fahrt. Checkpoint in Sicht. Tuch runter. Fahrt am Checkpoint vorbei, Checkpoint außer Sicht. Tuch hoch. Fahrt. Nächster Checkpoint in Sicht. Tuch runter. Am Checkpoint vorbei, Tuch... Ein Trost: Vom Himmel schüttete, was im Wetterbericht ›sintflutartige Regenfälle‹ genannt wird. Bei dem Wetter würden wohl nicht einmal Steinewerfer auf die Straße gehen.

Die Straße nach Nablus war wieder offen. Straßen werden in Krisenzeiten von den israelischen Behörden willkürlich gesperrt und ebenso willkürlich wieder geöffnet. Eine ständige Unsicherheit, was wann wo erlaubt oder verboten ist. Die israelischen Siedlungen stehen auf den Hügeln wie Trutzburgen und demonstrieren Macht und Stärke. Man hat sie immer im Blickfeld, man kann sie nicht übersehen. Keinen Augenblick lassen sie die Palästinenser vergessen, wer ihr Land in Beschlag genommen hat, ihre Felder, ihre Brunnen. Sie sind ein steter Stachel im Fleisch, eine Bedrohung, an die sich kein Palästinenser je gewöhnen kann.

»Na? Geschafft?« fragt Sahar Khalifeh und lächelt hold. Auf die Klagen, sie hätte den Besuch mit Weg-, Lage- und Situationsbeschreibungen doch etwas mehr unterstützen können, reagiert sie mit großer Befriedigung. »Da seht ihr mal, was wir mitmachen. Und zwar ständig. Schon seit Jahren!« Und erklärt, das, was ich gerade in eineinhalb Stunden, während der Fahrt von Jerusalem nach Nablus, erfah-

ren hätte – Angst, Verwirrung, Bedrohung, Desinformation –, sei nur ein Bruchteil dessen, was die palästinensische Bevölkerung Tag für Tag erlebe.
Gut, also. Lektion gelernt. Und warum hat sie die Frage nach den Frauen im Islam so harsch abgelehnt?
»Ich interessiere mich natürlich für dieses Thema. Aber ich möchte darüber lieber mit meinen eigenen Leuten diskutieren. Denn das sind Muslime und nur sie können die Situation der Muslime ändern. Ich möchte nicht mit Fremden darüber sprechen und mit Leuten aus dem Westen schon gar nicht. Ich habe siebeneinhalb Jahre in den USA gelebt und kenne sie.
Ich weiß, wie ihr über die Muslime denkt, welches Bild ihr euch von ihnen macht. Das Bild, das in euren westlichen Medien von uns erscheint, ist völlig unglaublich! Es ist widerlich und unmenschlich.«
Wann immer jemand aus dem Westen sie um eine Analyse des Islam bäte, werde sie argwöhnisch. Rassismus sei da im Spiel. Ein echtes Informationsbedürfnis habe sie noch kaum spüren können. Ein oberflächliches Interesse, das auf Sensationen aus ist. Sahar Khalifeh kann ein Lied davon singen. Die Journalisten, die zu Beginn der Intifada gekommen waren, hatten sich naturgemäß besonders für die steinewerfenden Kinder und die wütenden Frauen, die mit den israelischen Soldaten zusammenstießen, interessiert. Inzwischen ist man zur Tagesordnung übergegangen, die spektakulären Zeiten sind vorbei. Das alltägliche Unglück, wie es sich Tag für Tag vollzieht, hat eben keinen Nachrichtenwert.
»Keiner kümmert sich darum. Die Menschenrechte sind in Gewalt und Druck untergegangen, und keinen kümmert's. Leute aus dem Westen interessieren sich eher dafür, in welcher aufregenden, exotischen Atmosphäre ich hier lebe, das ist ja alles so interessant und fürchterlich und schrecklich und widerwärtig und so schön gruselig!
Als Feministin diskutiere ich natürlich viel über Religion wie alle Feministinnen über alle möglichen Religionen. Aber ich will das nicht mit Leuten, die uns als national und kulturell minderwertig ansehen. Der Islam ist meine Kultur, die Religion meines Volkes, meiner Stadt, die Religion meiner Eltern. Ich bin Muslimin von Geburt,

keine wunderbare Muslimin, ich bete und faste nicht, aber das bedeutet ja nicht, daß ich keine muslimische Kultur und keinen muslimischen Hintergrund hätte. Ich habe meine Wurzeln im Islam. Jetzt können Sie natürlich diese Wurzeln in Frage stellen, das heißt fragen, wie der Islam oder das Christen- oder Judentum mit den Frauen umgeht oder mit den Menschenrechten. Man kann viele Fragen stellen, aber da liegen zur Zeit nicht meine Prioritäten.«

Wenn es mir um ihre Menschenrechte gehe, erklärt sie kategorisch, dann müsse ich nach ihren Menschenrechten als Palästinenserin fragen. Wie ihre Menschenrechte im Islam wahrgenommen und vertreten werden, hat Außenstehende nichts anzugehen. Mit ihrer Religion muß sie sich selbst auseinandersetzen, und wer danach fragt, mischt sich in Dinge ein, die ihn nichts angehen.

Die Empfindlichkeiten von Sahar Khalifeh, die schnell wohlfeiles Interesse am ›traurigen Geschick‹ der Frauen im Islam wittert, werden vielleicht verstärkt durch die Rücksichten, die sie in ihrer eigenen Gesellschaft zu nehmen hat. Nicht nur, daß ihre Bücher in der Westbank von den Israelis verboten sind, sie hatte auch schon massive Attacken von Fundamentalisten zu ertragen. Ein Wort, das falsch interpretiert wird, ist womöglich ein Wort zuviel. Lassen wir also das Thema ›Islam‹ und besichtigen das Frauenzentrum.

Sahar Khalifeh hat es in ihrer Geburtstadt, in die sie nach langen Lehr- und Wanderjahren zurückgekehrt ist, gegründet und sich damit einen Traum verwirklicht. Kein einfacher Ort für ein Frauenzentrum, denn Nablus ist eine radikale, militante Stadt mit einer starken fundamentalistischen Präsenz. (Wie lang sind die Zeiten vorbei, als hier einmal Juden und Araber friedlich zusammenlebten!) Aber Sahar Khalifeh wurde beflügelt von ihrer starken Überzeugung, die lautet, daß sich keine Gesellschaft wirklich entwickeln kann, solange Frauen sich nicht entwickeln können. Keine Gesellschaft ist wirklich produktiv, solange die Frauen nicht produktiv sind.

»Um Frauen in die Öffentlichkeit zu bringen, zu Aktivitäten, ob ökonomisch, sozial oder politisch, muß man ihnen ihre Bedeutung im Leben und in der Gesellschaft bewußt machen. Denn es ist nicht nur die Bildung, die sie auf die Straße und in die Produktion bringt, es ist auch das Bewußtsein von ihrer Bedeutung für das Gleichgewicht der Macht in der Gesellschaft und in der Familie.«

In Khalifehs Zentrum wird genau das angestrebt: Die Frauen sollen ein Bewußtsein für ihre Probleme entwickeln, für ihre Bedeutung, für ihren Wert in der Gesellschaft. Zu Beginn der Intifada, als die Frauenbewegung auf ihrem Höhepunkt war, entstand auch das Zentrum. Frauen hätten sich damals auf den Straßen stark engagiert, wunderbar, erinnert sich Sahar Khalifeh. Damals habe man an Wunder geglaubt, so stark sei die Frauenbewegung gewesen. Sie möchte verhindern, daß die Frauen, die in der Intifada mit den Männern gekämpft haben, später wieder untergebuttert werden, wie üblich. Algerien und Iran sind warnende Beispiele.

Dort hatten die Frauen an der Seite der Männer für die Befreiung ihres Landes gekämpft. Sie verließen den ihr seit jeher zugewiesenen häuslichen Raum und gingen auf die Straße, sie handelten, sie trafen Entscheidungen, sie nahmen den Platz der Männer ein, die sich verstecken mußten oder im Gefängnis saßen. Aber nur zu schnell sind die Frauen in ihre traditionellen Rollen zurückgedrängt worden. Das Ende der Revolution hat zugleich das Ende ihrer Befreiung bedeutet. »Das erste, was die Revolution den Frauen brachte, war, daß sie sie zwang, den schwarzen Schleier zu tragen.« 100000 weibliche Regierungsangestellte wurden im Iran entlassen, weil sie den revolutionären Befehl verweigerten. In den Schulen wurde die Geschlechtertrennung eingeführt, auf den Dörfern erhielten die Mädchen keine Schulbildung mehr.

Die palästinensischen Frauen haben die Geschichte der Frauenunterdrückung in den arabischen Ländern wohl im Blick. Die Ziele der Frauenbewegung können nur in einer Institution weitergeführt werden, nur wenn die Aktivitäten der Frauen systematisch in Gang gebracht und gehalten werden, haben sie Chancen. »Wir schubsen sie vorsichtig in die richtige Richtung, oder die ich zumindest für die richtige halte.«

Man muß mit den Mitteln des Intellekts kämpfen, meint Sahar Khalifeh, man muß den Frauen Mut machen. Dadurch wird man stark und kann einander unterstützen. Wichtig ist dabei auch der Blick in die Welt. Ein Netzwerk soll aufgebaut werden, Verbindungen mit anderen Frauenorganisationen in Italien und Frankreich existieren schon. Deutschland wäre erwünscht.

In das Zentrum kommen Mädchen und junge Frauen aus Nablus und den umliegenden Dörfern. Sie tragen Schleier und Kleider nach islamischer Vorschrift, die Arme bis zu den Handgelenken und die Beine bis zu den Knöcheln verdeckt, sie tragen Jeans und kurze Röcke, es kommen moderne junge Frauen oder traditionell erzogene, die Variationsbreite ist groß, und allen ist gemeinsam: Engagement und Leistungsbereitschaft. Verschleierte Mädchen am Computer – das ist wahrscheinlich nur für westliche Augen bemerkenswert.

Am Computer sollen sie Büro- und Verwaltungsarbeiten lernen. Es ist die einzige Chance für viele Mädchen und Frauen vom Land, überhaupt etwas zu lernen.

»Das ist unsere Tragik«, sagt Sahar Khalifeh. »Seit der Intifada findet hier kaum mehr Ausbildung statt. Die Jungen lernen nichts mehr, Schule, Beruf – nicht daran zu denken.«

Denn seit der Intifada ist das öffentliche Leben zum großen Teil lahmgelegt. Aus Protest gegen die Israelis wird ab Mittag die Westbank dichtgemacht. Die Schulen sind davon natürlich auch betroffen. Eine private Initiative wie die von Sahar Khalifeh gewinnt deshalb um so größere Bedeutung.

Ein weiterer Schwerpunkt in Khalifehs Selbsthilfeprogramm ist die Frauenforschung. Die Geschichte der Frauen soll erkundet werden, ihre Einstellungen, ihre Wertmaßstäbe. Die Datensammlung des Zentrums ist nützlich, denn Statistiken stehen in den besetzten Gebieten nicht zur Verfügung.

Feldforschung ist noch weitgehend neu in der Westbank. Die befragten Frauen sind es nicht gewöhnt, Einzelheiten aus ihrem Leben oder ihrer Familie mitzuteilen – und schon gar nicht, nach ihrer Meinung gefragt zu werden. Knifflig ist die Untersuchungssituation auch für die Frauen vom Zentrum. Ihre Grunderfahrung: »In einem solchen Interview lüftest du die Lebensgeheimnisse einer Frau. Das ist nicht einfach. Du mußt erst einmal um Vertrauen werben, und dafür brauchst du andere Leute, die dir helfen und dich zu der Frau hinbringen, weil du das allein nicht schaffen kannst.«

Die Frauenforschungsgruppe tagt. Ein Dutzend junger Frauen hat sich an einem großen, runden Tisch versammelt, um Sahar Khalifeh über die Ergebnisse ihrer Arbeit zu berichten. Ihr Thema hieß ›Polygamie und ihre Auswirkungen‹.

»Gibt es heute bei euch im Dorf Polygamie?« fragt Sahar Khalifeh.

»Es gibt ein paar Fälle, aber das sind Ausnahmen. Früher war das anders.«

»Naoum, gibt es in eurem Viertel Polygamie oder vielleicht sogar in eurer Familie?«

Großes Gelächter.

»Polygamie, das heißt, daß ein Mann gleichzeitig mit zwei oder mehreren Frauen lebt, das gibt es nicht«, antwortet Naoum. »Die Leute akzeptieren das heute nicht mehr. Es hat sich viel verändert. Früher sagte man: Du kannst dich glücklich schätzen, daß du zwei oder drei Frauen hast, heute dagegen muß der Mann einen wichtigen Grund haben, wenn er noch einmal heiratet.«

Die Frauen haben nach den Gründen geforscht und herausgefunden, daß Polygamie noch stattfindet bei großen Altersunterschieden, Unfruchtbarkeit der Frau oder weil beide bei ihrer Heirat sehr jung waren. Sie stellen eine doppelte Moral fest: Wenn die Ehefrau unfruchtbar ist und keine Kinder bekommt, kann der Mann eine zweite Frau nehmen. Ist der Mann jedoch unfruchtbar, muß die Ehefrau bei ihm bleiben und ihr ganzes Leben mit ihm verbringen – ohne Kinder.

»Wenn eine Frau die Scheidung verlangt, weil der Mann unfruchtbar ist, dann wird sie von der Gesellschaft ausgestoßen. Sie hat keine Chancen mehr in ihrem Leben. Aber der Mann kann zwei oder drei Frauen heiraten, bloß weil er ein Mann ist.«

So sind die gesellschaftlichen Regeln nun mal, selbst wenn die Frau nach den religiösen Gesetzen das Recht hat, die Scheidung zu verlangen. Geschiedene Frauen werden nicht akzeptiert. Besser für die Frauen, sie lassen sich nicht scheiden, meinen die jungen Forscherinnen. Warum?

»Die Frau, die keine Kinder gebären kann, wird von den Nachbarn und der Familie des Mannes ständig kritisiert. Es ist besser für sie, wenn sie eine zweite Frau für ihren Mann findet, eine Frau, die sie kennt, eine Freundin oder, noch besser, eine Verwandte, dann geht die Erbschaft später nicht in fremde Hände über.«

Es wird lang und leidenschaftlich diskutiert. Ist Polygamie besser als ein Ehemann westlicher Prägung, der seine Ehe mit Seitensprüngen und Geliebten würzt? Was sollte eine arabische Frau tun, wenn der Mann eine zweite Frau nimmt? Weiter mit ihm leben? Allein? Zu

den Eltern zurückgehen? Die Meinungen sind unterschiedlich. Einig ist man sich, daß das Familienrecht die Frauen besser schützen muß.
Die Offenheit und Spontaneität der jungen Frauen ist für den westlichen Betrachter verblüffend. »Sie hätten die Mädchen sehen müssen, als sie kamen«, sagt Sahar Khalifeh, »die Augen niedergeschlagen und keinen Mucks gesagt. Und langsam, ganz langsam fingen sie dann an, die flachen Treter mit Stöckelschuhen zu vertauschen, die Nägel zu lackieren, sich zu schminken – und immer lauter ihre Meinung zu sagen. Auch die mit dem Schleier machten mit, und der Schleier, zuerst tief in die Stirn gezogen, rutschte immer ein Stückchen höher...«
Die Aktivitäten des Frauenzentrums mögen nicht so bedeutend sein und die Forschungsergebnisse nicht sensationell. Wichtig ist, daß es das Zentrum gibt, einen Ort der Zuflucht und der Hoffnung auf Zukunft. In einem Umfeld, das von Gewalt, Verhärtung, Intoleranz und Trauer geprägt ist, kann das nicht hoch genug geschätzt werden. Sahar Khalifeh plant weitere Zentren, vor allem in traditionellen Gebieten, in Gaza, in Hebron. Dort sei eine emanzipatorische Arbeit für die Frauen am wichtigsten. »Mein persönliches Ziel dabei ist nicht, ein Star zu werden«, sagt sie, »sondern eine einflußreiche Person!«
Die Arbeit in ihrem Frauenzentrum steht derzeit für die Schriftstellerin Sahar Khalifeh im Vordergrund. (»Es ist ja noch ein Baby...«) Sie weiß, daß man vielen Frauen eine Starthilfe geben muß. Nicht jede ist so willensstark und zielbewußt, ihren Weg aus eigener Kraft zu finden, wie sie selbst. Ob es in ihrem Leben eine ›Initialzündung‹ gegeben habe?
»Nein. Ich habe nicht von einem Tag auf den anderen Entscheidungen treffen können. Meine Ehe war von Anfang an kein Erfolg. Ich mußte da heraus, ich mußte einen Fluchtweg finden. Bücher haben mir geholfen, in eine andere Welt zu fliehen. In den dreizehn Jahren meiner Ehe habe ich alles gelesen, was ich in die Hände bekam, vor allem Romane.«
Sahar Khalifeh entdeckte ihr Talent, mit Sprache umzugehen. Nach der israelischen Besetzung 1967 fing sie an zu schreiben. Ihre ersten Schreibversuche waren erfolglos, aber 1970 klappte es, ihr erster Roman wurde von einem Verlag angenommen.

»Damals war ich noch verheiratet und schrieb heimlich. Wann immer mein Mann mich mit einem Buch sah, hatte er das Gefühl, ich betrüge ihn. Er dachte, er verliere die Kontrolle über mich...«

Gar nicht mal so falsch, nicht wahr? Sahar Khalifeh lacht.

»Wenn er mich bei irgendeiner ›intellektuellen‹ Tätigkeit erwischte, machte er sich über mich lustig. Er zog über die Bücher her, er meinte, ich wolle ja bloß angeben, er hörte nicht auf, mich niederzumachen. Das Jahr 67 kondensierte meine Gefühle, so könnte man sagen, und gab mir einen Anstoß.«

Wie für viele ihrer Landsleute waren die politischen Ereignisse Auslöser für Veränderungen in ihrem privaten Bereich. Was bis dahin für unverbrüchlich und stabil gehalten wurde, hatte keinen Bestand mehr. Das Familienleben und die politischen Strukturen veränderten sich, die Migration, die Landflucht, die Enteignung von palästinensischem Boden wurden traumatische Ereignisse im Leben der Palästinenser in den besetzten Gebieten. Die Ordnung zerbrach, die Tradition, die Konventionen galten nichts mehr.

»Die Menschen fragten sich, warum sie an den überkommenen Werten festhalten sollten. Warum tue ich nicht, was ich will, wo alles drunter und drüber geht? Warum soll ich nicht auch die Regeln brechen? Auch bei mir löste die Besetzung solche Gedanken aus – und wenn ich jetzt meine Ehe aufgäbe? Und meine Familie? Wenn ich täte, was ich will? Wenn ich schriebe? So fing ich an, als Schriftstellerin Gestalt anzunehmen.«

Als ein Verlag in Kairo ihr Buch annahm, schaffte Sahar Khalifeh den Absprung aus einer einengenden Ehe. Sie entschied sich, ihr Leben zu ändern. Ein folgenschwerer Schritt in einer Gesellschaft, die eine geschiedene Frau mit großem Mißtrauen zur Kenntnis nimmt, aber ein kalkuliertes Risiko.

»Ich bin realistisch, ich plane alles. Ich bin niemand, der den Kopf in den Wolken hat. Ich starte Versuchsballons und experimentiere im kleinen. Wenn die Resultate gut sind, werden meine Experimente größer, bis ich sicher bin, daß es funktioniert. Ich glaube, deshalb bin ich erfolgreich. Als Künstlerin habe ich meine Träume, doch dann komme ich auf die Erde zurück. Träume sind bunt, aber sehen wir mal, wie sie auf dem Boden der Tatsachen aussehen. Erst dann setze ich meine ganze Energie ein. So habe ich es immer gemacht, beim Schreiben, mit meiner Arbeit im Frauenzentrum, meiner Scheidung, meinem Familienleben. Alles muß durchdacht werden!«

Sahar Khalifeh hat mehrere Bücher über das Leben der Palästinenser in der besetzten Heimat geschrieben. Einem größeren Leserkreis bekannt wurde sie mit ihrer Chronik des Lebens im Widerstand gegen die Besatzung, die sie in den zwei Romanen ›Der Feigenkaktus‹ und ›Die Sonnenblume‹ detailliert und aus der Sicht mehrerer Protagonisten aufblättert. Sie beschreibt Aktionen der Israelis, die palästinensische Häuser einreißen, palästinensisches Land konfiszieren und sich mit den Bauern auf dem Land um das Wasser streiten. Aber immer stärker richtet sie ihr Augenmerk auf die Lage der Frauen in der traditionell patriarchalischen Gesellschaft. Die Frauen tragen eine zweifache Bürde – in ihrer Freiheit und ihren Rechten beschnitten von den israelischen Besetzern einerseits und andererseits von den Männern und den männlich geprägten Normen der eigenen Gesellschaft.

›Der Feigenkaktus‹ gilt unter Literaturkritikern als einer der interessantesten arabischen Romane der siebziger Jahre. Auch ›Die Sonnenblume‹ erregte wegen seiner eindeutig feministischen Perspektive, die bislang in der arabischen Literatur so nicht zu entdecken war, großes Aufsehen.

Immer ist Sahar Khalifeh mit ihren Büchern angeeckt, hat Tabus verletzt und Leute verärgert. In ›Feigenkaktus‹ thematisierte sie die Arbeit der Palästinenser in Israel und beschrieb die Auswirkungen der Besetzung auf die traditionellen Strukturen in der Westbank. Die Besetzung habe den Arbeitern größere Unabhängigkeit verschafft, indem sie in Israel arbeiten und sich ein besseres Auskommen sichern konnten als in ihrer unterentwickelten Heimat. Eine provozierende Einschätzung, gegen den Strich und die öffentliche Meinung geschrieben. Nicht gern gehört in einem Land, in dem das Feindbild klar zu sein hatte.

Auch die Israelis erzürnte sie mit ihren Attacken auf die Mentalität der orthodoxen Siedler, die sich in der Westbank eingenistet haben und palästinensische Kinder, die Steine werfen, schon mal kurzerhand abknallen. Vor allem jedoch nahm sie die palästinensischen

Männer aufs Korn, deren männlicher Attitüde der Spiegel vorgehalten wird.
Ihren jüngsten Tabubruch beging Sahar Khalifeh mit ihrem Buch ›Das Tor‹. Die Intifada ist Thema ihres neuen Romans. Die Intifada, der Aufstand, der Freiheitskampf, die gerechte Sache – eine heilige Kuh. Wer dürfte daran rühren!
Sahar Khalifeh natürlich. »Ich grabe eben gern Sachen aus. Es fordert mich geradezu heraus, Tabus zu verletzen! Vielleicht, weil ich in einer konservativen Gesellschaft aufgewachsen bin, vielleicht ist es auch meine Natur, heiße Eisen anzupacken, wovor andere, besonders Männer, Angst haben.«
Kritik an der Intifada? Dabei war der Anfang so vielversprechend. Die Palästinenser wehrten sich gemeinsam, als Gruppe, und wurden endlich in der Welt wahrgenommen. Für die Frauen fing eine neue Zeit an. Sie gingen auf die Straße, ohne Männer, Väter, Brüder vorher um Erlaubnis zu fragen. Sie demonstrierten, legten sich mit der Macht an, forderten lautstark ihre Rechte. In arabischen Gesellschaften ein unerhörter Vorgang.
»Am Anfang gab die Intifada den Frauen einen kräftigen Schubs. Die Männer waren absorbiert im nationalen Kampf, und die meisten Aktivisten mußten sich verstecken oder aus den Städten in die Berge fliehen oder waren im Gefängnis. So übernahmen die Frauen die Verantwortung für das tägliche Leben. Und die Frauen machten das gut. Sie lernten ihre Fähigkeiten kennen und gewannen Selbstvertrauen. Frauen wurden wichtig, in politischen Parteien, in Komitees, in Institutionen. Die Frauen waren dran, und es klappte wunderbar.«
In den ersten Jahren der Intifada also vorwiegend positive Aspekte in der Teilnahme der Frauen am Aufstand. Eine neue Generation von Frauen habe die Intifada hervorgebracht, die die traditionellen gesellschaftlichen Strukturen, in denen sie lebten, kritisch betrachteten. Die Mehrzahl der Frauen seien sich allerdings der eigenen sexistischen und sozialen Unterdrückung nicht bewußt gewesen. Dennoch wurde vieles möglich, was zuvor undenkbar war. Eine Zeit des Aufbruchs also und in seiner Bedeutung nur zu ermessen, wenn man die Enge und die Einschränkungen der traditionellen Mädchenerziehung im Blickfeld hat.
Jetzt setzt sich Sahar Khalifeh mit ihrem Roman über den Alltag der

Intifada kritisch mit den Auswirkungen des Aufstands auf das Leben, vor allem der Frauen, im besetzten Westjordanland auseinander. Der Zustand eines nicht endenwollenden Kampfes, der einem Krieg gleicht, hat die Frauen mürbe gemacht. »Nichts hat sich verändert, nur die Sorgen. Ihre Sorgen haben sich vermehrt«, sagt die alte Hebamme Sakija auf die Frage der Studentin Samar, die eine Umfrage zum Thema ›Frauen und Intifada‹ macht. »Welche Veränderungen brachte die Intifada für die Frau?« hatte sie gefragt. »Die alten Probleme sind geblieben, wie sie waren, und die neuen kannst du gar nicht mehr zählen«, bekommt sie zu hören. Angst und Sorge bestimmen das Leben der Frauen und die bange Frage, ob das Blutvergießen jemals aufhören wird. »Das ist unser Leben – eine Schinderei nach der anderen, eine Qual nach der anderen.« Was die Intifada aus ihnen gemacht hat, das fragen sich die Figuren in Khalifehs Buch. Sie begreifen die Stagnation des Lebens, die negativen Entwicklungen des zuvor als notwendig gesehenen Aufstands und sehen keine Lösung. »Ich schere mich einen Dreck um die Intifada«, sagt die Prostituierte Nusha, deren geliebter Bruder Achmed in den Untergrund gegangen ist. Für sie ist Palästina ein Moloch, der »frißt und schlingt und doch nicht satt wird«. Als ihr Bruder bei einer Schießerei ums Leben kommt, schließt sie sich dem Widerstand an, »doch nicht wegen dieses Molochs. Wegen Achmed.«

Nicht alles in der Intifada ist schön und heroisch, erfahren die Leser, der revolutionäre Kampf ist mit Elend und Schmerzen verbunden, und Kriegshelden taugen als Vorbilder wenig. Provozierende Auskünfte einer Palästinenserin.

Natürlich paßte die kritische Tendenz des Buches vielen nicht und nährte Sahar Khalifehs Ruf, eine widerborstige, unangepaßte Schriftstellerin zu sein. Sie ist eben eine ›unrealistische Frau‹, ganz wie die Titelheldin eines ihrer früheren Bücher. Denn: »Realistisch zu sein bedeutet in der arabischen oder traditionellen Gesellschaft, sich einzuordnen. Aber die Hauptfigur meines Romans ist eine kreative Frau mit starker Einbildungskraft. Sie kann und will sich nicht anpassen. Denn sie hat viele Fragen und ist sehr rebellisch. Sie will ›unrealistisch‹ sein.«

Provokation als Arbeitsmethode? Welches Leitmotiv hat Sahar Khalifeh? Sie überlegt eine Weile und sieht ganz unschuldig aus.

»Ich stelle Fragen, das provoziert natürlich. Aber wenn Sie von so vielen Feinden umgeben sind, müssen Sie sehr vorsichtig sein. Wenn man wie ich umgeben ist von Israelis, Fundamentalisten und Traditionalisten, von Frauen, die nicht verstehen, daß wir für sie arbeiten und kämpfen – wenn man da nicht vorsichtig ist beim Fragenstellen... besonders in einer Situation wie der unseren. Wir haben keine Polizei, wir sind völlig eingesperrt, wir haben niemanden, der uns verteidigt, wir müssen selbst auf uns aufpassen. Wir stehen so vielen Fronten und Grenzen und Feinden gleichzeitig gegenüber – wenn ich also Fragen stelle und provoziere, dann nur sehr vorsichtig. Ich provoziere durch Produktion – die Gebildeten mit dem, was ich schreibe, die Ungebildeten durch das, was ich mache. Auf diese Weise kann man sich einordnen, ohne sich anzupassen.«

Die Ausgangssperre der letzten Tage in der Kasbah von Nablus ist aufgehoben. Wir machen einen Spaziergang durch die Stadt, eine beklemmende Stille umgibt uns. Sahar Khalifeh erzählt vom Leben hier in seiner Ausweglosigkeit. Die Männer arbeitslos, die Jungen ohne Ausbildung und Zukunftschancen. Kein Wunder, wenn sie auf die Versprechungen der Fundamentalisten hören. Kann man es ihnen verdenken? So oft sind sie enttäuscht worden. Dann die Gewalt, die weitergeht, eskaliert und sich fortpflanzt in die nächste Generation. Man muß sie sehen, die kleinen Kinder, die Dreijährigen, auch sie haben schon ein Steinchen in ihrer kleinen Hand. Außerhalb der Stadt die Wehrdörfer der Siedler. Wer ihnen zu nahe kommt, bekommt die Waffe gezeigt.
»Diese Siedlungen lösen tiefliegende Ängste in mir aus«, sagt diese couragierte, unerschrockene Frau, »sie bedrohen meine Existenz.«
In regelmäßigen Abständen verläßt sie Nablus, weil sie das Leben in der beklemmenden Atmosphäre nicht mehr erträgt. Sie reißt aus, fährt nach Amman, Jordanien, wo sie eine Wohnung hat und ein ruhiges Leben führen könnte, oder sie reist in die Welt, um Vorträge und Lesungen zu halten. Dennoch kehrt sie immer wieder in ihre Stadt zurück. Die Verzweiflung ist groß, aber größer ist die Hoffnung.
»Ich bin – als Palästinenserin, als Frau – so unsicher, was geschehen wird. Ich weiß, es wird wahrscheinlich Generationen dauern, bis es ein anderes Gleichgewicht der Macht gibt, ein vereintes Europa. Ich

hoffe. Aber man sollte nicht zu optimistisch sein. Das haben wir Palästinenser ja gelernt. Wir arbeiten, wir kämpfen auf unsere Art, wir träumen. Aber dann? Wer weiß das schon.«
Sahar Khalifeh hat einmal geträumt und sich den Traum erfüllt, den Traum von einem Frauenzentrum. Wenn sie darüber spricht, glänzen ihre Augen, und sie scheint für einen Moment unbeschwert: »Die Frauen, die zu mir kommen, machen solche Fortschritte. Es ist wunderbar, die Prozesse ihrer Entwicklung zu beobachten. Ein Freund, ein Palästinenser, der im Ausland lebt und nicht zurückdarf, hat mir einmal gesagt: ›Sahar, du bist wie eine Glucke!‹ Wenn er mich jetzt sehen würde! Er hatte recht, ich habe gebrütet und brüte noch – lauter kleine Sahars...«

* * *

Zeit war vergangen. Gut zwei Jahre waren ins Land gegangen. Arafat und Rabin hatten sich an jenem denkwürdigen Septembertag 1993 die Hände geschüttelt. Die Palästinenser hatten auf der Straße getanzt, das Land war ein einziger Freudentaumel. Der Frieden schien nahe. Dann begriff man, so schnell würde es nun doch nicht gehen, Verhandlungen schleppten sich dahin, Verträge zogen sich, Abkommen wurden verschoben. Die Begeisterung war abgeebbt, war einer skeptischen Gelassenheit gewichen.
»Trotzdem ist es eine Einbahnstraße«, sagt Sahar Khalifeh, »der Prozeß ist nicht umkehrbar.«
Wieder ein Besuch im Frauenzentrum. Man ist aus einer engen, dunklen Wohnung in den lichtdurchfluteten ersten Stock eines Neubaus umgezogen, dank einer großzügigen Unterstützung aus Holland. Der äußere Eindruck entspricht dem neugewonnenen Status: Das Zentrum ist erfolgreich. »Wir spielen eine führende Rolle in der Frauenbewegung«, teilt die stolze Direktorin Khalifeh mit und nennt auch gleich die Gründe. Man sei parteiunabhängig und neutral. Man versuche, Frauen aus den unterschiedlichsten Gruppen zusammenzubringen und eine einheitliche Linie festzulegen. Auch fundamentalistische Hamas-Frauen sind dabei. »Wir sind akzeptiert.«
Und die Situation der Frauen? Das Straßenbild mit der erschreckend großen Zahl verschleierter Frauen läßt dunkle Vermutungen zu.

»Die Frauen sehen sich den schlimmsten konservativen Einstellungen gegenüber. Die Frauenbewegung hat sich zurückgezogen. Wir müssen an allen Ecken und Enden kämpfen, um wenigstens das zu behalten, was wir schon hatten.«
Die positive Entwicklung der Intifada für die Belange der Frauen ist gestoppt worden. Als die Männer aus den Gefängnissen nach Hause kamen, übernahmen sie ihre früheren Aufgaben und schickten die Frauen an ihren angestammten Platz zurück. Die Fundamentalisten wurden mächtiger und versteckten ihre Frauen wieder unter dem Schleier. Frauen, die sich den religiösen Regeln vordem nicht gefügt hatten, wurden nun in ein konservatives Leben gezwungen.
»Es ist das passiert, was überall und immer wieder passiert. Nach meinen Studien der Frauenbewegungen geschieht auf der ganzen Welt das gleiche: Während eines nationalen Kampfes ermutigen Männer die Frauen zu Handlungen, die ihnen zuvor nicht erlaubt waren. Aber dann, wenn die Männer begreifen, daß die Frauen innerhalb der Familie mehr und mehr Macht bekommen, fängt der Konflikt an. Und derselbe Mann, der seiner Frau erlaubt hatte, für die gemeinsame Sache – und auch für ihn – zu arbeiten, macht einen Rückzieher, wenn ihm klar wird, daß die Frau plötzlich mehr Bedeutung hat, in der Familie wie auch in der Geschlechterbeziehung.«
Und die Intifada? Ist sie inzwischen aufgelöst?
»Nein, sie besteht noch in ihren negativen Auswirkungen, die sie auf uns hatte. Sie kastriert den Tag. Zwar macht man die Läden jetzt zwei Stunden später zu, aber am frühen Nachmittag gehen die Leute nach Hause. Sie sind faul. Ich sehe die Intifada mittlerweile sehr kritisch. Sie brachte uns eine negative Einstellung zur Ausbildung, zu Frauen, zur Bedeutung der Arbeit. Sehen Sie uns doch an! Wir sind ein Dritte-Welt-Land und arbeiten nur vier Stunden am Tag. Wir sollten acht Stunden am Tag arbeiten und mehr. Aber anstatt uns anzustrengen und mehr zu produzieren, arbeiten wir weniger und schlechter. Die Lebensqualität hat sich enorm verringert. Wir sind ja fast eingefroren!«
Niemand könne die Intifada loswerden, meint Sahar Khalifeh, noch nicht einmal Arafat, selbst wenn er es anordnet. Denn Intifada sei ein ›way of life‹ geworden, eine Lebensweise, eine Haltung. Darin liege die Gefahr. Bis eine neue Regierung oder eine andere Art zu leben die

alten Gewohnheiten ersetze, sei das Intifada-Leben nicht zu ändern.

»Es geht so lange, bis wir unseren eigenen Staat haben und palästinensische Behörden, zu denen man nicht nein sagt. Dann wird es einfach dumm sein, seinen Laden zu schließen, denn für wen sollte man das tun? Die Israelis? Die sind dann draußen. Aber solange wir Israelis auf unseren Straßen sehen, so lange wird die Intifada andauern.«

Ein Protest also, der immer mehr ins Leere läuft. Indem sie ihre Läden schließen und die Westbank ab zwei Uhr nachmittags dichtmachen, wollen sie gegen die israelische Besetzung protestieren und schaden doch nur sich selbst.

Sahar Khalifeh malt die Zukunft nicht gerade in hellen Farben. Sie fürchtet Auseinandersetzungen der verschiedenen palästinensischen Gruppierungen, wenn die Herren von der PLO aus Tunis und die PLO von der Westbank und die fundamentalistischen Hamas-Leute um Macht und Positionen streiten. Dann werden die Verteilungskämpfe beginnen, und die Frauen werden dabei das Nachsehen haben, wenn sie nicht höllisch aufpassen.

»Ich habe es den Frauen immer wieder gesagt: Seid vorsichtig, paßt auf. Wenn die Nationalisten an die Macht kommen, werdet ihr den Preis bezahlen. Denn irgendwie, irgendwann, vielleicht nach ein oder zwei Jahren werden sie Kompromisse mit den Fundamentalisten schließen, wie das in einer Demokratie üblich ist. Und die gehen dann auf Kosten der Frauen. Es sei denn, die Frauen schließen sich zusammen und machen gemeinsame Sache.«

Dann wollen wir mal die Daumen drücken.

»Nicht nur die Daumen drücken, sondern uns auch bei den Händen fassen, sonst sind wir die Verliererinnen.

Und dann schreibe ich gegen die Frauen! Das wird ein anderes Tabu sein, als Feministin sollte ich ja nicht gegen Frauen schreiben. Aber wenn die Frauen das jetzt nicht fertigbringen, wenn sie es nicht schaffen, gemeinsame Sache zu machen, dann, weiß der Himmel, tu ich's!«

Sahar Khalifeh hat viel erreicht in ihrem Leben. Sie ist eine erfolgreiche Schriftstellerin geworden, sie hat ein Frauenzentrum gegründet, sie genießt hohes Ansehen zu Hause wie im Ausland. Aber wie viele

palästinensische Künstler, die ihre kreative Energie in den Dienst der nationalen Sache gestellt haben, findet sie, nun sei es bald genug.
»Ich habe viele Jahre meines Lebens für einen idealistischen Zweck geopfert, aber es engt mich auch ein. In den letzten Jahren habe ich stark unter Druck gestanden. Meine Familie lebt in Amman und ich in Nablus. Ich habe mich oft einsam gefühlt. Hier spielt sich nichts ab, es ist ein Leben wie auf dem Dorf, man wird ständig beobachtet. In Amman bin ich ein anderer Mensch, ich trage andere Kleider, ich schminke mich, Sie würden mich nicht wiedererkennen!«
Von einem normalen Leben träumt Sahar Khalifeh heute. Ihre Wünsche sind bescheiden geworden, ins Kino möchte sie gehen, ins Konzert, ins Restaurant. Sie möchte mit ihren Töchtern leben und ihr Enkelkind aufwachsen sehen. Aber sie wäre keine langgeprüfte Aktivistin, wenn sie nicht schon wieder neue Ideen für das Frauenzentrum hätte. Sie hat vor, für die Frauen in Nablus und den umliegenden Dörfern eine Fernsehstation einzurichten. Konkrete Pläne hat sie schon, die Techniker hat sie an der Hand. »Ist das nicht ein teuflischer Plan? Wenn die Männer unsere Stimmen stehlen, werden wir andere Stimmen finden, mit denen wir uns artikulieren können. Wir können eben nicht zum Schweigen gebracht werden.«
Aber Männer können auch fernsehen. Werden sie ihren Frauen nicht verbieten, das Khalifeh-Programm einzuschalten?
»Wir werden zwischen 11 und 1 Uhr senden, wenn die Männer im Geschäft sind und die Frauen das Mittagessen vorbereiten. Alles schon geplant.«
Fehlt nur noch die Sendelizenz.
Ein Stoßseufzer. »Laß die Israelis wenigstens etwas Gutes tun, bevor sie gehen, und uns die Lizenz geben!«

* * *

Ein paar Tage später erschoß ein israelischer Siedler in einer Moschee in Hebron 28 Palästinenser, die sich zum Freitagsgebet versammelt hatten. Die Folgen des Attentats waren furchtbar – Straßenkämpfe und blutige Auseinandersetzungen von Palästinensern und israelischem Militär, wie zu Beginn der Intifada. Ausgangssperre wurde angeordnet. Schlimmer noch war, daß der Friedensprozeß, in den so

viele Menschen – Palästinenser wie Israelis – ihr Vertrauen gesetzt hatten, unterbrochen wurde. Der israelisch-palästinensische Konflikt – eine Geschichte ohne Ende?
Wieder einmal versucht Sahar Khalifeh, die Hoffnung nicht zu verlieren.

SZ

SAHAR KHALIFEH

*Ein besserer Naher Osten: ein besseres Europa**

Als ich fragte, ob diese Versammlung meine persönliche Meinung oder die meines Volkes hören wolle, sagte man mir: »Da gibt es keinen Unterschied. Sie sind eine engagierte Autorin, und was Sie denken, wird letztendlich auch widerspiegeln, was Ihr Volk denkt.« Ich betrachte diese Bemerkung als Kompliment. Natürlich bestätigt sie mein Ego und gibt mir das Gefühl, wichtig zu sein. Doch ich denke, meine Pflicht als aufrichtige und wirklich engagierte Autorin ist es, Ihnen zu sagen, daß durchaus ein Unterschied besteht zwischen dem, was ich denke, und dem, was mein Volk denkt. Wenn Sie mich also als Vertreterin der öffentlichen Meinung der Palästinenser zu dieser Konferenz eingeladen haben, muß ich Ihnen sagen, daß Sie der falschen Person zuhören. Ich muß Ihnen auch sagen und Sie voller Hoffnung daran erinnern, daß unser Volk wie jedes andere unterschiedliche Meinungen hat. Ein so herausforderndes und emotional aufwühlendes Thema wie unsere Beziehung zu unseren früheren Kolonisatoren muß unterschiedliche Reaktionen hervorrufen. In dieser Situation kann ich nichts weiter tun, als die verschiedenen Meinungen zu verdichten, zusammenzufassen, einzuordnen und zu verdeutlichen.

Zu diesem Zweck habe ich meine Stellung als Direktorin des WOMEN'S AFFAIR CENTER benutzt und unsere Mitarbeiter gebeten, die nötigen Informationen zu sammeln. Sie führten Tiefeninterviews mit fünfzig verschiedenen Personen in Nablus: Männer und Frauen, gebildet und halbgebildet. Ich interviewte außerdem zehn politisch interessierte Intellektuelle in Ramallah und Jerusalem. Dieses Papier beruht daher auf den Reflexionen dessen, was ich als wahrheitsgetreue Repräsentation der palästinensischen öffentlichen Meinung zu bezeichnen wage.

Wie zu erwarten, erhielten wir unterschiedliche Antworten. Aus Gründen der Klarheit unterteile ich sie folgendermaßen: pessimistische Überlegungen, optimistische Überlegungen und skeptische Fragestellungen.

* Vortrag, gehalten im November 1991 vor dem Europäischen Parlament, Straßburg.

Europa repräsentiert die Kolonisation; die Kolonisation, die mit den Kreuzzügen begann, gefolgt von den britischen und französischen Mandaten, gekrönt von der Schaffung des Staates Israel. Europa quälte die Juden, diskriminierte sie, bestrafte sie für ihr Anderssein und ließ uns dafür bezahlen. Europa implantierte Israel in das Herz der arabischen Welt, um uns unter Kontrolle zu haben. So schlugen die Europäer zwei Fliegen mit einer Klappe: Sie beruhigten ihr schuldiges Gewissen, leisteten einen Ausgleich für das Geld, das sie von der jüdischen Gemeinde in Großbritannien geliehen hatten, und behielten unser Öl und unser strategisches Gebiet in der Hand. Europa dachte, Israel werde der Wächter sein. Doch dann gerieten die Dinge außer Kontrolle, und Europa verlor die Macht über Israel und uns.

Die USA usurpierten Europas Macht. Europa wurde von diesem neuen Tyrannen ebenso beeinflußt wie wir. Europas Position ist heute noch beschämender als unsere. Wir sind schwach, arm und unterentwickelt; wir haben weder die Kraft noch die Mittel, uns der neuen Bedrohung zu stellen. Doch Europa hat alles, was erforderlich ist, um Amerika in Schach zu halten oder zumindest zu konfrontieren. Einst stand Europa an der Spitze der Welt. Heute hinkt es hinterher und läßt zu, daß es als Schwanz Amerikas betrachtet wird! Denn das ist Europa: Amerikas Schwanz, Amerikas Mätresse.

In der UNO sagt Amerika Europa, was zu tun ist und wie. Wenn es die Europäer auffordert, Krieg zu führen, dann tun sie es. Wenn es sie auffordert, zu einer Konferenz zu gehen, dann gehen sie. Es verbietet ihnen, hierhin oder dorthin zu gehen, und sie wehren sich nicht. Es fordert sie auf, den Kuchen zu zerschneiden, aber nicht zu essen. Und wenn es ihnen gestattet zu essen, gibt es ihnen nur die Brosamen... und sie akzeptieren das! Schauen Sie auf das, was in Kuwait passierte, es geschah ihnen recht. Amerika trieb sie in diesen häßlichen, schändlichen Krieg, und sie gehorchten. Doch als es ans Einbringen der Ernte ging, nahm Amerika sich alles. Es fuhr alle Verträge ein und ließ ihnen nichts. Sogar die Friedenskonferenz: die Glasur auf dem Kuchen, und sie mußten um ein winziges Stückchen betteln. Bemitleiden wir sie? Nein, das tun wir nicht. Es geschieht ihnen recht. Sollen sie doch sehen, was Kolonisation bedeutet.

Europa ist verantwortlich für unsere Unterentwicklung. Es hat sich nicht um unsere Bildung gekümmert, als es die einzige Autorität in unserem Land war. Es ging ihm nur darum zu nehmen, nicht zu geben. Die Schulen, die Europa eröffnete, sollten nur dazu dienen, Angestellte für das Mandat auszubilden. Die Straßen, die es baute, waren als Durchgangswege für seine Konvois gedacht. Wenn wir uns an irgend etwas aus dieser schrecklichen Periode erinnern, dann an das Erhängen von Menschen, die Zerstörung von Häusern und die Balfour-Erklärung. Sie verkauften uns an die reichen Juden, obwohl wir in den beiden großen Kriegen an ihrer Seite kämpften. Statt uns zu belohnen, betrogen sie uns. Auch in jenem schändlichen Krieg gegen den Irak betrogen sie uns. Selbst die Besten von ihnen erwiesen sich als schlecht. Diejenigen, die wir für gute Freunde hielten, wie Italien und Frankreich, erwiesen sich als ebenso häßlich wie ihr Meister in Washington. Trauen Sie ihnen nie. Sie versprechen das eine und tun das andere. Sie sagen dies und tun das. Sie haben zwei Gesichter und eine doppelte Moral. Wenn sie von Demokratie reden, dann argumentieren Sie nicht mit ihnen, denn Sie werden die Debatte verlieren. Die Europäer kennen diese Art von Sprache: Logik, Diplomatie und all das. Und sie haben Macht. Und die Macht hat recht. Wenn Sie also die Demokratie verstehen wollen, von der sie reden, dann sehen Sie sich an, wie Sie und andere behandelt werden. Sehen Sie, wie sie mit der Weltbank und den Multinationalen umgehen. Sehen Sie sich ihre Stimmabgaben bei der UNO an. Sehen Sie sich ihre Kriege an, die verborgenen und die offenen. Wenn sie also über Gleichheit, Brüderlichkeit, Demokratie und Freiheit reden, so hören Sie zu und argumentieren Sie nicht. Schauen Sie nur zu.

Sie können nie mit ihnen Freundschaft schließen. Der einzige Freund, den sie haben, ist Geld. Für ihre Interessen tun sie alles. Sie führen Krieg, töten, betrügen und verbünden sich mit dem Teufel. Sie werden selbst zu Teufeln. Sie tun es so nett, daß Sie verwirrt sind. Wir waren lange genug mit ihnen zusammen, sie können uns nicht mehr täuschen. Ihr Töten ist zivilisiert, unseres ist terroristisch. Ihre Kriege sollen Demokratie und Menschenrechte verteidigen! Sie zerstörten den Golf und verschmutzten die ganze Gegend für eine gute, menschliche Sache. Ihr Ziel war die Befreiung Kuwaits und die Verteidigung der Kuwaitis. Wo waren sie, als wir abgeschlachtet wurden, als unsere Jugend verstümmelt wurde, unsere Häuser zerstört, unser Land und unser Wasser konfisziert? Sie reden von internationaler Legitimität? Wo waren sie, als Israel eine Resolution nach der anderen mit Füßen trat? Reden, Reden und Lächeln, mehr können Sie von ihnen nicht bekommen. Aber ihre Herzen sind nicht rein, wenn sie überhaupt Herzen haben. Sie sind rassistisch, kaltherzig und wie Maschinen. Sie gehen mit der Welt um, als seien wir nur da, um ihnen zu dienen, um für sie die schmutzige Arbeit zu tun. Wir hoffen, daß sie sich nie einig werden können. Wenn wir es nicht schaffen, solange sie noch getrennt sind, wie sollen wir es dann schaffen, wenn sie sich zusammenschließen? Sie werden ebenso niederträchtig sein wie Amerika. Wir haben genug davon. Einmal ist genug, mehr als genug.

2. *Optimistische Überlegungen*

Ob es uns gefällt oder nicht, Europa ist die Mutter der modernen Zivilisation. Wir haben viel von ihm gelernt und können noch immer lernen. Wir sprechen seine Sprachen, wir nutzen seine Wissenschaften und erfreuen uns an seinen Künsten. Die Europäer waren diejenigen, die uns all die großen Ideen modernen Denkens und moderner Philosophie übermittelten. Wir können Nutzen aus ihren Modellen ziehen: Demokratie, Gedankenfreiheit, freie Meinungsäußerung und Respekt vor individueller und persönlicher Freiheit. Im Unterschied zu Amerika haben sie eine wirkliche Zivilisation, nicht bloß Maschinen. Trotz ihres Rassismus, ihres Snobismus und ihrer Kolonialgeschichte gibt es bei ihnen einen Hauch von Gerechtigkeit, den wir nicht leugnen können. Schauen Sie sich an, wie sie versuchten, uns gegen die Unterdrückungsmaßnahmen Israels zu verteidigen. Trotz amerikanischen Drucks haben sie noch immer eine eigene Meinung bezüglich des arabisch-israelischen Konflikts. Wenn wir taktvoll und diplomatischer wären, hätten wir ihre unbegrenzte Unterstützung gewinnen können. Seien wir realistisch; wir können sie davon überzeugen, daß wir ihren Interessen im Nahen Osten dienen können, wenn sie unseren dienen. Wir brauchen ihre Unterstützung, und sie brauchen unser Öl und unsere Märkte. Wir können eine Beziehung aufbauen, von der wir beide profitieren. Wir entwickeln Länder, wir

brauchen wissenschaftliche und technische Hilfe, um die Infrastruktur unserer Systeme aufzubauen. Sie sind diejenigen, die uns helfen können, unser Land zu modernisieren.
Die europäische Einheit dient nicht nur Europa, sondern auch der dritten Welt. Die Europäer sind empfänglicher für unsere Strebungen und Bedürfnisse als die Amerikaner. Sie sind vertraut mit unserer Kultur. Es stimmt, daß sie als Kolonisatoren nicht so sensibel waren, aber welcher Kolonialherr ist das schon? Wir waren einst in Andalusien. Wie haben sich die Spanier da gefühlt? Haben sie unsere Kolonisierung genossen? Wir können die Europäer also nicht andauernd beschuldigen, daß sie unsere früheren Kolonisatoren waren. Wir könnten selbst wieder zu Kolonisatoren werden, wenn wir die Mittel hätten. Wir können also nicht behaupten, daß Menschen, die unter der Kolonisierung oder irgendeiner anderen Form der Ausbeutung gelitten haben, andere nicht ausbeuten werden. Schauen Sie sich die Israelis an, sie sind das beste Beispiel.
Die Europäische Gemeinschaft ist sensibel für unsere Bedürfnisse als Palästinenser. Sie ist der wichtigste Handelspartner Gazas und der Westbank. Als Israel versuchte, alle palästinensischen Produkte über Agrexco zu schleusen, die offizielle israelische Marketing-Agentur, blieb die EG fest und drohte, Maßnahmen zu ergreifen, die sich auf die Vereinbarung der Zusammenarbeit zwischen Israel und der EG auswirken könnten. Am Ende gab die israelische Seite nach, was bedeutet, daß die Europäische Gemeinschaft einen gewissen Einfluß auf Israel hat.
Israels Exporte in die Europäische Gemeinschaft sind bereits über 3 Milliarden Dollar wert, ein Drittel der Gesamtexporte, und die Importe sind doppelt so hoch. Israel träumt auch davon, Mitglied des europäischen Marktes zu werden. Das bedeutet, daß die Europäische Gemeinschaft die israelische Politik beeinflussen kann.
Die Europäische Gemeinschaft fordert eine gerechte und dauerhafte Friedenslösung im arabisch-israelischen Konflikt in Übereinstimmung mit der Resolution 242 des Sicherheitsrats der Vereinten Nationen. Sie haben sich auch bereit erklärt, alles in ihrer Macht Stehende zu tun, um zum Frieden beizutragen. Das ist tatsächlich gut... sehr gut. Wir müssen unsere Verbindungen zu ihnen stärken. Sie werden uns helfen, und wir werden ihnen helfen.

3. *Skeptische Fragestellungen*

Zu den skeptischen Fragestellern zähle ich mich selbst. Skeptiker zu sein ist nicht sonderlich angenehm. Es bedeutet, die Welt auf verstörte Weise zu sehen und von den Verhaltensweisen anderer verstört zu sein. Das Leben als reine kleine Seele voller Träume und mit einem Drang nach Gerechtigkeit zu beginnen... Sie wissen, was ich meine. Einst sind Sie dort gewesen, und vielleicht sind Sie noch dort. Deswegen sind Sie hier... auf der Suche nach dem Verlorenen.

Sie ringen mit der Welt, um einen Sinn für Ihr Leben und das anderer zu finden. Sie versuchen zu verstehen, warum Menschen sich für das Häßliche statt für die Schönheit entscheiden. Warum werden Freunde zu Gaunern und fallen Ihnen wegen kleiner, unbedeutender Gewinne in den Rücken? Warum sind Menschen zu allem bereit, um mehr Macht, mehr Dinge zu gewinnen, die nichts wert sind? Weil Sie sie lieben und sie für klar im Kopf halten, suchen Sie nach Entschuldigungen. Sie sagen sich, daß sie schwach sind und deshalb betrügen. Sie sagen sich, daß sie unwissend sind und deshalb falsch urteilen. Sie sagen sich, daß sie jung sind und noch nicht reif. Eine Entschuldigung nach der anderen, und dann erkennen Sie, daß Sie nichts lösen und niemandem helfen. Sie machen die Welt nur komplizierter und laufen vor der Realität davon. Nicht nur das, Sie stellen sich über andere und behaupten, weiser, reiner und sicherer zu sein. Dann verlieren Sie für ein Jahr oder zehn Jahre den Glauben. Sie leiden, Sie fluchen, Sie wandern herum, und dann beruhigen Sie sich und geben auf.

Sie fangen an, auf zynische Art Fragen zu stellen. Sie fragen sich zum Beispiel: Wer sind diese Menschen, und was wollen sie? Wollen Sie wirklich wissen, wie ich denke? Warum? Um zu wissen, wie eine Araberin denkt? Wie eine Palästinenserin denkt? Und was dann? Wollen Sie Karten zeichnen und Schlüsse ziehen, basierend auf der Mechanik des arabischen Geistes?

Man darf nicht zynisch sein. Man darf nicht pessimistisch sein. Man muß immer nach der lichten Seite schauen und Raum für Veränderung lassen. Vielleicht haben sie nach dem, was sie am Golf getan haben, erkannt, daß man konsequent sein muß, wenn man über große Dinge redet: Legitimität, Gerechtigkeit, Gleichheit und Frieden. Sie haben erkannt, daß ihre Einschätzungen nicht auf Gerechtigkeit, nicht einmal auf guten Absichten beruhten. Als sie Saddam als häßlich beschrieben, erkannten sie, daß Schamir auch nicht hübscher war, weder der Form noch dem Inhalt nach. Als ihre Medien sich auf den Islam als eine Kraft konzentrierten, die die Demokratie, die Gedankenfreiheit und die Frauen bedroht, vernachlässigten diese selben Medien die Tatsache, daß westliche Truppen an den Golf zogen, um Scheichs zu verteidigen, aber keine Frauen – um Öl zu befreien, nicht uns.

Man sollte nicht zynisch sein. Zynismus ist ein Anzeichen von Schwäche und äußerst schlechtem Geschmack. Man muß heiter sein und nach der lichten Seite Ausschau halten. Lichte Seiten gibt es viele. Zum Beispiel hilft uns die EG und gibt allen Institutionen, mit denen ich in der Westbank und in Gaza vertraut bin, finanzielle Unterstützung. Selbst die Institution, die ich leite, bekommt eine Menge Hilfe von der EG. Das muß ich zugeben. Sie unterstützen ein Projekt, von dem viele Leute zu Hause denken, es sei es nicht wert. Ein Frauenprojekt, ein feministisches Projekt, das darauf abzielt, Frauen mit Gedanken über Gerechtigkeit, Gleichheit und Freiheit den Rücken zu stärken. Viele Leute auf unserer Seite finden das lächerlich, die EG-Beamten nicht. Und ich bin wirklich dankbar. Alle Frauen im Zentrum sind dankbar. Alle Frauen von freiem Geist und einiger Bildung im Nahen Osten sind dankbar für all das Wissen, die Gedanken und Überzeugungen, die wir von Mary Wollstonecraft, John Stuart Mill, Simone de Beauvoir und all den anderen gelernt haben.

Über viele Jahre hinweg haben sich Frauen wie ich Ihrer Kultur näher gefühlt, als Sie je gewußt haben. Wenn wir an den Westen dachten, dachten wir an die Französische Revolution, an die Frauen der französischen Kommune und die individuelle Befreiung von familiärem und sozialem Druck. Europa bot uns ein Modell. Die Art, wie westliche Frauen sich verhielten, sich kleideten, arbeiteten, gingen und liebten. Die Art, wie westliche Männer mit ihren Frauen umgingen... zumindest in den Filmen. Trotz unserer Ablehnung der westlichen Kolonisation haben wir also direkt oder indirekt westliche kulturelle Modelle angenommen. Unsere neue Generation, die noch jung war, suchte bei westlichen Idealen Hilfe und Zuflucht, wann immer wir tief in der Seele unsere kulturellen Ketten spürten. In der existentialistischen Literatur fanden wir eine Widerspiegelung unserer gequälten

Träume. Bei Marx, Engels, Saint-Simon und Rousseau fanden wir Hoffnung und Mut. Bei Gauguin, Rembrandt, Shakespeare und Hugo fanden wir Farbe und Sinn. Ich kann mich selbst nie als monokulturelle Person betrachten. Ich glaube, niemand in meiner Generation, zumindest in den Sphären von Kunst und Bildung, war monokulturell. So fühlten wir uns in Wirklichkeit trotz der Spannungen mit der Kultur, die unsere nationale Befreiung bedrohte, doch durch Kunst und Literatur dem Westen nahe. Wir fühlten uns den Modellen nahe, die er bot. Die Haßliebe zwischen Ost und West war da sehr klar, und wir hatten nichts dagegen. Wir hatten das Gefühl, sie sei natürlich, sei der Preis für ein anderes, modernes Leben.

Und nun schauen Sie, was mit uns passiert. Trotz der Tatsache, daß der kalte Krieg zu Ende ist, was Frieden und Harmonie zwischen Ost und West bedeuten sollte, sind wir Zeugen der Zerstörung kultureller Ideen, die für uns Modelle darstellten, zu denen wir aufschauten. Die Niederlage des Sozialismus bahnte den Weg für eine neue Form des Krieges in unserem Teil der Welt. Der Sozialismus fiel, Fundamentalismus und Konservatismus stiegen auf. Der Niedergang eines Trends westlichen Denkens in Europa erschütterte das Gleichgewicht der ganzen Welt. Das bedeutet, daß wir, wenn wir über das Gleichgewicht der Macht sprechen, nicht nur von Politik, Wirtschaft, Handel und Öl reden. Wir reden auch von Denkrichtungen, Ideologien, sozialen Bewegungen, Bildung und Kultur. Sehen Sie sich heute unsere Straßen an, unsere Systeme, die Art, wie unsere Frauen sich kleiden, die Art, wie wir unsere nationale und soziale Identität widerspiegeln. Lassen Sie sich von der Bewegung in Richtung Demokratie im Nahen Osten nicht täuschen. Der darunterliegende Aufruhr, der sich in verschiedenen Gestalten und Formen zu erkennen gibt, ist da. Sehen Sie sich unsere Bücher an. Gehen Sie zu einer der Buchmessen, die in allen Teilen der arabischen Welt stattfinden. Welche Art von Büchern finden Sie? Keine existentialistische Literatur mehr wie in den fünfziger und sechziger Jahren, keine sozialistische mehr wie in den siebziger und achtziger Jahren. Jetzt gibt es neue Arten von Publikationen, die dem westlichen Denken und der westlichen Kultur feindselig gegenüberstehen. Die Bedeutung ist klar. Daß wir es nicht verstanden haben, eine gesunde Beziehung aufzubauen, die auf wirklicher Gerechtigkeit, wirklichem Verständnis und wirklicher Kooperation basiert, hat uns dorthin gebracht. Dies ist ebenso Ihr Fehler wie unserer. Wir beide werden den Preis dafür bezahlen. Ihr wunderbarer Sieg am Golf trägt solche Früchte. Feiern Sie weniger, meditieren Sie mehr, und versuchen sie, unser Dilemma zu verstehen... und Ihres. Dieser Globus schrumpft zusammen. Wir kommen einander näher, aber zugleich entfernen wir uns immer weiter voneinander. Die Wunden des Golfkriegs werden nicht leicht heilen. Der Schmerz ist noch da. Schmerz ist ansteckend.

Früher, als ich jünger war, wandte ich mich Ihrer Literatur, Ihrer Kunst, Ihrem Denken und Ihrer Philosophie zu, wenn ich das Bedürfnis hatte, vor der Realität davonzulaufen und von Befreiung zu träumen. Ich fand Zuflucht und geistigen Trost. Heute finde ich nichts mehr. Ich treffe nur Journalisten, die in Scharen auf die Westbank kommen, um sich an unserem Elend zu weiden. Ich finde nur Gelehrte, vor allem Anthropologen, die kommen, um uns zu studieren und unseren Geist zu sezieren. Ich erhalte Einladungen zu allen möglichen Konferenzen, die sich über meinen Status im Islam Sorgen zu machen scheinen. Ich werde auf ein Opfer des Islam reduziert und sonst nichts. Eigenartig: Ganz plötzlich scheint sich jedermann in Europa, Kanada und den USA über meine Menschenrechte als muslimische Frau Sorgen zu machen. Für mich wäre das in Ordnung, wenn es eine ähnliche Reaktion auf meine Menschenrechte überall gäbe, nicht nur im Islam. Die Frage ist: Warum nur der Islam? Und warum jetzt, besonders nach dem Golfkrieg? Es wäre weniger kränkend, wenn diese Sorge von Fragen begleitet würde wie der folgenden: Was ist mit ihren Menschenrechten als Palästinenserin? Was ist mit ihren Menschenrechten als Bürgerin der dritten Welt? Ihren Menschenrechten als intellektuelle Waise, die alle Modelle verloren hat, links und rechts?

Man muß heiter sein und nach der lichten Seite Ausschau halten. Die lichte Seite ist diese: 1986 machte sich die EG ein offizielles gemeinsames Statement zu eigen, in dem erwähnt waren:

1. die Unzulässigkeit des Erwerbs von Territorium mit Gewalt;
2. die Notwendigkeit, daß Israel die territoriale Besetzung aufgibt, die es seit dem Konflikt von 1967 aufrechterhalten hat;
3. die Achtung der Souveränität, territorialen Integrität und Unabhängigkeit aller Staaten und ihres Rechts, innerhalb sicherer und anerkannter Grenzen in Frieden zu leben;

4. die Erkenntnis, daß bei der Herstellung eines gerechten und dauerhaften Friedens die legitimen Rechte der Palästinenser berücksichtigt werden müssen.

Dies also ist die lichte Seite: Die EG glaubt an meine legitimen Rechte als Palästinenserin. Die EG verlangt eine Regelung auf der Grundlage der UN-Resolutionen 242 und 338. Die EG bietet den Palästinensern unter israelischer Besatzung unbestreitbare Hilfe an. Die EG hilft Entwicklungsprojekten für Frauen in der Hoffnung, einer neuen arabischen Frau eine bessere Zukunft aufzubauen. Dies könnte der Anfang eines neuen Nahen Ostens sein. Eines neuen, besseren Europas. Einer neuen, besseren Welt.

Aus dem Englischen von Elke vom Scheidt

Biographische Notiz

Sahar Khalifeh wurde 1941 in Nablus geboren, sie hat fünf Schwestern und einen Bruder und erfuhr schon sehr früh, was es heißt, in einer traditionellen arabischen Gesellschaft ein Mädchen zu sein. Mit achtzehn Jahren wurde sie von ihren Eltern verheiratet. Sie bekam zwei Töchter. Mit zweiunddreißig Jahren faßte sie den Entschluß, sich von ihrem ungeliebten Ehemann zu trennen und ihr eigenes Leben zu führen. Sie sparte sich mit Büroarbeit das Geld für ihr Studium zusammen. Sie studierte Englisch (ihre Lehrerin war Hanan Aschrawi, die ehemalige Sprecherin der israelisch-palästinensischen Friedensverhandlungen) und war als Dozentin an der Bir-Zeit-Universität tätig. Später studierte und arbeitete sie einige Jahre in den USA. Heute lebt sie in Nablus und Amman.

Ihre ersten Schreibversuche begann sie schon Ende der sechziger Jahre, ihr erster Roman ist allerdings nie erschienen, die Israelis beschlagnahmten ihr Manuskript an der Jordanbrücke. Sahar Khalifeh genießt inzwischen internationale Anerkennung. In der Westbank sind ihre Bücher seit 1980 verboten. Neben ihrer schriftstellerischen Arbeit, in der sie besonders die Lebenssituation der palästinensischen Frauen zwischen israelischer Besatzung und traditionellen Gesellschaftsstrukturen beschreibt und kritisch würdigt, leitet sie ein Frauenzentrum in Nablus.

Sahar Khalifeh ist inzwischen Großmutter. Ihrer Enkelin wünscht sie, daß sie in einem freien Palästina leben kann. Sie möchte, daß dem Kind erspart wird, was sie selbst erlebte: verheiratet zu werden, um ihre Ausbildung kämpfen zu müssen, all das Leiden zu sehen, die nationale, sexuelle und ökonomische Unterdrückung am eigenen Leibe zu spüren. Dafür kämpft die streitbare Autorin. »Aber nicht für meine Enkelin allein, sondern für alle Enkel und Enkelinnen, egal wo.«

Ich bin mit einem goldenen Löffel im Mund
zur Welt gekommen,
aber der Geschmack des Goldes war bitter
LAILA AL-OSMAN

Es war ein winterlicher Tag, als ein Mädchen das Licht der Welt erblickte, und es geschah an einem Ort direkt am Meer. Die Mutter dieses Mädchens hatte vorher schon drei Mädchen geboren. Das ist keine gute Ausgangsposition für eine Mutter in einer orientalischen Gesellschaft. Bei dieser Geburt wünschte sie sich daher sehnlichst, einen Jungen zur Welt zu bringen. Aber sie erlebte eine große Enttäuschung, die all ihre Hoffnungen zunichte machte. Das Mädchen, das sie gebar, erfuhr von Anfang an, daß es unerwünscht war. Die Mutter hatte die Vorstellung, daß der Vater der Kinder ihr verzeihen und sie als Ehefrau behalten würde, wenn sie sich dieser Tochter entledigen könnte. Aber für den Vater war der männliche Nachwuchs wichtiger, und so trennte er sich von seiner Frau und heiratete eine andere. Das Mädchen wuchs von nun an mit dem Gefühl auf, von allen Seiten allein gelassen worden zu sein.

Das Mädchen hieß Laila Al-Osman und wurde 1945 geboren. Sie stammt aus einer sehr wohlhabenden Familie. Ihr Vater war ein reicher Mann in Kuwait und konnte es sich leisten, neun Frauen zu heiraten. Er überschüttete sie mit Geld, aber er hatte nie Zeit für seine Tochter und kümmerte sich nur um Frauen und ums Heiraten.

»Eines Tages suchte ich die Mutterbrust, um ein paar Tropfen Milch zu bekommen. Aber sie war nicht mehr da. Ich spürte nun, wie meine Kindheit mit ihrer Unschuld all dem zum Opfer gefallen war, dessen Fundament auf Unterdrückung, Härte und Entzug errichtet worden war.«

Als ihr Vater sich von der Mutter scheiden ließ, begann für die Tochter eine Zeit, in der sie abwechselnd in den Haushalten ihres Schwagers, ihres Vaters und dann wieder der Mutter aufwuchs. So erfuhr sie die Liebe ihres Vaters kaum, und der Kontakt zur Mutter und anderen wichtigen Bezugspersonen ihrer Kindheit wurde immer wieder unterbrochen. Rückblickend sagt sie über diese Zeit: »Die Umgebung, in der ich aufwuchs, war voller Schmerz und Leid.« Es ist diese Kindheit, in der sie Anerkennung, Liebe und Geborgenheit vermißte, die in ihr schon früh den Wunsch wachrief, Schriftstellerin zu werden. Der

offensichtliche Widerspruch zwischen materiellem Überfluß und emotionalem Mangel setzte in ihr eine Kraft frei, die sie trotz vieler Widerstände zur bekanntesten Autorin ihres Landes werden ließ.
»Tatsächlich hatte ich, als ich zur Welt gekommen bin, einen goldenen Löffel im Mund. Aber der Geschmack des Goldes war bitter. Ich bekam keine Liebe und keine Zuneigung von der Mutter, vom Vater oder von der Gesellschaft. Seit meiner Kindheit hatte ich das Gefühl, als Mädchen unerwünscht zu sein. Vielleicht bin ich deshalb Schriftstellerin geworden, um ein wenig Liebe von den Menschen zu bekommen, um das Gefühl zu erleben, ein liebenswerter Mensch zu sein.«
Doch es wurde ihr nicht leicht gemacht, sich als Frau aus dem Einflußbereich ihrer Familie zu lösen.
Bereits in ihrer Schulzeit begann sie zu schreiben. Es waren romantische Liebesgedichte, und als der Vater davon erfuhr, untersagte er ihr, sie irgend jemandem zu zeigen oder sie zu veröffentlichen. Als sie einmal in der Schule eine Theaterrolle übernahm – sie sollte Cleopatra spielen –, war der Vater entrüstet und gab erst nach, als die Schuldirektorin zu ihm nach Hause kam und im Sinne der Tochter vermittelte. Allerdings machte er es zur Bedingung, daß ihr Name bei der Aufführung nicht genannt wurde. Niemand sollte erfahren, daß seine Tochter in der Schule auf der Bühne stand, vor allem auch deshalb, weil der Staatssekretär des Kultusministeriums bei dieser Vorstellung anwesend war.
In der Pubertät mußte sie sich, wie es sich für die Mädchen aus gutem Hause gehörte, aus der Öffentlichkeit zurückziehen und ihre Haare bedecken, wenn sie das Haus verließ. Der mangelnde Kontakt zur Außenwelt ließ sie aus der Not eine Tugend machen, und sie begann wie viele Mädchen ihres Alters, in der Phantasie eine Ersatzwelt zu erschaffen und sie mit Träumen zu füllen. Sie verbrachte ihre Zeit mit Lesen, mit Radiohören und mit der Sehnsucht nach einem Mann, der sie eines Tages aus dieser Enge befreien würde.
»Aber der Wille des Vaters nahm alles in Beschlag. Kein Männergesicht außer seinem. Der Kontakt zum anderen Geschlecht war untersagt. Der weibliche Teil der Familie wurde mit einer Mauer von Bespitzelung umgeben. Wenn die Frauen ausgingen, mußten sie von Kopf bis Fuß bedeckt sein. Und trotzdem erfand ich in meinen Träumen, unschuldig wie ich war, einen Ritter. Ich schrieb ihm Liebesge-

dichte. Und genauso unschuldig zeigte ich diese Gedichte meinem Vater. Dann kam die Katastrophe. Ich fiel bewußtlos zu Boden, nachdem ich von ihm angespuckt worden war und er mir ins Gesicht geschlagen hatte. Ich kam wieder zu mir und sah, wie mein Vater voller Wut meinen Schrank durchwühlte. Er suchte zwischen meinen Papieren und meiner Unterwäsche nach dem Schatten eines Mannes. Vielleicht hoffte er, ihn dort liegend zu finden. Als er aber nichts fand, erschreckte ihn noch mein Traum. Diese Ohrfeige hätte für meine Entwicklung ein Hindernis werden können, aber ich wischte sie weg, denn ich hatte gelernt, solche Schläge einzustecken und Mut zu zeigen. Es war etwas Größeres in mir, das mich dazu trieb, zu schreiben, etwas aus der Distanz zu betrachten, mich an Bilder zu erinnern und mein Gedächtnis zu mobilisieren.«

In der Schule konnte sie aufatmen. Sie fand dort Unterstützung durch die Lehrerinnen, die ihre Talente entdeckten und förderten. Die Schule war für sie ein Ort der Geborgenheit und der Freiheit; aber der Vater beschloß, weil sie im heiratsfähigen Alter war, sie von der Schule zu nehmen. »Der Vater durchtrennte mit diesem Beschluß die Nabelschnur zwischen dem Mädchen und der Geborgenheit bietenden Gebärmutter. Ich mußte zu Hause bleiben ohne Diskussion. Meine bitteren Tränen halfen nichts. Denn in dieser Zeit mußte die Frau noch nachgeben und durfte dem Mann nicht widersprechen.«

Sie saß nun zu Hause und wartete auf den Bräutigam. Er mußte aus der Familie kommen, möglichst ein Cousin sein, so wie es bei ihren anderen drei Schwestern schon der Fall gewesen war. Aber diesmal drehte sich der Wind. Die schlechten Erfahrungen, die ihre Schwestern mit den Ehemännern aus der Verwandtschaft gemacht hatten, ließen den Vater nach einer besseren Lösung suchen. Laila Al-Osman konnte zwischen einem Cousin oder einem anderen Mann wählen und entschied sich für den anderen, einen fremden Mann. Mit achtzehn heiratete sie einen dreiunddreißig Jahre älteren palästinensischen Arzt. Er war der Hausarzt der Familie. So kam sie in eine offenere und mehr von Bildung geprägte Gesellschaft als die kuwaitische. Es schien, als ob sie ihrer Hoffnung auf Freiheit ein Stück näher gekommen war. »Ich verließ das Haus, das mich psychisch und sozial so belastet hatte, und ging in eine andere Welt. Es war unglaublich für mich! Es war eine neue Welt ohne Mauern, eine Welt, wo die Frau als Mensch behandelt wurde und ihre Gefühle respektiert wurden. Mein palästinensischer Ehemann war der Schlüssel zu jeder verschlossenen Tür des Traums. Ich begann das Wort ›nein‹ kennenzulernen, nachdem vorher alle Worte außer dem Wort ›ja‹ aus meinem Wörterbuch entfernt worden waren.«

Der Ehemann bestand darauf, daß sie zur Abendschule ging. Er begleitete sie selbst dorthin und brachte ihre kleine Tochter zu ihr, damit sie in der Pause gestillt werden konnte. Aber Laila Al-Osman beendete die Schule nicht. »Ich wollte kein Zeugnis haben, ich wollte nur lesen, lesen. Ich wollte das Alltagsleben, das mir geraubt wurde, erleben. Ich wollte Menschen treffen, wollte meine Kindheit auf den Gesichtern der anderen Kinder sehen, und so wurde meine Bibliothek meine Schule.« Ihr palästinensischer Mann war für sie die Rettung; durch ihn lernte sie eine andere Art zu leben kennen. Die Palästinenser lebten in Kuwait unter sich in einer offeneren Gesellschaft als die Kuwaitis. Viele von ihnen kamen aus städtischen Milieus und hatten einen hohen Ausbildungsstand. Sie hatten die wichtigsten Stellungen in allen Bereichen der kuwaitischen Gesellschaft inne, vor allem im kulturellen Bereich.

Aber ihr Vater versuchte weiterhin, seinen Einfluß geltend zu machen, obwohl sie nicht mehr unter seiner Obhut lebte. Er versuchte über ihren Mann zu verhindern, daß sie sich unverschleiert in der Öffentlichkeit zeigte oder als Journalistin arbeitete. Doch sie trug keinen Schleier; das ist in Kuwait möglich, anders als in den anderen Golfstaaten, wie zum Beispiel in Saudi-Arabien.

Laila Al-Osman ist eine entschiedene Gegnerin des Schleiers. Über seine Bedeutung für die Frau sagt sie:

»Aber selbstverständlich bin ich gegen den Schleier. Das ist auch bekannt. Schleier bedeutet die Abwesenheit des Verstandes bei den Frauen. Ich glaube, die Frauen tragen einen Schleier, damit die Menschen sie als eine gute Muslimin betrachten, die ihr Leben anständig führt. Aber das Gegenteil ist der Fall: Wenn die Frauen keinen Schleier tragen, werden sie die religiösen und gesellschaftlichen Normen eher beachten, das heißt, sie benutzen ihren Verstand, um den richtigen oder falschen Weg zu erkennen. Viele der Frauen in der Stadt, die einen Schleier tragen, gehen davon aus, daß die Menschen sie als Muslimin respektieren werden.«

Dann starb der Vater, für Laila Al-Osman eine Befreiung. An seinem Grab sagte sie: »Ich fühle jetzt, wie mir zwei Flügel wachsen, und ich weiß, morgen werde ich fliegen.«
In einer Gesellschaft wie der kuwaitischen war es schwer für eine Frau, Courage zu zeigen und offen über bestimmte Probleme zu reden, wie zum Beispiel über Sexualität oder Liebe. Deshalb begann Laila Al-Osman, wie es von ihr als Frau erwartet wurde, Liebesgeschichten zu schreiben. Am Anfang war sie von der romantischen Literatur stark beeinflußt, vor allem von der Tradition der arabischen Ghazal-Lyrik. Das war noch zu einer Zeit, als fast ausschließlich solche Texte von den Frauen verlangt wurden, denn sie bestätigten das vorherrschende Klischee von einer schreibenden Frau, die in ihrer Literatur unkritisch das traditionelle Verhaltensmuster der Frau reproduziert. Über diese Zeit sagte sie einmal selbstkritisch:
»Ich gebe offen zu, daß ich früher triviale Texte geschrieben habe. Ich verlor viele Jahre meines Lebens damit, solche billigen Texte zu veröffentlichen. Die sogenannten Kritiker waren schuld daran; sie haben mich verwirrt. Dann kam die entscheidende Wende meiner literarischen Karriere, als ein Kritiker ein Manuskript vor meinen Augen zerriß und zu mir sagte: ›Kümmere dich lieber um deine Kinder, das ist besser, als solche Texte zu schreiben.‹ Dann las er eine Geschichte von mir in der Tageszeitung Al-Watan, und er kommentierte sie so: ›Wenn du dein ganzes Leben lang Gedichte schreibst, wirst du nie eine Dichterin werden. Aber wenn du dich um die Prosa kümmerst, wirst du eines Tages eine wichtige Schriftstellerin.‹«
Zu dieser Zeit – ihr erster Ehemann war gestorben – arbeitete sie als Journalistin. Sie heiratete zum zweiten Mal, wieder einen Palästinenser, von Beruf Schriftsteller und Journalist. Die Arbeit als Journalistin machte sie in Kuwait bekannt. 1976 erschien ihr erster Band mit Erzählungen. Als das Buch in einem angesehenen libanesischen Verlag erschienen war, weinte Laila Al-Osman vor Freude:
»Ich hatte das Gefühl, daß meine Füße zitterten, aber der Boden unter meinen Füßen war fest. Ich wußte, daß ich fest auf dem Boden stehen mußte, um dem Leben und der Gesellschaft, die an der literarischen Fähigkeit der Frau zweifelt, begegnen zu können. Ich mußte mich gegen die Feinde der Frau wehren, die versuchten, mich zu verfluchen und mich als Ketzerin zu verbieten.«

Diese Erfahrung, die Laila Al-Osman machte, als sie mit ihrer Literatur nicht mehr die von der Gesellschaft vorgegebenen Klischees bediente, war ein einschneidendes Erlebnis für sie. Als Frau aus der Golfregion mußte sie gegen die harten Traditionen der Familie rebellieren. Obwohl sie privilegiert ist – sie ist reich, hat mehrere Hausangestellte, mehrere Autos und Chauffeure –, so mußte sie doch als Frau erst ihre Position erkämpfen. Daß eine Frau Schriftstellerin wird, kann eine Gesellschaft wie die kuwaitische zum Teil noch tolerieren, aber wenn diese Schriftstellerin über Dinge offen redet, die in der Gesellschaft tabu sind, und vieles in Frage stellt, dann überschreitet sie die Grenzen der öffentlichen Toleranz. In vielen Erzählungen hat sie die ›Scham der Frau‹ verletzt. Zwei ihrer Bücher waren in Kuwait und in der gesamten Golfregion verboten, sie erschienen in Beirut. Sie bedauert das, aber es verbittert sie nicht. »Mir macht das nichts aus. Ich kann im Ausland veröffentlichen. Das Honorar interessiert mich nicht. Die Hauptsache ist, daß ich schreiben kann, was ich sagen will.« Das kann sie sich leisten, denn sie ist nicht auf das Geld angewiesen.
Laila Al-Osman beschreibt in ihren Erzählungen die kuwaitische Gesellschaft und konzentriert sich dabei insbesondere auf die veränderte Situation, in der sich die kuwaitische Frau heute befindet. Die kuwaitische Gesellschaft wird durch einen enormen, alle Bereiche des Lebens erfassenden Umbruch charakterisiert. Die traditionelle Gesellschaft Kuwaits wurde durch den Einbruch der modernen technischen Welt besonders in den Städten radikal verändert.
Die Entdeckung des Öls in diesem kleinen Staat war maßgebend am Tempo der gesellschaftlichen Veränderungen beteiligt, die schließlich dazu führten, daß aus einer traditionellen beduinischen Gesellschaft ein moderner, technisch und wirtschaftlich hochentwickelter Sozialstaat wurde. Diese Umwälzungen hatten gravierende soziale Umstrukturierungen zur Folge und konfrontierten die Kuwaitis mit neuen Konflikten, die sich insbesondere im sozialen Bereich erkennen ließen. Zwar hatten die Frauen schon immer wichtige Aufgaben in der alten kuwaitischen Gesellschaft. Wenn die Männer zur See fuhren, waren die Frauen monatelang allein für Haus und Familie verantwortlich. Früher, vor dem Ölboom, lebten die Kuwaitis von der Tierzucht, vor allem der Zucht von Schafen, vom Fischfang und von Perlen aus dem Meer. Der Reichtum verschaffte den Frauen nun ein

Leben im Luxus, aber er lähmte auch jede Intiative, die mehr politische Rechte hätte fordern wollen.
Bis Anfang der achtziger Jahre herrschte in Kuwait eine gewisse Liberalität. Kuwait galt in der arabischen Welt bis dahin neben dem Libanon als ein Land mit einer relativ liberalen Presse und mit einem auf einer Verfassung beruhenden Parlament. Der Emir behielt sich jedoch immer das Recht vor, die Tätigkeit dieses politischen Organs jederzeit einschränken zu dürfen, was er zum ersten Mal anläßlich des Libanon-Krieges im Jahre 1976 auch tat. Damals erhielt die Opposition im Land zunehmend tatkräftige politische Unterstützung von den seit 1948 in das Land eingewanderten etwa 250000 Palästinensern, und der Emir sowie die herrschenden Familien des Landes fürchteten um ihren Einfluß. So wurde das Parlament per Dekret kurzfristig suspendiert, konnte aber wenige Monate später seine Tätigkeit wieder aufnehmen.
»Bis zu dieser Zeit konnten wir schreiben und publizieren ohne jegliche Kontrolle. Ich habe selbst nie Schwierigkeiten gehabt. Ich bin sogar von der Regierung mit Stipendien und Preisen gefördert worden. Auch die Frau gewann in Kuwait zu dieser Zeit zunehmend Freiheiten. Die Frauen konnten vermehrt eine Ausbildung machen und beruflich tätig sein. Selbst höhere Positionen zu erreichen, etwa Ärztin, Richterin, Hochschullehrerin oder Staatssekretärin zu werden, war für sie möglich.«
Mit dem Beginn des iranisch-irakischen Krieges wurde das liberale Klima mehr und mehr eingeschränkt, die Presse wurde zunehmend von Zensurmaßnahmen behindert, und schließlich wurde das Parlament 1986 ganz aufgelöst. In den folgenden Jahren entwickelte sich vor allem in mittelständischen Kreisen eine Demokratiebewegung, die das Wiederinkrafttreten der Verfassung sowie die Wiederaufnahme der Arbeit des Parlaments mit allen seinen politischen Kompetenzen forderte und sich gegen die Zensurmaßnahmen richtete. Nach anfänglichen Repressalien setzte die Regierung 1990 ein Parlament mit stark eingeengtem politischen Spielraum ein und lockerte die Zensur, was von den demokratischen Kreisen als Farce abgelehnt wurde. Diese Entwicklung prägte auch die Situation der Frau:
»Die Bewegungsfreiheit der Frau wurde eingeschränkt und die Frauenbewegung zurückgedrängt. Ich konnte beobachten, wie viele

Frauen, die früher emanzipiert waren, sich auf einmal wieder verschleierten und sich aus der Öffentlichkeit zurückzogen.«
Ein Beispiel beleuchtet, wie die Einschränkung der Freiheit in der Praxis für Laila Al-Osman aussah. Neun Jahre lang betreute sie eine Kultursendung im kuwaitischen Fernsehen. Als sie nach einem Mutterschaftsurlaub ihre Arbeit wieder aufnehmen wollte, gab man ihr eine Liste mit Namen von Kulturschaffenden, über die sie nicht mehr berichten durfte, Anlaß für sie, die Stelle zu kündigen. Trotzdem blieb Kuwait im Vergleich zu anderen Golfstaaten, wie etwa Saudi-Arabien, ein moderner, offener Staat. Die Besetzung Kuwaits 1990 durch die irakische Armee hat für das Land tiefgreifende Folgen gehabt. Nach der Befreiung Kuwaits wurden die Spuren des Krieges beseitigt, und der Staat kehrte zur Tagesordnung zurück. Die Sabah-Familie regiert weiter, und die versprochene Demokratie liegt in weiter Ferne. Dennoch hat es gewaltige Veränderungen gegeben – bei den Frauen. Laila Al-Osman benennt sie:
»Ohne Zweifel zeigten die Frauen Erstaunliches während des Krieges und waren großartig im Widerstand. Sie gingen auf die Straße, um zu demonstrieren. Das war das erste Mal in der Geschichte Kuwaits, daß die Frauen auf der Straße demonstrierten. Dann die vielen Arbeiten, die die Frau innerhalb und außerhalb des Hauses verrichtete, weil die Hausangestellten nicht mehr da waren und weil die Männer sich zu Haus versteckt hielten, um nicht gefangengenommen oder umgebracht zu werden. Wegen dieser Rolle, die die kuwaitischen Frauen während der Invasion spielten, glaubten sie, ihre Lage würde sich in Zukunft verbessern. So hofften sie zum Beispiel, das Wahlrecht zu bekommen. Sie hatten es schon früher gefordert, aber nie erhalten. Nach der Befreiung waren ihre Hoffnungen groß. Dann erlebten wir Frauen eine große Enttäuschung. Nichts von dem, was die Frau getan hatte, wurde anerkannt. Es hieß, diese Angelegenheit müsse später diskutiert werden. Wir hatten mit dieser Hoffnung gelebt. Es gibt keinen Grund, uns dieses Recht nicht zu geben, denn die Frauen haben ja bewiesen, was sie können.«
Der Krieg hat jetzt bei den Frauen neue Energien freigesetzt. »Wir beobachten heute eine Umwälzung im Leben der kuwaitischen Frauen. Sie haben ein größeres politisches Bewußtsein als früher. Sie verlangen ihre Rechte mit mehr Nachdruck, und sie haben jetzt ange-

fangen, ehrenamtliche Arbeit auf vielen Gebieten zu leisten, weil sie das Gefühl haben, daß ihre Verantwortung viel größer geworden ist als vor der Invasion.«

Die erste Aufgabe war, Kriegsschäden zu beseitigen und sich um die Opfer zu kümmern. Die äußeren Schäden hielten sich in Grenzen, aber die inneren waren gravierend: Die Verletzungen der Menschen, vergewaltigte Frauen, zerrissene Familien. Dazu gehörten Frauen, die ihre Männer verloren hatten oder deren Männer sich immer noch in irakischer Gefangenschaft befanden, aber auch Frauen, die mit einem ›unerwünschten Ausländer‹ verheiratet sind, wie Laila Al-Osman.

»Was mich beschäftigt, ist das Problem der kuwaitischen Frau, die mit einem Nicht-Kuwaiti verheiratet ist. Ich bin eine von ihnen. Das Problem ist sehr groß. Der Staat hat bis jetzt keinen konkreten Beschluß gefaßt. Das betrachte ich als eine Ungerechtigkeit der Frau gegenüber, die mehr getan hat als der Mann im Widerstand.

Es gibt siebentausend Frauen, die mit einem nicht-kuwaitischen Mann verheiratet sind. Und die meisten dieser Männer kommen aus Ländern, die während der Invasion eine anti-kuwaitische Haltung eingenommen haben, das heißt, die Frau lebt in einer Situation, die wir mit der einer Frau vergleichen können, die zu einem Mann gehört, der im Irak gefangengenommen wurde oder im Gefängnis sitzt oder gefallen ist. Sie übernimmt die Verantwortung für die Kinder, für das Haus. Der Mann ist abwesend durch Beschluß des Staates. Das ist ein Unrecht. Die Frau ist schuldig, nur weil sie einen Mann geheiratet hat, der nicht aus ihrem Land stammt. Außerdem sind wir alle Araber. Wenn die Regierenden eine solche Ehe nicht befürworten, warum haben sie vorher nicht per Erlaß verfügt, daß der kuwaitischen Frau verboten wird, einen Nicht-Kuwaiti zu heiraten?«

Ein großer Teil ihrer Erzählungen und Romane spielt in einem von der Tradition stark bestimmten, meist städtischen Milieu. Die vorwiegend weiblichen Figuren sind oft Opfer dieser Gesellschaft: Opfer sexueller Gewalt, traditioneller, familiärer Strukturen, Verhältnisse und Denkweisen.

Das Thema der sozialen Ungerechtigkeit gegenüber der Frau in Kuwait wird von ihr immer wieder angesprochen. Doch das beherrschende Thema ihrer Literatur ist die Frau in einer von Männern dominierten Gesellschaft, in der die Frau meistens zum Opfer sexueller Gewalt wird und rigoros gehandhabte traditionelle Strukturen ihre Entwicklung hemmen.

»Die Bezeichnung ›Männergesellschaft‹ bezieht sich auf die gesamte arabische Welt. Die gesamte arabische Welt ist eine Männergesellschaft, in der der Mann die Vorherrschaft über die Frau besitzt. Besonders bei denen, die die politische Macht ausüben, dominieren die Männer. Sie beziehen ihre Legitimation aus dem heiligen Koran, in dem gesagt wird, daß die Männer über den Frauen stehen. Im Koran ist gemeint, daß nur der Mann, der ein richtiger Mann ist – und nicht jeder Mann! – über ihr steht.«

Anders als viele arabische Autorinnen beschreibt Laila Al-Osman die Frauenproblematik nicht losgelöst von der gesellschaftlichen Realität, in der die Frauen leben. Das Thema Sexualität vernachlässigt sie nicht, noch tabuisiert sie es, doch sie beschränkt sich auch nicht auf diese Thematik, um die Lage der Frauen in Kuwait darzustellen. Immer versucht sie, die gesellschaftliche Situation, aus der die Problematik entsteht, genau nachzuzeichnen und die Sexualität in ihrem gesellschaftlichen Zusammenhang zu zeigen. Obwohl Laila Al-Osman von der gesellschaftlichen Realität ausgeht, ist sie doch nicht mit dieser Realität versöhnt, im Gegenteil. Sie beschreibt die Benachteiligung, das Alleingelassensein der Frauen nie ohne Anteilnahme, jedoch ohne dabei in eine melodramatische Schreibweise zu verfallen, wie es sonst in der arabischen Literatur häufig geschieht. In ihren Erzählungen zeigt Laila Al-Osman die heutige kuwaitische Frau als eine Frau, der eine größere Bewegungsfreiheit und Selbständigkeit ermöglicht wurde; sie geht zur Schule, studiert und arbeitet. Trotzdem bleibt sie eingeengt durch die Traditionen und durch die Beschränkungen der arabischen Männergesellschaft.

Die Heldinnen ihrer Geschichten sehnen sich in einer lieblosen Welt nach Liebe und einem besseren Leben. Ihre Biographie ist ein Beispiel dafür, und in ihrer Erzählung ›Ein Spiel in der Nacht‹ läßt sie ihre eigene Kindheit durchscheinen. Ein Mädchen, das bei ihrer Stiefmutter lebt, erwartet jede Nacht voller Angst die ›Besucherin der Nacht‹, überlegt sich aber gleichzeitig, ob diese Hexe sie nicht vielleicht an einen besseren Ort entführen wird, wo es Wärme und Geborgenheit gibt. In ihrer Erzählung ›Die Schale‹ stellt die Autorin eine Frau dar,

die allein, ohne ihren Mann, mit ihren Kindern lebt und in dieser Situation, von der Gesellschaft erzwungen, an das Haus gebunden bleibt.
Überhaupt sind die Beziehungen von Frauen zu Männern, die unter Zwang entstanden sind, ein Thema, das sie besonders beschäftigt. Frauen werden von den Männern oft zu sexuellen Beziehungen gezwungen; auf der anderen Seite muß jede außereheliche Beziehung strengstens geheimgehalten werden, da sie, was die Frau betrifft, als großes Vergehen gilt. Solche Beziehungen, die in Kuwait weit verbreitet sind und von den Männern oft zu den Hausmädchen unterhalten werden, deren Abhängigkeit sie skrupellos ausnutzen, bedeuten für die Frauen eine soziale und psychische Belastung, besonders wenn sie noch jung sind, wie es in der Erzählung ›Die Wände zerreißen‹ eindrucksvoll dargestellt wird. Eine junge Frau gebiert allein auf der Schultoilette ihr Baby und tötet es anschließend, um so ihre uneheliche Schwangerschaft zu verbergen. Da sie bei ihrer Schwester wohnt, muß sie mit ihrem Schwager eine sexuelle Beziehung eingehen, damit er sie weiter im Haus duldet. »Am Anfang unterwarf ich mich ihm aus Angst. Danach wurde es zur Gewohnheit. Meine Unterwerfung wurde später zu einer Lust, jedesmal, wenn er damit anfing.«*
Laila Al-Osman lebt heute mit ihren Kindern in der Stadt Kuwait, ihr palästinensischer Mann darf das Land nicht mehr betreten. Sie hat sechs Kinder im Alter zwischen zehn und siebenundzwanzig Jahren und ist inzwischen Großmutter geworden. Auf die Frage, was sie sich für ihre neugeborene Enkelin wünscht, antwortet sie:
»Selbstverständlich bin ich stolz, und ich wünsche meiner Enkelin eine bessere arabische Zukunft als die unsere. Ich möchte, daß sie in Frieden lebt und in einer arabischen Einheit, in der wir mehr Erfolge haben, nicht nur Niederlagen und Enttäuschungen wie jetzt. Wenn ich mir die Zukunft Kuwaits anschaue, bin ich pessimistisch und hoffnungslos, vor allem, was die Situation der Frauen betrifft.«

ST

* Aus: ›Die Wände zerreißen‹, Erzählungen, Berlin 1988.

LAILA AL-OSMAN

Auf der Reise

Das Goldgelb des Himmels fiel auf das Kopfkissen. Sein Kopf lag darauf. Ich betrachtete seine vor mir ausgestreckte Leiche, und ich konnte nicht glauben, daß er tot war. Wenn meine Mutter nicht geschrien und gejammert hätte, ich hätte geglaubt, er habe lange geschlafen und werde bald wieder aufstehen.

Meine Geschwister schoben sich um das Bett herum. Sie betrachteten sein blasses Gesicht. War er tatsächlich für immer fort?

Ich war der einzige, der sich um diesen daliegenden Körper nicht geschert hatte. Ich betrachtete ihn voller Haß. Meine Blicke waren voller Kummer, den ich so oft hatte verbergen müssen. Ich hätte schreien können, wenn nicht die Stimme meiner Mutter dagewesen wäre, die so durchdringend war, daß sie alle anderen Stimmen übertönte. Sie klagte:

»Ruf doch deinen Onkel an, ruf die Nachbarn, ruf das Krankenhaus an, aber mach etwas!«

Meine Geschwister rannten hin und her, einer hob den Hörer ab und wählte eine Nummer, aber er verwählte sich. Wie hatte ich das bemerkt? Meine Augen hatten seinen Finger beobachtet. Er wählte die Nummer noch einmal, meine Mutter jammerte immer noch.

Ich stand allein herum und tat nichts. Meine Blicke waren auf sein Gesicht gerichtet, dann schweiften sie durch das prachtvolle Zimmer. Hier stand das Bett aus Elfenbein, ein seltenes Bild hing an der Wand, zwei Leuchter, die noch nie benutzt worden waren und nur als Schmuck dienten. Neben dem Bett stand ein goldener Kleiderständer, auf dem seine Kleider hingen. Eine seidende *Daschdascha** mit goldenen Knöpfen lag auch dort. Seine Kopfbedeckung hing über dem *Agal*** und flatterte in der kühlen Luft der Klimaanlage. Ich hatte das Gefühl, als trauerte auch sie um ihren Besitzer. Auf dem weichen Teppich lagen seine Krokodillederschuhe übereinander.

* Langes und weites hemdartiges Gewand (das traditionelle Kleidungsstück der männlichen Bevölkerung in Kuwait).

** Band, das um den Kopf gelegt wird, um die Kopfbedeckung festzuhalten.

»Auf der Reise.« So sagten sie. Deshalb war meine Mutter immer darauf bedacht, daß die Schuhe nicht übereinander lagen. Denn sie haßte seine Reisen. Aber er verreiste ununterbrochen. Einmal versuchte sie, ihn einen ganzen Monat lang zu Hause zu behalten. Sie hatte sich einen Vorwand ausgedacht und sagte zu ihm:
»Ich wünsche mir, daß du Silvester bei uns feierst.«
Aber er schaute sie nur verächtlich an:
»Was soll ich denn bei euch machen? Fehlt euch etwas?«
Meine Mutter antwortete:
»Ja, deine Anwesenheit.«
Er klopfte ihr auf die Schulter:
»Der Segen liegt bei den Kindern.«
Und bevor er das Haus verließ, drehte er sich noch einmal zu ihr um, um sie zu beruhigen:
»Ich werde euch zehntausend Dinar hier lassen. Meine Reise wird lange dauern.«

Meine Augen richteten sich auf die Schuhe meines Vaters, die übereinander lagen. Mein Vater war auf Reisen. Dieses Mal war er für immer verreist. Ich ging zu ihm und wollte seine Schuhe nebeneinander stellen. Aber ich trat zurück. Ich fürchtete mich davor, daß er plötzlich aufwachen könnte und beschließen würde, doch hierzubleiben. Ich wollte auf keinen Fall, daß er zurückkehrte. Ich ließ die Schuhe stehen, wie sie waren, und betrachtete wieder seinen Körper, der bequem und würdevoll auf dem Bett ruhte. Das Bett war sehr modern, voller Knöpfe am Kopfende. Es gab extra einen Knopf, um meine Mutter zu rufen, einen Knopf für seinen Sekretär Mounem; er brachte ihm die Post und andere Papiere zum Unterschreiben, auch viele Schecks mit unvorstellbaren Zahlen. Es gab noch einen weiteren Knopf für Saloum, einen jungen Butler, der ihm den starken Kaffee servierte. Mein Vater trank viel Kaffee. Saloum mußte ihm immer wieder einschenken, bis mein Vater die Tasse leicht schwenkte, als Zeichen dafür, daß er nicht mehr Kaffee wollte. Wie oft hatte ich das Gesicht vom Saloum beobachtet, wie es unruhig wurde und darauf wartete, daß mein Vater seine Tasse schwenkte. Einmal überraschte ich Saloum dabei, wie er heimlich im Flur zwischen dem Salon und dem Schlafzimmer den Rest des Kaffees austrank.

Saloum sank neben dem Bett nieder wie ein Tier, das auf die Befehle seines Herrn wartete. Seine Arme hatte er über seinen Knien verschränkt, und sein Kopf sank zwischen seine Hände. Auf seinem dunkelbraunen Gesicht die Spuren von Tränen. Ich hatte Mitleid mit ihm. Warum weinte er? Dachte er an seine Zukunft, nachdem sein Ernährer uns verlassen hatte? Oder weinte er tatsächlich vor Trauer, weil er sein Gesicht ab heute nicht mehr sehen konnte? Er würde ihm nun keinen Kaffee mehr servieren. Saloum liebte meinen Vater tatsächlich, und das trotz aller harten Schläge, die er für banale Vergehen von ihm erhalten hatte. Er saß da wie ein treuer Hund, der seinen Herrn beweinte.

Das Telefon klingelte. Mein Bruder hob den Hörer ab, und als ob er gewußt hätte, wer anrief, sagte er laut:

»Ja, Onkel. Er ist gestorben, komm schnell her.«

Dann nahm meine Mutter ihm den Hörer ab:

»Er ist gestorben, Abu Hammed ist tot. Der Vater meiner Kinder ist tot, oh, mein Bruder!«

Und sie begann, laut zu schluchzen. Ich fragte mich, warum sie so weinte. Sie war nie glücklich mit ihm gewesen trotz all der vielen Geschenke, die er ihr gegeben hatte.

Wir hatten ihren Streit immer mit angehört. Das Weinen meiner Mutter drang durch die Wand zu uns, und ich war voller Haß auf meinen Vater. Vor Jahren hatte er sich nicht davor gescheut, sie vor uns mit dem Agal oder mit dem Schuh zu schlagen. Sie verbarg ihr Gesicht voller Tränen aus Scham vor uns. Nach ein oder zwei Tagen sahen wir sie wieder meinen Vater anlächeln, und er beschenkte sie mit neuen Juwelen, mit Gold und Edelsteinen. Dann war sie zufrieden und sagte zu ihm:

»Morgen lade ich die Freundinnen zum Tee ein.«

Mein Vater lächelte gemein, denn er hatte begriffen, daß meine Mutter ihr neues Geschenk vorführen wollte, damit sie vor den Frauen demonstrieren konnte, wie großzügig mein Vater war und daß sie ihn dafür schätzte. Aber in ihrem Innern war sie der Überzeugung, daß das Geschenk ein Preis für die erhaltenen Schläge war und für zwei durchweinte Nächte mit dem Gefühl von Trauer und Erniedrigung.

Jetzt jammerte meine Mutter. Warum war sie eigentlich traurig?

Warum trillerte sie nicht vor Freude? Warum rächte sie sich nicht für all diese Jahre und zeigte ihre Freude?
Und dieser Saloum weinte auch neben dem Bett. Ich ging zu ihm und sagte:
»Aufstehen. Bereite den Kaffee zu. Mein Onkel wird bald kommen.«
Er sprang sofort auf. Ich war verwundert, wie schnell er lief, als ob er nur darauf gewartet hatte, daß ich ihn aus diesem Zustand befreite. Oder wollte er allein sein und weinen? Ich wußte nicht, ob er wirklich traurig war.
Ich allein betrachtete diesen Körper mit Groll und Haß. In meinen Augen standen Fragen: Wie wäre es, wenn er plötzlich wiederkäme? Sollte ich ihm ins Gesicht schreien:
»Ich möchte das alles nicht! Ich möchte es nicht!«
Dann würde meine Stimme noch lauter:
»Sag mir nur ein einziges Mal ›nein‹, o Vater! Schlag mich nur einmal so, wie du meine Mutter schlägst! Frag mich, warum ich dir eine schlechte Note gebracht habe, obwohl ich zwei Privatlehrer habe. Spuck mir nur ein einziges Mal ins Gesicht, wenn ich zu dir komme und dir sage: Das neue Auto ist beschädigt, oder wenn ich die goldene Uhr kaputtgemacht habe. Nein, du hast so etwas noch nie gemacht! Es war dir gleichgültig. Du kamst immer zu mir und sagtest:
›Komm, Hammed, nimm diese neue Uhr. Gefällt sie dir? Sie kostet tausend Dinar.‹
Ich nahm sie und zeigte meine Bewunderung. Hätte ich doch nur manchmal den Mut gehabt, sie dir an den Kopf zu werfen oder sie zu verlieren. Wie oft legte ich sie im Club auf den Tisch und ging fort; aber der Hausmeister brachte sie mir zurück:
›O Hammed, du hast deine Uhr hier vergessen.‹
Dann nahm ich die Uhr wieder an mich und fühlte, wie schwer sie in meiner Hand lag, aber ich versuchte erneut, sie zu verlieren.«
Die Uhr auf der Kommode tickte, die Zeit verging, und ich beobachtete sein blasses Gesicht und wünschte mir, daß er nicht wiederkam, damit ich ab morgen etwas erhielt, das ich verloren hatte. Vielleicht konnte ich nun machen, was ich wollte. Dann würde ich mit dem Bus oder mit dem Motorrad fahren. Ich wollte nicht mehr nur mit

Luxusautos fahren. Ich wollte ein anderes Leben führen, ohne daß jemand mich tadelte:
»Was hast du mit den Kindern armer Leute zu tun? Warum gehst du mit ihnen aus?«
Ich werde seine Worte nicht mehr hören:
»Das macht nichts, Hammed. Du brauchst nicht zu studieren. Du bist im Vergleich zu anderen zu beneiden. Ich habe für dich ein großes Geschäft eingerichtet. Viele Häuser habe ich auf deinen Namen eintragen lassen. Du wirst allein durch die Miete genug Geld bekommen. Du hast ein Vermögen auf der Bank. Du kannst Tausende von Dinar jeden Tag ausgeben.«
Ich versuchte, etwas dagegenzusetzen:
»Aber ich möchte studieren und ein Diplom haben, Vater!«
Doch er unterbrach mich:
»Geld ist ein Diplom und ein Geschäft auch. Schau mich an, habe ich etwa ein Diplom? Und trotzdem, schau dir an, was ich für euch erreicht habe!«
Dann lächelte er verächtlich – eine Verachtung, die ich immer gehaßt habe:
»Laß die Kinder armer Leute das Diplom machen, und nimm dies hier.«
Und er gab mir die Schlüssel seines Autos:
»Fahr mit diesem Rolls-Royce auf die Corniche. Tausend Mädchen werden hinter dir her sein.«

Meine Mutter weinte. War er auch nur eine Träne wert? Viele Frauen werden tatsächlich traurig sein, weil mein Vater ihnen nun nichts mehr geben kann. Aber meine Mutter würde alles bekommen.
Ich streichelte zärtlich über ihren Rücken:
»Mutter, es ist genug geweint.«
Dann begann sie, ihn zu loben:
»Wir hatten alles.«
O Mutter, du solltest nicht lügen! Er hat dein Gesicht nur selten angeschaut. Er hat dir immer nur Vorwürfe gemacht. Er schrie dir ins Gesicht und schlug dich. Hast du das etwa vergessen? Wie oft hast du roten Lippenstift auf seiner Kleidung entdeckt und an seinem Körper den Duft anderer Frauen gerochen?

Und wenn du ihn gefragt hast: »Was ist das?«, dann antwortete er, ohne sich auch nur zu bemühen, dein Gesicht anzuschauen: »Das geht dich nichts an!«
Du sagtest mit einer Demut, die wir von dir geerbt haben:
»Kennst du noch eine andere neben mir?«
Er lachte höhnisch:
»Eine? Zehn! Ich bin ein Mann, und ich bin frei!«
Du warst nie frei, Mutter, du warst die Gefangene deiner Gier nach Schmuck und teurer Kleidung, mit denen du die anderen Frauen demütigen und ärgern konntest. Die Gespenster der anderen Frauen verfolgten dich noch im Traum und im Atem meines Vaters. Er war ein Mann und hatte viel Geld. Jetzt hast du all das Geld. Ich schüttelte sie:
»Es reicht, Mutter, mein Vater ist gestorben, und das ist alles.«

Ich allein freute mich. Ich fühlte, wie sich die verschlossenen Tore des Lebens vor mir öffneten. Sie riefen mich, mich in die Arme der Freiheit zu werfen. Ab heute werde ich alles liegenlassen und alles zertreten, was mein Vater Glück genannt hatte. Ich werde träumen, nachdem er alle meine Träume hinweggefegt hatte. Ich werde ins Meer des Lebens eintauchen. Ich werde etwas tun wie die anderen Jungen auch, mit meiner eigenen Hände Kraft.
Ich näherte mich dem Gesicht meines Vaters. Ich betrachtete seine Gesichtszüge, die vom Gelb des Todes gefärbt waren. Seine Augen waren geschlossen. Plötzlich zitterte ich und wurde wach. Tränen stiegen mir in die Augen; ich versuchte, sie zurückzuhalten. In mir erwachte ein merkwürdiges Gefühl. Es bedeutete, daß mein Vater tatsächlich tot war. Er hatte uns für immer verlassen. Hatte ich darauf gewartet, damit meine Reise ins Leben beginnen konnte, jetzt, da seine Reise zu Ende ging? Meine Blicke richteten sich auf seine Schuhe. Sie lagen immer noch übereinander. Er war auf der Reise. Ich legte sie nebeneinander. In diesem Moment lief mir eine Träne herunter.

Aus dem Arabischen von Suleman Taufiq

Biographische Notiz

Laila Al-Osman wurde 1945 in Kuwait geboren. Sie stammt aus einer wohlhabenden Familie. Ihr Vater heiratete neun Frauen; er kümmerte sich kaum um seine Tochter, der er eine Ausbildung untersagte. Seit 1965 veröffentlichte sie Erzählungen und Romane. Sie arbeitete beim Rundfunk und schrieb für verschiedene Zeitungen. Heute lebt sie in Kuwait als freie Schriftstellerin. Ihr Werk umfaßt viele Romane und Erzählbände. Sie ist inzwischen Großmutter geworden.

Ich bin eine Araberin,
die zweitausend Jahre alt ist
GHADA SAMMAN

Selbstverständlich gibt es Frauenprobleme. Aber ich beschreibe sie innerhalb ihres realen sozialen Rahmens. Mein Ziel beim Schreiben ist es nicht, den Mann zu überlisten, sondern die Frau zu befreien. Wir bleiben nicht mehr stehen bei der Phase der Beschreibung des Elends der arabischen Frau, das haben wir überwunden. Wir befinden uns nun in der Phase, in der wir darüber nachdenken, wie wir aus dieser Trauer herausfinden können. Wir haben die Zeit hinter uns, in der wir ›den männlichen Teil der Sippe‹ beschimpfen. Wir sollten besser gemeinsam die Frage stellen: Wie können wir unser Leben humaner gestalten? Meine Heldin Aioucha überwindet in der Erzählung ›Das Leben hat gerade angefangen‹, die auch auf deutsch erschienen ist, ihren Zorn auf ihren Geliebten, der zwar progressive Phrasen von sich gibt, aber dessen Praxis reaktionär bleibt. Aioucha rettet sich, indem sie ihr eigenes Ich entwickelt, statt Haß zu empfinden und Rache zu planen. Meine Frauen bewegen sich zum Licht trotz dieser großen Dunkelheit. Der Haß ist kein weiblicher Beruf, und er wird auch nicht vererbt. Meine Worte sind keine Tränengasbomben, sondern ein Versuch, einen ruhigen Dialog in Gang zu bringen und eine schöpferische literarische Vision.«

Ghada Samman schreibt eine klare Sprache. Sie erzählt vom Leiden der Frauen, jedoch ohne Haß und Schmähungen gegen die Männer, wie so viele andere arabische Schriftstellerinnen. Sie gilt als eine der bedeutendsten und meistgelesenen Autorinnen der arabischen Welt. Eine mutige, gebildete, moderne Frau – eine, die gegen den Strom schreibt und gerne provoziert. Sie sieht nicht aus wie eine Kämpferin, sie ist eher leise und zart, bleibt lieber im Hintergrund. Vom Rampenlicht der Öffentlichkeit will sie nichts wissen, sie zieht es vor, durch ihre Werke zu sprechen, statt sich öffentlich darzustellen. Sie nimmt weder an Kongressen noch an Schriftstellertreffen teil, verweigert Lesungen und meidet Auftritte im Rundfunk und Fernsehen. Als ich sie bat, mir ein Interview zu geben, antwortete sie freundlich, daß sie über fünfundzwanzig Jahren kein Interview für Rundfunk oder Fernsehen gegeben habe und auch bei mir keine Ausnahme machen wolle.

Sie hält an dieser Position fest, obwohl sie früher selbst beim Rundfunk arbeitete. Trotzdem erklärte sie sich bereit, meine Fragen an sie schriftlich zu beantworten.
Medienzirkus, Kulturbetrieb und Starrummel? Nichts für Ghada Samman. Ihrer Popularität hat ihre Scheu nicht geschadet. Ihre Bücher sind weit verbreitet, manche haben inzwischen die zehnte Auflage erreicht. Das ist um so bemerkenswerter, als viele von ihnen in manchen arabischen Ländern auf dem Index stehen. Und ihre Fangemeinde stürzt jede Woche zum Kiosk, um eine libanesische Zeitschrift zu kaufen, in der sie eine regelmäßige Kolumne hat. In Ghada Samman finden ihre Leser eine Fürsprecherin, die ihre Probleme kennt.
Die Frau in der arabischen Welt, die die soziale, religiöse und moralische Tradition verläßt und einen freien Weg einschlägt, lebt ständig in der Gefahr, ein Opfer zu werden. Man versucht, sie zu erniedrigen, sie zu hindern. Manchmal muß sie einen Mann finden, der sie begleitet und schützt, sonst bleibt sie allein; und in der islamisch-arabischen Gesellschaft ist es fast unerträglich, als Frau allein zu leben. Die Frau wird bestraft, wenn sie mutig ist, auch wenn sie Künstlerin oder Schriftstellerin ist. Mut zu haben, ist in der arabischen Gesellschaft für eine Frau ein Verbrechen.
»Ich bin eine Araberin, die zweitausend Jahre alt ist. In meinem Blut trage ich die Qualen aller meiner Großmütter. Man hat versucht, mich in der Wüste bei lebendigem Leibe zu begraben (das heißt, mich wie ein neugeborenes Mädchen lebendig im Sand zu verscharren, wie sie es früher gemacht haben). Und das mehrmals! Aber jedesmal bin ich aus der Asche wieder auferstanden. Ich bin im wahrsten Sinne des Wortes eine Feministin. Jede arabische Frau kann nur Feministin sein. Anfangs schrieb ich Artikel zur Verteidigung der Emanzipation der Frau; das war noch vor der Veröffentlichung meiner Erzählungen. Eine religiöse Vereinigung schrieb einmal ein Flugblatt gegen mich. Ohne den Einfluß meines Vaters, der mich in Schutz nahm, hätten sie mich zum Schweigen gebracht. Mein Vater war jedoch ein aufgeschlossener Mann. Er hatte in Frankreich studiert und war der erste Universitätspräsident in Syrien, der eine Frau als Professorin an die Universität von Damaskus berief...«

Ghada Samman kämpfte in einer Männerdomäne um ihre literarische Anerkennung und überlebte. Heute findet sie sogar die Anerkennung ihrer männlichen Leser.
»Warum? Vielleicht, weil ich eine Gefangene der Sache der Frauenbefreiung bin. Nur weil ich begreife, daß die Befreiung der Frau in den Ländern der dritten Welt nicht stattfinden wird ohne die Befreiung ihres unterdrückten Bruders, der Mannes. Ich verstehe die gemeinsamen Probleme des Mannes und der Frau in der dritten Welt, ohne die doppelte Unterdrückung, der die Frau ausgesetzt ist, zu vergessen.
Der Mann in der dritten Welt ist ein Mörder und ein Ermordeter zugleich. Vielleicht ist die Rückständigkeit die mordende Hand, mit der die Freiheit der Frau erstochen wird. Wir, Männer und Frauen, müssen zusammenarbeiten, um unsere Länder aus der Misere herauszubringen.«
Ghada Samman wurde nicht nur durch ihre außerordentlich intensive Sprache bekannt, die auf eindringliche Weise Emotionalität und Körperlichkeit ihrer literarischen Figuren miteinander zu verbinden versteht; Aufsehen erregte sie vor allem dadurch, daß sie als eine der ersten Autorinnen die Frau mit allen Facetten ihres Lebens in der arabischen Gesellschaft zur zentralen Figur ihrer Romane machte. Sie verursachte durch ihre Literatur in Syrien und im Libanon und weit darüber hinaus erhebliches Aufsehen, denn sie rührte damit an zahlreiche Tabus dieser Gesellschaften.
Sie selbst hatte schon früh begriffen, was es bedeutet, in einer orientalischen Gesellschaft als Frau, besonders aber als Schriftstellerin zu leben. Trotzdem nahm sie diese Herausforderung an:
»Ich begriff meine Position als Mädchen in einer Gesellschaft, die von vornherein über sein Leben bestimmt. Sogar die Anzahl meiner Kinder wurde geplant. Ich hatte das furchtbare Gefühl, daß die Frau mit ihrer Geburt schon zum Tode verurteilt ist. Aber ich verstand die Botschaft. Ich sollte meine Flügel aus ihrem geheimen Versteck hervorholen und fliegen. Seitdem fliege ich.«*
Ghada Samman flog weit weg und befreite sich vom Leiden der arabischen Frau. Das Schreiben war für sie ein Befreiungsakt.

* Aus: ›Die Sippe verhört die Ermordete‹, Beirut 1981.

1942 wurde Ghada Samman in Damaskus geboren. Sie wurde von ihrem Vater, einem Universitätsprofessor und Dekan der juristischen Fakultät der Universität von Damaskus und späteren Kultusminister von Syrien, als einziges Mädchen aufgezogen. Ihre Mutter starb, als sie noch ein kleines Kind war. Ihr Vater gab ihr den Anstoß dazu, sich intensiv mit arabischer und französischer Literatur zu beschäftigen, aber studieren sollte sie auch. So schrieb sie sich an der Universität von Damaskus im Fach Anglistik ein, es folgten Studienaufenthalte in Beirut und London. Sie studierte in einer Zeit, als es noch nicht selbstverständlich war, daß eine Frau wie der Mann auch das Haus verläßt, um zur Universität zu gehen.

»Die Ausbildung half meiner Rebellion, die richtige Bahn zu nehmen, ohne mich selbst oder die anderen zu zerstören. Ich hatte großes Glück, weil ich die einzige Tochter eines Wissenschaftlers und des Präsidenten der syrischen Universität und späteren Kulturministers war. Dadurch hatte ich die Möglichkeit zu begreifen, wie wichtig es ist, daß alle Frauen in meiner Heimat in den Städten, aber auch in den abgeschiedenen Dörfern die Chance erhalten, sich auszubilden. Die arabische Welt ist reich an unterdrückten Frauentalenten oder an Frauen, die nichts geben können, weil man sich nicht um sie gekümmert hat. Ich vergesse dabei nicht die vielen jungen Männer in der arabischen Welt, die keine Ausbildung bekommen haben. Unsere Probleme in der dritten Welt sind miteinander verknüpft, und es ist sehr schwer, die Tragödie der Frau von der Tragödie des Mannes dort zu trennen.«

Ghada Samman arbeitete als Universitätsdozentin, als Redakteurin und Autorin bei Presse und Funk und als Übersetzerin. Ab 1964 lebte sie in Beirut als freie Schriftstellerin. Drei Jahre später gründete sie in der liberalen, weltoffenen Stadt einen eigenen Verlag, um ihre Bücher, die sehr schnell Erfolg hatten, zu verlegen. Ihr Werk umfaßt inzwischen an die dreißig Bände, zumeist Erzählungen.

Sie ging nach Beirut, um dem Einfluß der Familie zu entkommen, und von Beirut weiter nach Europa, London, Paris, Berlin, um aus einer gewissen Distanz heraus über ihre Gesellschaft schreiben zu können. Ihre ausgezeichneten Kenntnisse der englischen und französischen Sprache halfen ihr, schnell Zugang zur europäischen Literatur- und Geisteswelt zu finden.

Ihre Schriften haben ein besonderes Merkmal: die offene Art und Weise, mit der sie die schwierigen Themen ›Sexualität und Liebe‹ behandelt. Viele arabische Schriftstellerinnen nehmen eine zurückhaltende Position der Sexualität gegenüber ein, obwohl die Sexualität einen zentralen Punkt der Frauenfrage in der arabischen Gesellschaft ausmacht. Ghada Samman geht diese Themen mit einer Offenheit und einer Direktheit an, die in der arabischen Literatur selten sind. Sie schockierte ihre Leser mit Formulierungen wie:

»Für mich kann eine sexuelle Beziehung nicht vollständig sein, wenn sie nicht eine absolute Beziehung von menschlicher Nähe ist, die mit dem Kopf beginnt und das gegenseitige Untertauchen in den Tiefen des anderen mit einschließt. Daher kann eine vollständige sexuelle Beziehung, so wie ich sie beschrieben habe, weder vor noch nach der Hochzeit stattfinden, denn dieser Prozeß ist es ja gerade, der eine Hochzeit ausmacht.«

Sie griff diese Themen zu einem Zeitpunkt auf, als es in den arabischen Gesellschaften und selbst in der von Männern beherrschten Literaturöffentlichkeit noch verpönt war, in solcher Offenheit und Direktheit über diese tabuisierten Bereiche des Lebens zu schreiben. Um so schwieriger war es für eine Frau, sich zu diesen Themen zu äußern, und das in einer Deutlichkeit, die selbst europäische Leser oft noch in Erstaunen versetzt:

»Wenn zwei Menschen ein Bett miteinander teilen, so ist das das Ergebnis eines Zusammenkommens – oder sollte es zumindest sein –, sowohl auf der intellektuellen, geistigen Ebene als auch auf der physischen, und es braucht nicht unbedingt den Grund zu haben, Kinder in die Welt zu setzen, um das Menschengeschlecht zu erhalten. Heutzutage kann dieses Ziel sogar durch künstliche Befruchtung erreicht werden, ohne daß die beiden Geschlechter einander allein zu diesem Zweck benutzen müßten.«

Viele Leser waren besonders irritiert, weil sie glaubten, Ghada Samman habe ihre eigenen Erfahrungen beschrieben. Das Lesepublikum in der arabischen Welt trennt nicht immer zwischen Fiktion und subjektiver Erfahrung des Autors, sondern erfährt Lesen als einen Prozeß der Identifikation mit der Person des Schreibenden.

In ihrer literarischen Arbeit beschäftigt sie insbesondere das Thema der Jungfräulichkeit der Frau vor der Heirat, das sie in vielen Erzählungen angesprochen hat. Sie stellt den gesellschaftlichen Akt der Heirat bloß, der die Frau dazu bringt, einen von den Familien ausgesuchten Ehemann zu heiraten, und beschreibt das Problem der Jungfräulichkeit in der arabischen Gesellschaft, bei der die Frau gezwungen ist, ihr Dasein als Jungfrau zu bewahren, wenn sie für ihre Familie nicht eine Schande sein will.
Ein weiteres Thema ist die Ehre, die bei den armen Schichten der Bevölkerung sehr wichtig ist. Die Ehre des Mädchens ist Eigentum der Familie und macht ihren Wert aus. Sie ist ein Besitz des Vaters, des Bruders, des Onkels und jedes männlichen Mitglieds der Familie. Gibt das Mädchen ihre Ehre preis, so ist die ganze Familie entehrt und ihres Ansehens beraubt. So ist die sexuelle Unterdrückung eines der größten Probleme der Jugend in der arabischen Gesellschaft, vor allem natürlich für die Mädchen. Sexuelle Beziehungen vor der Ehe bedeuten für sie Ehrverlust und sind somit ein Verbrechen. Die meisten Mädchen versuchen ihre Jungfräulichkeit bis zur Ehe zu bewahren, weil sie von klein auf gelernt haben, daß die Verletzung der Ehre furchtbare Strafen nach sich ziehen kann, manchmal sogar die Tötung durch ein männliches Mitglied der Familie. Überhaupt gilt die Frau, die sich in der arabischen Gesellschaft verliebt, bereits als unmoralisch. Ghada Samman fordert in ihren literarischen Werken deshalb das Recht der Frau zu lieben, aber die sexuelle Befreiung muß mit der sozialen und ökonomischen Befreiung einhergehen, sonst ist sie schädlich und sogar gefährlich für die Frau, weil der Mann in der heutigen Gesellschaft die Frau erniedrigt und verachtet, die sich ihm mit ihrem Körper hingibt.
»Was kann ich über die eheliche Treue sagen, wenn die Ehe heute meiner Meinung nach eine korrupte Institution ist? Wie sollen wir eheliche Treue diskutieren, wenn diese Treue in direktem Gegensatz zur Treue des Mannes der Menschheit und sich selbst gegenübersteht? Die Ehe in meinem Land ist im großen und ganzen eine Art Prostitution, die von zwei Zeugen und einem Rechtsdokument legitimiert wird. Die Ehe als Institution genießt in unserer derzeitigen Gesellschaft den Schutz anderer korrupter Institutionen. Daher ist die Ehe in ihrer grundlegenden Korruptheit und ihrer Herabsetzung der

Menschheit der langsame Tod jeglicher Art von individueller menschlicher Kreativität und Erneuerung. Außerdem dient sie dazu, andere Institutionen zu unterstützen, die das Blut der Menschheit aussaugen. Wenn wir daher eheliche Untreue in unserer Gesellschaft beobachten, ist sie gewöhnlich das Ergebnis davon, daß einer der Partner sich selbst und seinem Wesen treu bleibt. Der Fehler liegt nicht in der Tatsache, daß einer der Partner untreu ist; der Fehler liegt in der Institution selbst, die die eigentliche Güte der menschlichen Seele verrät und untergräbt.«

Sie ist dagegen, daß Frauen im Prozeß der Emanzipation unter sich bleiben und sich von der Welt der Männer abschließen. Sie selbst unterhielt stets freundschaftliche Beziehungen zu Männern und sagt, daß sie sich lieber in Männerkreisen als in reinen Frauenkreisen aufhält. Für Ghada Samman ist es das wichtigste Ziel für eine Schriftstellerin, Zeit und Platz zu finden für ihre Kreativität außerhalb der Hausarbeit. Wo ein Mann sich ausschließlich seiner künstlerischen Arbeit widmen kann, muß eine Frau zusätzlich in der Küche stehen, den Haushalt versorgen und die Kinder erziehen. Diese Verantwortung der Frau als Hausfrau, Tochter, Schwester und Ehefrau ist ein Hindernis für ihre Kreativität. Sie macht sich lustig über Kolleginnen, die immer wieder behaupten, talentierte Schriftstellerinnen und zudem noch gute Hausfrauen zu sein. Ein Mann hat es bisher nie nötig gehabt zu betonen, daß er ein guter Schriftsteller und außerdem noch ein guter Koch ist. So ist es nun einmal. Sie selbst sieht keinen Grund für Entschuldigungen, daß sie nicht beide Rollen gleich gut spielen will. »Ich bin unfähig, in einem Kochtopf Weltliteratur zu schreiben.« Auf die Frage, wie sie selbst mit ihren verschiedenen Rollen als Mutter, Ehefrau und berufstätige Frau zurechtgekommen ist, antwortet sie:
»Ich gehöre zu der Generation ›der Dinosaurier-Frauen‹, die vom Aussterben bedroht sind, die Generation der engagierten Frauen der sechziger Jahre, die voller Elan war. Anfang der siebziger Jahre habe ich geheiratet, und wie alle Frauen meiner Generation war ich entschlossen, der Welt zu beweisen (zuerst mir selbst), daß ich fähig war, eine Arbeit zu leisten wie ein Mann, zudem noch Kinder zu gebären und gleichzeitig die Aufgaben einer Mutter zu erfüllen. So laufe ich

seit einem Vierteljahrhundert zwischen Schlafzimmer, Küche, Büro in der Universität (als ich dort als Dozentin arbeitete) und der Zeitung (wo ich als Journalistin arbeitete) hin und her. Die neue Generation der Frauen mag diese aufreibende Art des Lebens nicht mehr. Sie sind klüger als ich (oder sie brauchen diese Herausforderung nicht mehr, weil wir den Kampf um unsere Existenz gewonnen haben). Wenn die jungen Frauen heute wie die Männer arbeiten, verlangen sie auch Gleichberechtigung beim Geschirrspülen und beim Kinderaufziehen. Oder sie arbeiten zu Hause und nehmen den Beruf der Hausfrau als einen Fulltime-Job mit einem Gehalt und einer Pension.

Ich gehöre zu einer Generation zwischen zwei Epochen. Praktisch schaffe ich es nicht, meine Pflicht als Ehefrau und meinen Beruf als Schriftstellerin in Einklang zu bringen. Denn das Romanschreiben ist keine geregelte, einfache Arbeit. Wenn ich einen Roman schreibe, flüchte ich aus meiner Wohnung in ein Hotel oder in eine möblierte, gemietete Wohnung. Dann besuche ich meine Familie wie ein Gast. Die Familie kann einen Monat lang ohne mich leben (obwohl wir das nicht zugeben), und so gebe ich alles, was ich mit dem Schreiben verdiene, für das Schreiben aus (bis unser Kampf für menschliche Bedingungen für die berufstätige arabische Frau erfolgreich sein wird, für die Errichtung kostenloser Kindergärten und die Veränderung der Einstellung zu dem, was ›männlich‹ und ›weiblich‹ ist, in der Familie und in der Schule; denn dann ist es keine Beleidigung des orientalischen Männlichkeitsgefühls mehr, wenn der Mann seiner Frau hilft).«

Ihr Augenmerk gilt dem Konflikt, in den Frauen geraten, wenn sie zwischen die Kulturen fallen, wenn sie sich einleben ins Heute und doch das Gestern nicht loswerden, wenn die neuen Bedürfnisse und Forderungen sich nicht vertragen wollen mit den anerzogenen, eingefahrenen alten Wahrheiten und Zwängen. Die Tragik besteht dann darin, beides zu brauchen (wie in der Erzählung ›Das Leben hat gerade angefangen‹).

Ghada Samman bekräftigt durch ihre Protagonistinnen das Recht der Frau auf Liebe und auf die Wahl ihres Mannes und verurteilt die alten arabischen Normen der Gesellschaft, die nach Aussage ihrer Heldinnen schuld an der Misere der arabischen Gesellschaft sind. Bei manchen Erzählungen steht der Kampf zwischen dem Traum, der mit

einem Alptraum endet, und dem Traum, der mit einer Erkenntnis der Dinge endet, im Vordergrund; bei der Formulierung des Traumes, des Alptraumes und der Erkenntnis entwickelt Ghada Samman einen eigenen Stil; sie benutzt den inneren Monolog, der für sie die beste Möglichkeit darstellt, Zweifel, Ängste und Verwirrung zum Ausdruck zu bringen.
Ihre Erzählungen geben tatsächlich einen Einblick in das veränderte, neue Leben der Frau in der arabischen Welt, mit allen Irritationen und Gefahren, die die neu errungenen Freiheiten für das Leben der Frau bedeuten.
Die Frauen erscheinen in Ghada Sammans Werken entweder als passive, dem Schicksal ergebene Frauen, deren Aufgabe es ist, Kinder zu gebären und aufzuziehen und im übrigen ihrem Mann zu gehorchen, oder als aktive Frauen, die aber vereinzelt bleiben, was ihre persönliche Situation noch weiter erschwert, und die in die Fallen der Männer geraten, so daß sie schließlich nach den Gesetzen der Männergesellschaft den Tod verdienen. So endet das Leben jener Frauen, die versuchen, einen eigenen Weg zu ihrem Glück einzuschlagen.

Sie kritisiert in ihren Büchern vor allem die gesellschaftlichen Strukturen, die die Bewegungsfreiheit der Frau einschränken und ihr so die Möglichkeit nehmen, selbst Erfahrungen zu machen und sich auf diese Weise einen Platz in der Welt zu erobern. Obwohl sie das Verhalten der Männer den Frauen gegenüber deutlich als für die Frauen unannehmbar und oft zumindest rücksichtslos darstellt, attackiert sie sie dennoch nicht als die Hauptschuldigen an der Unterdrückung der Frau. Vielmehr sind auch sie Opfer der durch die Gesellschaft gegebenen Rollenverhältnisse.
»Es ist unmöglich, die Freiheit der Frau in der orientalischen Gesellschaft zu erreichen, ohne die Befreiung der Gesellschaft selbst (das heißt aber nicht, daß wir derzeit noch imstande wären, das Gefängnis der Frau humaner zu gestalten, zum Beispiel ihr das Lesen und Schreiben beizubringen, ihr zu helfen, ihre eigenen Probleme etwa als Mutter zu lösen). Denn es ist unmöglich, in unserer heutigen arabischen Gesellschaft, in der der Mann die minimalen Freiheiten und Rechte nicht hat, die Araberin in eine freie Europäerin zu verwandeln. Deshalb beschreibe ich die Realität in meinen Erzählungen in objektiven,

dynamischen Bildern. Ich hasse die Rückständigkeit und nicht den Mann. Deshalb habe ich eine besondere Haltung zur Befreiung der Frau, die aus der Situation meiner Gesellschaft heraus entsteht. Sich von der Erfahrung anderer Völker mit der Frauenbefreiung inspirieren zu lassen, ist möglich, aber die imitierende Übernahme ist nicht hilfreich, wenn nicht sogar schädlich.«

Obwohl sie eine engagierte Kämpferin für die Emanzipation der Frau ist, lehnt sie den Begriff »Frauenliteratur« dennoch kategorisch ab. Für sie bedeutet dieser Begriff eine Abwertung der von Frauen verfaßten Texte, die sie auf gar keinen Fall auf ihre Literatur angewandt wissen will.

»Der Begriff Frauenliteratur wird in der arabischen Welt dazu benutzt zu zeigen, daß die Literatur von Frauen eine ›geringere literarische Qualität‹ hat als die ›Literatur des männlichen Teils der Sippe‹. Sie gehen davon aus, daß der Mann der Frau an Talent und im Denken überlegen ist. Und wenn eine Frau erfolgreich wird, dann loben sie und sagen: Sie schreibt wie ein Mann. (Das Wort feministische Literatur hat in unserem Land eine andere Bedeutung als im Westen.) Ich lehne diese Vorstellung ab, und ich glaube auch, daß manche arabische Schriftstellerinnen besser schreiben als viele männliche Kollegen, und das trotz ihrer objektiv härteren Lage.

Für mich ist es unwichtig, ob die Frau ähnlich wie der Mann schreibt (was die Sorgen betrifft) oder nicht. Maßstab in der Literatur ist, ob man einen kreativen Zustand erreicht, unabhängig vom Inhalt, ob es sich nun um ein Frauenthema handelt oder um ideologische, politische, ökonomische oder satirische Texte. Der große Schriftsteller Tolstoi schrieb keine Frauenliteratur, als er ›Anna Karenina‹ erschuf, Richardson schrieb auch keine Frauenliteratur, als er Pamela und Clarissa erfand, und auch Flaubert nicht, als er ›Madame Bovary‹ schrieb. Warum soll nur das ›Frauenliteratur‹ sein, was die Frau über die Frau schreibt? Was eine kreative Frau schreibt, ist eine humane Literatur, und sie ist frei, das Thema und die Helden selbst zu wählen. Es kann eine Frau oder ein Mann sein, genau wie bei Daniel Defoe in seinem Buch ›Robinson Crusoe‹...

Ich lehne es ab, daß man für das, was die Frau schreibt, andere Maßstäbe setzt, die mit den allgemeinen literarischen Maßstäben nichts zu tun haben. Die Frau soll bei der Auswahl der Themen absolut frei sein wie der Mann auch. Ich glaube, wir vermischen das Fraueninteresse mit der Frauenliteratur. Letzten Endes gibt es nur Literatur oder keine Literatur. Die Sorge um die Befreiung der Frau macht noch keine Literatur aus. Es dient der guten Sache auch nicht, sich in einem literarischen und kritischen Ghetto einzusperren. Wichtig ist es letztendlich, ein künstlerisches Werk zu erschaffen, das ewig bleibt. Über gerechte Dinge zu sprechen schafft allein noch keine Literatur. Deshalb entsteht durch das Erzählen von Problemen der Arbeiter oder der Bauern nicht unbedingt schon Arbeiter- oder Bauernliteratur (genausowenig wie bei den Frauen).«

Ghada Samman versteht sich in erster Linie als Schriftstellerin und erst danach als Frau.

»Niemand kann mich davon überzeugen, daß zum Beispiel der große Schriftsteller Flaubert in seinem Roman ›Madame Bovary‹ die Gefühle der Frau weniger versteht als Françoise Sagan. Schöpferische Fähigkeit bedeutet, Frauen und Männer gleichermaßen menschlich und echt darstellen zu können. Shakespeare zeichnete Lady Macbeth und Desdemona mit demselben Können wie König Lear. Auf der anderen Seite können Marguerite Yourcenar und Marguerite Duras männliche Helden viel besser beschreiben als manche talentierten Männer.«

Eine ähnliche Haltung Ghada Sammans wird auch aus einer Äußerung deutlich, die sie zur Frage einer weiblichen Literatur machte; die Frage nach dem Geschlecht der Literatur erinnere sie an die übliche Frage bei Neugeborenen: »Mädchen oder Junge? Oder an ihre Trauer, wenn ein Mädchen geboren wird, und ihre Freude, wenn ein Junge zur Welt kommt.«* Das Thema der Frauenemanzipation ist zwar ein überaus wichtiges in ihrem Werk, aber sie ist nicht bereit, es zum einzigen zu machen, und das weder in ihrer Literatur noch in ihrem Leben.

Wenn Ghada Samman den Begriff der Frauenliteratur für sich negiert, so heißt das nicht, daß sie sich dadurch von den Frauen und ihren Problemen in der Gesellschaft distanziert:

»Ich lehne den Begriff ›Frauenliteratur‹ ab, weil ich der Überzeugung

* Aus: ›Die Sippe verhört die Ermordete‹, Beirut 1981.

bin, daß der Frau nichts fehlt, um gute Literatur zu schreiben. Und wenn in ihrer Literatur frauenspezifische Themen auftauchen, dann nur vereinzelt. Auf der anderen Seite sehe ich die Meinungsverschiedenheiten unter Frauen als eine gesunde Erscheinung an; auch die verschiedenen Akzente in der Symphonie der Befreiung der Frau sind eine menschliche und demokratische Bereicherung. Wir sind lebendige Menschen und haben unsere Eigenheiten, wir sind kein Chor von Papageien, die die gleichen Agitproptexte vortragen.
Wenn ich den Begriff ›Frauenliteratur‹ ablehne, so bedeutet das nicht, daß ich mich von den Angelegenheiten der Frau distanziere, ich bin vielmehr der Überzeugung, daß die Frau ebenso wie der Mann schöpferisch und talentiert sein kann. Das hat die Geschichte zur Genüge bewiesen. Die Frau besitzt sogar Fähigkeiten, die über die des Mannes noch hinausgehen, nämlich die der Mutterschaft und was an menschlichen Qualitäten dazugehört. Aber ich setze auch meinen eigenen Akzent: Für mich ist die Emanzipation der Frau in der dritten Welt keine reine Frauenangelegenheit, sondern eine ›nationale‹ und menschliche Aufgabe. ›Die Männer der Sippe‹ müssen davon überzeugt werden. Ich bin stolz darauf, daß mein Wort auch bei den Männern und nicht nur bei den Frauen Gehör gefunden hat, weil unsere Beziehung auf gegenseitigem Respekt und auf Liebe beruht. Ich bin nicht dazu da, meine Großmütter mit dem aus der Geschichte herrührenden Haß zu rächen. Ich bin dazu da, einen Beitrag zu leisten, um einen Tunnel zur Sonne für die Frauen und Männer dieser traurigen Heimat zu graben. Die Frau kann in meiner arabischen Heimat keinen Bissen vom Brot der Freiheit bekommen, solange der Mann hungert. Sie sollten alle zusammenarbeiten. Deshalb unterscheidet sich der Begriff ›Feminist‹ in unserer dritten Welt in vielen Einzelheiten von dem Begriff im Westen, aber der Kern bleibt der gleiche.«

Hier unterscheidet sich die feministische Position einer engagierten Schriftstellerin in der dritten Welt deutlich von der vieler feministischer Schriftstellerinnen in der westlichen Welt, die immer wieder eine zumindest vorläufige gesellschaftliche wie auch literarische Abgrenzung der Frauen von den Männern forderten. Zu der Frauenbewegung in den westlichen Industrieländern äußert sich Ghada Samman so:

»Ich beobachtete die Frauenbewegung in Europa und Amerika ständig. Das ist eine reiche menschliche Erfahrung. Sie ist sehr wichtig für uns, wir haben als Araberinnen viel für unsere Emanzipation von ihr gelernt. Wir haben aber auch gelernt, ihre provokatorischen Fehler dem Mann gegenüber zu vermeiden. In Amerika etwa machte die Revolution zur Befreiung der Frau eine komplette Kehrtwendung. Nachdem sie zuerst die völlige Gleichberechtigung mit dem Mann gefordert hatte und das auch erreichte, fordern die neuen Führerinnen der Frauenbewegung jetzt die Rechte der Frau als Mutter, zum Beispiel Urlaub, Mutterschaftsschutz usw. Die heutigen Frauenrechtlerinnen in Amerika sind wütend auf die ersten radikalen Frauenrechtlerinnen, die solche Errungenschaften für die Mütter nicht berücksichtigten. Ich glaube, die Erfahrung der westlichen Frau mit der Freiheit ist ein Teil der Geschichte der gesamten Menschheit im Kampf um Befreiung. Es ist eine menschliche Erfahrung, deshalb müssen auch die Männer an ihr teilnehmen, wenn sie mit sich selbst ehrlich sind und ihre bekannte Parole von der Befreiung der Menschen auf unserer Erde (auch der Frauen und der Seehunde) ernst nehmen.«

Von Anfang an stand Ghada Samman wie die Heldinnen ihrer Geschichten im Konflikt mit ihrer traditionellen Rolle in einer orientalischen Gesellschaft. Sie lehnte schon früh die Zwänge der bürgerlichen, traditionellen damazenischen Gesellschaft in ihrer Familie ab, obwohl sie ihr eine relativ große materielle und soziale Sicherheit bot.

Die gesellschaftliche Anerkennung ihrer literarischen Arbeit war nicht von vornherein selbstverständlich.

»Weil ich eine Frau bin, wurde man auf meine Literatur aufmerksam. Das ist ein zweischneidiges Schwert: Es kann schnellen, großen Erfolg bedeuten, aber auch schnellen, großen Mißerfolg. Die arabische Literaturkritik geht zivilisiert mit der Literatur der Frau um, zumindest in der kurzen Zeit, in der die Literatur der Frau mit der Kritik zusammentraf.

In unseren Ländern gibt es eine goldene Regel: Wenn sie es nicht schaffen, die Frau literarisch zu töten oder zum Schweigen zu bringen, dann wird sie um so mehr gewürdigt. Es geschieht mit ihr etwas Ähnliches wie mit den Kindern von Sparta, die man, als sie geboren wa-

ren, zuerst in einem Weinfaß untertauchte; dann überlebte der Starke, und der Schwache starb. Aber geschieht das nicht überall mit den Frauen und auch mit den Männern?«
Sie schrieb gegen strenge Traditionen an und erntete anfangs entsprechende Rückschläge. Die übliche Geschichte: Gefängnisurteil, weil sie das Land ohne Erlaubnis verließ, obwohl sie ein Hochschulstudium absolviert hatte. Sie wurde enterbt, durfte nicht nach Damaskus zurückkehren. Die Familie brach mit ihr. Man schickte ihr kein Geld mehr, obwohl sie in London lebte und ihr Studium finanzieren mußte. Einmal sagte sie darüber:
»In diesem Sommer mußte ich beweisen, ob ich es wirklich ehrlich meinte mit jeder Zeile, die ich über die Freiheit geschrieben hatte, und ob ich an meinen Prinzipien festhalten wollte, egal wie hoch der Preis dafür war. Ich stand wirklich allein da in dieser erschreckenden Welt, und alles war gegen mich: die veralteten Institutionen, die in meiner Existenz als Schriftstellerin ein Verderben für meine Generation und in meiner Arbeit eine Aufforderung sahen, sich selbst zu entdecken, einmal ganz abgesehen von den traditionellen Prämissen und reaktionären Ideen über die Rechte der Frauen und die Rechte des arabischen Individuums im allgemeinen. Alles war gegen mich, alle Institutionen, die Familie, die Gesellschaft und das Gesetz.
Aber ich denke, wir können nichts erreichen, wenn wir nicht mit unserer Glaubwürdigkeit bis an die Grenze gehen. Das ist es, was ich getan habe. Ich arbeitete, und gleichzeitig setzte ich mein Studium fort. Ich lebte allein in einem Hotel, das ist ein Skandal für eine junge muslimische Frau aus einer konservativen Familie. Heute sind alle stolz auf mich.«*
Beirut war für viele arabische Intellektuelle die Rettung. Dort war es möglich, ihre Ideen und Vorstellungen ohne Zensur und ohne Einengung zu praktizieren. Daß Ghada Samman nach Beirut zog, erscheint auf dem Hintergrund ihrer Geschichte und bei der Verfolgung ihrer hochfliegenden Träume, die den Träumen vieler junger Intellektueller in der arabischen Welt entsprachen, nur konsequent. In Beirut setzte sie ihr Studium der Anglistik fort und arbeitete nebenbei

* Aus: Ghali Schukri, ›Ghada Samman ohne Flügel‹, Beirut 1978.

am Anfang als Lehrerin und später in ihrem Lieblingsberuf: Journalistin. In dieser Zeit kristallisiert sich ihre künstlerische Persönlichkeit heraus, und sie entwickelt ein eigenes Bewußtsein. Es war die wichtigste Zeit in ihrem Leben, und seitdem kehrte sie nicht mehr nach Damaskus zurück und lebte hauptsächlich in Beirut.

Der Bürgerkrieg im Libanon machte das Leben für viele unerträglich. Ghada Samman verließ wie viele andere auch mit ihrer Familie Beirut und lebt heute in Paris.

»Wenn die Heimat Exil wird, ähneln sich die Dinge. Eines Tages wachte ich auf und befand mich in der Heimat in Beirut im Exil. Da wanderte ich aus. Warum nach Europa und nicht nach Lateinamerika zum Beispiel? Vielleicht, weil ich die englische und die französische Sprache beherrschte. Die Sprache ist eine Heimat, die vertraute Kultur ist auch eine Heimat, und letzten Endes ist die Freiheit die Heimat der Künstler. Ich habe das europäische Exil nicht freiwillig gewählt. Ich lebe zur Zeit in einer Phase der Reflexion, und wenn das Leben in Beirut weiterhin unmöglich bleibt, dann gehe ich vielleicht in ein anderes arabisches Land.«

Es ist kein Zufall, daß der Schauplatz vieler ihrer Erzählungen Beirut ist, diese einstmals glänzende, prachtvolle und vielgesichtige Stadt, die Männer und Frauen gleichermaßen in ihren Bann zog, die Stadt der Hoffnungen, Illusionen und Enttäuschungen. Beirut steht hier aber nicht nur für sich selbst, sondern auch für jede arabische Großstadt mit ihrer magnetischen Anziehungskraft und den tödlichen Gefahren für die in ihr lebenden Menschen, die sich außergewöhnliche, individuelle Freiheiten erobern, sich in diesem Labyrinth aber auch hoffnungslos verirren.

Ihre Vorschläge für eine Veränderung faßte Ghada Samman einmal so zusammen:

»Ich schlage erst einmal folgendes vor:

1. Erinnere das einzelne arabische Individuum daran, daß er oder sie an einer ›ideologischen Geschlechtskrankheit‹ leidet, soweit ihre sexuellen Beziehungen davon betroffen sind. ›Teilen‹ bedeutet vermissen. Unter der Bedingung, daß beide Geschlechter an der Beziehung teilnehmen, wird Gleichheit festgelegt. Eines der Symptome dieser ideologischen Geschlechtskrankheit ist es aber, daß

ein Geschlecht das andere als Ware benutzt, und dies wird anhalten, solange die übliche Situation der Sklaverei existiert.

2. Höre auf, die ›sexuelle Revolution‹ auf dem Niveau des Triebs zu diskutieren, denn das ist ein weiterer Weg, die Sexualität zu einem geschäftlichen und ökonomischen Unternehmen zu machen, bei dem die Person und die Beziehung in brauchbare Waren verwandelt werden.
3. Korrigiere den falschen Glauben des einzelnen Arabers, daß die Frau, als eine Spezies, untergeordnet und nicht gleichgestellt ist. Diese Art zu denken fließt seit langer Zeit durch die Venen aller Männer (und Frauen), es hat sich angesammelt durch die Jahrhunderte, denn alte Religionen, Philosophien und primitive Gesetze haben die Unterlegenheit der Frau immer betont. Selbst die griechischen Philosophen sind nicht immun gegen diesen schändlichen Irrtum. Pythagoras zum Beispiel unterscheidet zwischen »dem Guten, das die Ordnung, das Licht und den Mann erschaffen hat; und dem Bösen, das das Chaos, die Dunkelheit und die Frau erschuf«. Nach Hippokrates »steht die Frau im Dienst des Bauches«. Aristoteles sagt: »Die Frau ist eine Frau durch einen bestimmten Defekt im Charakter.« Im dunklen Mittelalter in Europa war die Frau der Besitz eines Mannes und wurde als Teil seines Gutes angesehen, und wenn ein Ritter gezwungen war zu verreisen, hatte er das Recht, sich der Treue seiner Frau zu versichern, indem er sie in einem Keuschheitsgürtel gefangensetzte.
   In der heutigen arabischen Gesellschaft wird der Frau dieser ›Keuschheitsgürtel‹ immer noch angelegt, aber er legt einen vielleicht noch größeren Zwang auf ihre Seele als auf ihren Körper. Denn eine Frau, die es sich herausnimmt, ihre Freiheit im Denken und Sprechen zu äußern, wird sich einer strengen öffentlichen Zensur gegenübersehen, die weit strenger ist als die, die einer Prostituierten gegenüber gezeigt wird, die sich nie darum kümmert, wenn sie sich solch einer Situation ausgesetzt sieht.
4. Der einzelne revolutionäre Araber muß versuchen, die Kluft, die in ihm selbst zwischen seiner ›progressiven Ideologie‹ und seinem ›reaktionären Verhalten‹ besteht, zu überwinden. Dieser Versuch würde eine Revolution des Revolutionärs der Doppelmoral gegenüber darstellen und den ernsthaften Versuch bekunden, ein wenig

Zusammenhang zwischen der Ideologie und der Praxis herzustellen. Dieser Versuch allein würde die sogenannte sexuelle Revolution davor bewahren, einfach nur eine rhetorische Revolution zu werden.

Was ich vorschlage, kann jedoch nicht unter den sozialen Bedingungen, wie sie heute existieren, erreicht werden, denn das Schwert der vererbten Traditionen, der Rückständigkeit und der Ignoranz hängt weiterhin über uns. Die Revolution, von der ich spreche, kann nur durch Opfer erreicht werden, und sie braucht, wie es schon immer war, Pioniere, Kommandotruppen, um das offizielle Establishment herauszufordern. Die ›intellektuellen‹ Kommandos, die Pioniere auf dem Feld der Gedanken, werden auch gebraucht; nur sie können uns vor tragischen Irrtümern bewahren, die sich selbst unter sogenannten progressiven Gesetzen immer wiederholen...«

ST

GHADA SAMMAN

Eine andere Vogelscheuche

Es regnet, es regnet.
Es regnet braunen Hagel und Überdruß. Es regnet seit heute morgen im gleichen Rhythmus... Im gleichen Rhythmus.
Ich befinde mich in einem langsam fahrenden Zug. Er fährt durch weite, tote Wüsten, seine Passagiere kennen einander nicht. Jeder spricht eine Sprache, die der andere nicht versteht. Niemand weiß, wohin der Zug fährt oder woher er kam.
Es regnet gleichgültig und ununterbrochen...
Die Katze im Garten hört nicht auf zu klagen. Eine leise Klage. Ich empfinde sie wie eine scharfe Messerklinge, die langsam, nach und nach in meinen Bauch eindringt. Ich weiß nicht, warum ich keinen Mut habe, mich von ihr zu entfernen, und ich weiß nicht, warum ich vor Wochen ihre Kinder tötete.
»In der Nacht hörte ich ein unheimliches Miauen. Es war das erste Mal, daß ich meine verwöhnte Katze so jammern hörte. Ich folgte der Stimme, ich fand sie in meinem Atelier neben dem Fenster. Auf dem Kissen bewegten sich fünf kleine Kätzchen und maunzten. So, diese Katze hat also fünf Kinder auf einmal bekommen! Ich weiß nicht, warum ich sie wegschob, obwohl ihre Krallen sich an meiner Hand festhielten. Ich öffnete das Fenster und warf ihre fünf Kätzchen eins nach dem anderen hinaus. Sie heulte immer noch. In ihren Augen eine ungeheuerliche Anschuldigung voller Haß. Ein menschlicher Blick wie der einer Frau, deren Kinder vor ihren Augen umgebracht worden sind. An den Wänden des Ateliers hingen viele Gemälde von vielen Kindern. Ihre Gesichter ähnelten sich, als ob sie ein Gesicht von einem einzigen Kind waren, das noch nicht geboren worden war. Aber ich kenne die Merkmale dieses Gesichts gut. Selbst die Körper der Männer in meinen Bildern hatten das Gesicht dieses Kindes, auch die Körper der Blumen und die Körper der Dinge hatten das Gesicht meines Kindes, das noch nicht geboren worden war. Als ich die Tür hinter dem Heulen schloß, hörte ich, wie Hunderte von Kindern in meinen Bildern bitterlich und fürchterlich weinten.«
Es regnet, es regnet.
Es regnet einen neuen deprimierenden Abend lang... Hätte es doch

nur fürchterlich gedonnert! Wären seine Eingeweide doch zerrissen wie ein Blitz, hätten die Winde doch durch die Ritzen der Fenster gepfiffen und geheult, damit diese Katze endlich schwiege und dieser Überdruß aufhörte. Alles, nur das nicht, diese Totenstille, die meine Tage in dieser unheimlichen Villa prägt. Und er, trotz der Eiseskälte, steht seit über einer Stunde bewegungslos auf der Terrasse.

Und auch die Vogelscheuche am Ende des Gartens steht dort – bewegunglos.

»Er schweigt. Seit unserer Ehe sprechen wir selten miteinander. Er spricht mit den Vogelscheuchen und mit den Gespenstern der Gärten.«

Er nimmt sich eine neue Zigarette.

»Warum bietet er der Vogelscheuche keine Zigarette an?«

In den ersten Tagen unserer Ehe war dieses kalte Schweigen eine Qual für mich. In den ersten Tagen unserer Ehe konnte er mich noch unglücklich machen. Wie oft habe ich für ihn eine Entschuldigung gesucht, während ich malte und Kinderbilder malte? Ich wünschte mir, daß ein Bild eines Tages schreien und daraus ein lebendiges Kind hervorspringen würde. Unzählige Entschuldigungen. »Er ist ein Richter, und alles, was sich hier abspielt, ist für mich ein Unrecht. Aber er ist auch ein großer Unternehmer. Vielleicht hat diese Seite seiner Persönlichkeit sich in unsere Beziehung eingeschlichen? Seine Gefühle unterliegen dem Gesetz von Angebot und Nachfrage. Wenn ich mürrisch bin, dann ist er freundlich zu mir, wenn ich schweige, überschüttet er mich mit überraschenden Einfällen, wenn ich ihn akzeptiere, verachtet er mich, und wenn ich ihn ablehne, brennt er voller Verlangen.«

Seitdem habe ich gelernt, die überflüssigen Liebesworte auf meinen Lippen zu verbrennen, wie man den Kaffee in Brasilien verbrennt, damit der Preis nicht sinkt.

Ich habe den Geschmack der Asche satt.

Es regnet zwischen mein Fleisch und meine Haut. Es regnet in meine Knochen, in meinen Rachen. Ich bin nicht mehr imstande, seine Frage zu beantworten, die mir mit der kalten Luft, die durch die Tür hereinkommt, ins Gesicht schlägt:

»Hat der Arzt angerufen und dir das Ergebnis mitgeteilt?«

»Nein, hat er nicht.«

»Wer hat dann angerufen?«

»Sie. Sie warten auf dich.«
Meine Stimme war hart und verletzend.
»Sie warten auf dich«, das sagte ich wie aus der Pistole geschossen. Aber er taumelte nicht und fiel nicht tot um, sondern schloß die Terrassentür hinter sich und ging zu seiner Vogelscheuche. Ich hörte mich selbst das Wort wiederholen:
»Sie, sie, sie warten auf dich.«
Ich sehe sie, wie sie dort auf ihn warten.
Ich sehe sie dort, wie sie bereit sind.
Er betritt das Zimmer. Eine Ansammlung von Widersprüchen. Zwei gealterte Augen und ein kindliches Lächeln. Die ruhige Bewegung eines Richters und das sportliche Aussehen eines eleganten Unternehmers.
Ich sehe sie dort, wie sie ihn anschauen. Dann werden sie viel sagen. Sie werden ihn schwer beschuldigen. Sie werden geifern, wie die Geier das Fleisch eines Verletzten fressen, der noch nicht gestorben ist.
Er wird nicht antworten. Ich weiß, er wird sich nicht verteidigen. Er wird ihnen kalt begegnen mit derselben Kälte, die mich oft schon verbrannte.
Sie werden ihn herausfordern. Sie haben Beweise. Er wird verächtlich lachen. Einer wird ihm ins Gesicht schleudern:
»Wir sind uns unserer Sache sicher! Du hast noch nie die Akte eines Angeklagten studiert! Du hast alles vernachlässigt, die Anklage- und die Verteidigungsschrift, alles! Du hattest das Gericht betreten, in deiner Hosentasche einen Haufen gefalteter Zettel, auf denen entweder ›schuldig‹ oder ›unschuldig‹ geschrieben stand. Deine blinden Finger wählten in der Dunkelheit deiner Tasche einen Zettel. Dann öffnetest du ihn und hast gelesen ›schuldig‹ oder ›unschuldig‹, alles hast du dem planlosen Zufall überlassen! So ohne Logik und ohne Gründe! Das war ungerecht!«
Du wirst lächeln und schweigen.
Dann kommt der letzte Schlag:
Die Zeugin ist deine Frau! Dann vielleicht wird dir die Trense aus dem Mund fallen. Vielleicht wirst du ihnen ins Gesicht schreien, wie du mir vor einem Jahr in dieser ungeheuren Nacht ins Gesicht geschrien hast.

Es hatte geregnet, und zwar sehr heftig.
Ich habe dich noch geliebt. Ich habe nicht schlafen können, wenn ich mein Gesicht nicht an deiner Brust verbergen konnte.
Ich habe daran geglaubt, und ich glaube immer noch daran, daß auf dem Meeresboden deines Schweigens seltene Schätze lagern.
Das Licht von deinem Arbeitstisch fiel durch die geschlossene Tür deines Arbeitszimmers.
Barfuß schlich ich mich zu dir. Ich wollte dich mit einem Kuß auf deinen Nacken überraschen, um dich ins Bett zu locken.
Mit der Langsamkeit einer Stummen näherte ich mich dir. Dann stand ich hinter dir, und bevor ich mich für meinen Kuß zu dir herunterbeugen konnte, war ich von dem, was ich sah, wie vom Blitz getroffen.
Auf dem Tisch lagen zahlreiche Zettel, auf denen nur das Wort ›schuldig‹ oder ›unschuldig‹ geschrieben stand. Und der schwarze Ordner, den du mitgebracht hattest und den du studieren wolltest, lag auf dem Boden vor deinen Füßen.
Ich schrak zusammen. Als du dich zu mir umdrehtest und ich dein Gesicht und seine schrecklichen Züge sah, verstand ich alles. In einer Sekunde, so schnell wie der Blitz habe ich alles begriffen. Dein Gesicht blieb wie versteinert, und du schwitztest. War es das, was dein Schweigen verbarg? Du konntest deine Stellung als Richter behalten trotz deiner Erfolge an der Börse. Dein Gesicht näherte sich mir. Ich erinnerte mich an die Gesichter, die Dante in seiner Hölle beschrieben hatte. Ich bekam Angst. Ich wollte fliehen. Du nahmst meine Hand und hieltst sie fest. Ich konnte mich davon befreien. Ich fühlte mich so, als ob ich zum Tode verurteilt wäre. Aber du warst nicht in der Lage, das Urteil selbst auszuführen.
»Du bist nicht dazu in der Lage.« –
»Du bist dumm.« –
»Du bist nicht dazu in der Lage. Das ist ein Mord, er hinterläßt Blut und eine Leiche.« –
»Du bist dumm.« –
»Und dieses Urteil ist nicht im Namen der Gerechtigkeit gesprochen, und du bekommst für die Ausführung kein Gehalt.« –
»Du bist dumm. Die Angelegenheit ist noch schlimmer, noch viel schlimmer.« –
»Normalerweise vertrittst du die göttliche Gerechtigkeit.« –
»Ich praktiziere sie auf ihre Weise. Versuch doch einmal zu verstehen!« –

»Das ist Ketzerei. Welche Schuld haben die Götter?« –
»Ich mache es ihnen nur genau nach.« –
»Du überläßt das Schicksal der Menschen dem blinden Zufall.« –
»Der Zufall ist der Gott der Welt.« –
»Du bist verrückt!« –
»Du bist dumm. Du hast dich durch dieses Spiel täuschen lassen.«
Ich überzeugte mich davon, daß ich mich durch dieses Spiel nicht mehr täuschen lassen würde. Ich muß etwas unternehmen, damit ich andere wie mich retten kann. Bei Tausenden von Angeklagten entscheidet der Zufall über ihr Schicksal.
Als ich an der Vogelscheuche im Garten vorbeigehe, begreife ich schmerzlich, daß ich das alles vielleicht nur tue, weil mein Mann nicht mit mir redet und weil mein Leben eine öde Wüste von tödlichem Schweigen ist. Eine Leiche, die ich beweinen könnte, wäre besser als eine Freude, die nie eintritt!
Das Telefon. Vielleicht ist das der Arzt, der mir eine gute Nachricht verkünden will. Ich bleibe regungslos. Ich werde mich nicht bewegen. Ich fürchte, daß »sie« es sind, die auf »ihn warten«. Die Hausdienerin Toufaha schiebt ihren aufgeblasenen Bauch durch den Salon vor sich her. Sie nimmt den Hörer ab und murmelt etwas. Sie kommt zu mir und bringt mir das Telefon. Wie häßlich sie ist, so häßlich mit ihrem leblosen Gesicht, das nichts ausdrückt. Ihre Schritte sind die Schritte eines Pflugochsens. Und dieser Bauch, den ich beobachte, wird von Tag zu Tag größer und runder. Warum zerreißen seine Muskeln nicht, lassen ihn auf den Boden fallen und ihn zerplatzen mit all seinem Inhalt. Wie konnte ein Mann nur mit so einem tierischen Wesen schlafen? Wie ekelhaft sind die Männer. Ich verabscheue sie. Mich schmerzt die Vorstellung, daß unter diesen lumpigen Kleidern, die ihre schlaffe Haut bedecken, sich ein kleines Kind verbirgt! Sie besitzt ein Kind, und ich kann so etwas nicht besitzen, trotz all meines Reichtums und all der vielen Männer, die gierig hinter mir herlaufen!
Minuten, und ich lasse den Hörer aus meiner Hand fallen.
So. Ich bekomme nie ein Kind, nie, niemals!
Das teilt mir jetzt der Arzt mit. Ein entschiedenes Urteil, keine Berufung und keine Revision.
Warum? Er weiß es nicht. Niemand weiß es.

Warum?
Über einer Wolke, die einem dunklen Horizont entgegenzieht, sehe ich Hunderte von diesen Zetteln, die ich auf dem Tisch meines Mannes sah. ›Schuldig.‹ ›Unschuldig.‹ ›Unfruchtbar.‹ ›Fruchtbar.‹ ›Schuldig.‹ ›Unschuldig.‹ ›Unfruchtbar.‹ ›Fruchtbar.‹ Dann nehmen böse Finger irgendein Blatt. Dann sagt der Arzt: »Es tut mir leid, unfruchtbar.« Und auf dem Kissen warf die Katze fünf Kinder auf einmal.
›Unfruchtbar.‹ Vielleicht hat die Vogelscheuche Kinder, die ihr ähneln, aber sie hassen das Schweigen. Warum reisen sie ab mit den Vögeln auf den Feldern?
Es regnet, es regnet.
Es regnet leisen Jammer, der allmählich lauter wird. Er vereinigt sich mit dem Schluchzen der Katze im Garten. Wir sind drei Vogelscheuchen, jede von uns weit entfernt voneinander aufgestellt, ohne Gespräch und ohne Begegnung. Wer jammert da?
Er kommt von der Terrasse herein. Es scheint, als ob er keine ungewöhnliche Stimme gehört hätte. Er sagt, er wolle weggehen und werde nicht so spät zurück sein.
Wie gewöhnlich hört er kein Jammern. Er geht. Und ich sehe zerrissene Zettel, die unter seinen Füßen davonfliegen: ›Schuldig‹, ›unschuldig‹, ›schuldig‹, ›unschuldig‹.
Ich bin allein im Haus.
Der Jammer wird lauter. Woher kommt er nur? Ich bilde mir ein, in der Villa gäbe es niemanden außer mir und der Hausdienerin. Und Beirut brennt in dieser Nacht nicht. Durch das Fenster ein Licht nach dem anderen. Der Nebel hat es geschluckt. Vielleicht weint die Vogelscheuche. Vielleicht ist sie traurig? Oder zornig? Vielleicht haßt sie und rebelliert? Vielleicht spricht sie mit meinem Mann Nedjem? Sie schleicht sich jede Nacht mit ihren Schilfrohrbeinen ins Arbeitszimmer meines Mannes. Sie setzt sich zu ihm, und sie zerreißen zusammen die Zettel und schreiben ›schuldig‹, ›unschuldig‹. Warum heiraten die schweigsamen Männer keine Vogelscheuchen? Warum verurteilt er mich ohne Grund, in Schweigen zu verfallen? Und warum wird der Raum nicht von einem Kind, das aus Protest schreit und die Maske im Gesicht von Nedjem zerreißt, ausgefüllt?
Es regnet, es regnet.
Der Jammer verwandelt sich in ununterbrochenes Schreien. Viel-

leicht sind meine Kinder auf den Bildern hungrig. Bis jetzt habe ich das Mittel nicht gefunden, wie ich sie füttere. Vielleicht brauchen sie einen Spaziergang und die Möglichkeit zu spielen. Meine Kinder sind Gefangene der Bilder. Warum lassen die Götter sie nicht frei, damit sie aus meinem Innern und aus meinem Bauch in die Welt hinausströmen?

Es regnet Schreie.

Wer schreit da so? Vielleicht protestiert der Körper auf dem Bild, dessen Gesicht ich noch nicht gemalt habe?

Ich laufe schnell ins Atelier. Ich schalte das Licht an. Nichts, niemand ist da außer meinen zwanzig Kindern, die an die Wand genagelt sind. Das Bild, das noch nicht beendet worden ist, wartet auf ein Gesicht. Das Fenster steht offen. Das ist das Kissen, auf dem die Katze ihre Kinder warf. Ich wage nicht, mich dem Fenster zu nähern. Ich bilde mir ein, daß dahinter in der Dunkelheit fünf kleine Katzengesichter mit scharfkantigen Zähnen ihre Krallen in mein Gesicht schlagen und es zerreißen werden, sobald ich meinen Kopf nur aus dem Fenster stecke. Ich fliehe.

Es regnet immer noch Schreie. Die Stimme kommt von dort. Die Stimme ruft auch mich. Ich phantasiere nicht. Ich hasse die Sonntagnacht, wenn alle Hausdiener freihaben. Nur Toufaha allein hat nicht freibekommen, seitdem ich gesehen habe, wie sich ihr Bauch vergrößert. Ich verabscheue sie. Ich hasse ihre Geduld, mit der sie meine Quälereien erträgt. Ich möchte, daß sie hierbleibt. Ich weiß nicht, warum ich sie überfordere. Ich sehe, wie sie stöhnt. Sie wischt ihren stinkenden Schweiß ab. Sie bewegt sich wie ein dummes Tier. Vergeblich versuche ich mich davon zu überzeugen, daß in ihrem Bauch nur eine Ziege, ein Hund oder eine Maus stecken kann.

Die Küche. Sie ist nicht in der Küche.

In ihrem armseligen Zimmer liegt sie auf dem Rücken im Bett, ihre Hand ruht auf ihrem großen Bauch. Sie schweigt, und ihre Gesichtsmuskeln sind immer noch angespannt von den Schmerzen, die ich vorher bei ihr nicht bemerkt habe. Ihr Gesicht ist faszinierend und unheimlich.

Neben ihr die beiden Stricknadeln, die ich oft in ihren Händen sah, mit denen sie ein Kleid nach dem anderen strickte. Ich sah auch kleine Kinderhände aus den Löchern, die noch nicht fertig waren,

sich hervorstrecken und mit der Strickerei Tag für Tag wachsen. Ich habe ein wahnsinniges Verlangen danach, ihr die Stricknadeln in den Bauch zu stoßen. Ich werde sie so lange hineinstoßen, bis ihre Eingeweide und alles, was sich darin befindet, zerreißen. Warum schreit sie? Die Stricknadeln liegen doch noch am selben Platz. Sie öffnet ihre Augen für Sekunden. In ihnen glänzt ein ungeheurer weiblicher Sieg. Sie fordert mich heraus. Dann schließt sie die Augen und versinkt in schmerzende Dunkelheit. Schmerzen, die, vermischt mit einer merkwürdigen Lust, sich auf ihrem Gesicht widerspiegeln; es sind Schmerzen einer Novizin, die vergewaltigt wird und sich damit quält, dabei Lust zu empfinden.
Flehend murmelt sie etwas. Sie möchte einen Arzt.
Warum? Warum soll ein Arzt zu ihr kommen und nicht zu mir... Ist das Kind etwa für sie und nicht für mich?
Etwas Schwarzes sprudelt in meinem Innern und vermischt sich mit ihrem Weinen. Schwarze Blasen bilden sich und steigen nach oben. Sie strömen aus meinem Mund, aus meinen Augen, aus meinen Poren. Schwarze Blasen von ätzender Säure, die alles vernichtet. Alles wird vernichtet und verbrannt. Ich möchte, daß alles vernichtet, alles verbrannt wird. Ich möchte protestieren, rebellieren, alles um mich herum versinken lassen und vollständig zerstören. Warum, warum nur? Wer denn, wer denn? Wie? Wann? Wer? Wer hat dieses Urteil über mich gefällt? Warum kann ich mich nicht auf dem Bett ausstrecken und dann aufstehen und in meinen Armen ein Kind halten? Warum fühle ich in meinem Bauch nicht die Bewegung der kleinen Füße und wie der Körper eines Kindes sich in mir wendet? Dann schrecke ich aus meinem Schlaf auf, und ich streichle es, bis sein Schrei das Haus erfüllt.
Ich beobachte sie mit einem toten Gesicht. Ich beobachte die schwarze Blase, wie sie aus meinen Augen strömt und diese Frau darin versinkt. Warum? Wer, wer spielt denn mit den Zetteln und läßt sie wegfliegen und vom Zufall davontragen: ›Unfruchtbar‹, ›nicht unfruchtbar‹? Was ist das Vergehen von Nedjem, wenn er das so schnell verstanden hat? Was ist sein Vergehen, wenn er an seine Ketzerei glaubt, wenn er seinem Unheil treu bleibt?
Es regnet, es regnet hinter dem Fenster. Regnet es auch in Beirut? Warum regnet es nicht überall gleichzeitig?

Wer verteilt den Regen und die Kinder? Wer macht aus dem Zufall ein Recht?
Es regnet, es regnet.
Die Hausdienerin schreit flehentlich. Seit einer Woche fleht sie mich um einen Urlaub an. Sie wußte es. Ich bleibe hart. Ich explodiere, und schwarzer Haß entlädt sich. Mit den schwarzen Blasen werde ich sie überschütten, bis die Schreie des Kindes in ihr ersticken. Ihre Wehen lösen in mir so etwas Ähnliches wie Neid aus, etwas Bitteres, Elendes und Stechendes. Sie schweigt.
Sie ist ohnmächtig geworden. Ich habe das Bedürfnis, ein Kind zu malen. Sie soll ihr Kind allein gebären. Das geht mich nichts an. Ich werde in mein Atelier gehen und ein neues Kind gebären. Ich werde das Bild zu Ende malen. Ich gehe am Telefon vorbei und versuche, ihm zu entkommen. Sie schreit wieder so laut. Ihr Schrei verwandelt sich in Geheule.
Soll sie doch schreien! Niemand wird sie in meinem abgelegenen Haus in Al Yarza* hören. Soll sie doch sterben! Und wenn sie es schafft wie die Katze, allein zu entbinden, werde ich unfähig sein, das Kind aus dem Fenster zu werfen. Ich werde dazu unfähig sein, weil ich seit dieser besagten Nacht in den Gesichtern meiner Kinder auf den Bildern keine Liebe und Geborgenheit mehr sah, mit der sie mich vorher überschüttet hatten. Sie schauen mich düster an. Sie singen nicht mehr in der Nacht. Sie verabscheuen mich jetzt und fürchten sich vor mir. Ich werde ein neues Kind gebären. Ich werde es in mein Bild hineingießen und mich von allen anderen befreien.
Ihr Schrei verursacht ein ähnliches Geheul, ein Geheul aus schwarzen Blasen, einen aufbrausenden Sturm aus törichtem Lärm, ätzend und voller Spannung. Ich habe das Bedürfnis zu malen. Meine Hand rennt vor mir her. Sie zieht mich ins Atelier. Ich bin eine Gefangene meiner Hand. Der schwarze Sturm bewegt meine Hand. Ihr Schrei verstärkt ihn. Ich bin nicht fähig, irgendeinen Muskel meines Kröpers zu beherrschen. Meine Hand malt von allein, wie rasend. Draußen regnet es gewaltig. Ihr Schrei ist die Klage eines Seemanns, der am Ufer liegt und von Krebsen gefressen wird. Meine Hand malt von allein, verrückt und leichtsinnig.

* Ein Außenbezirk von Beirut.

Es regnet gewaltig. Der Donner ist ein Minenfeld, es wird von teuflischen Füßen zur Explosion gebracht. Der Blitz. Ich habe Angst. Sie schreit. Ich habe Angst. Ich habe Angst. Etwas Hartes packt mich von hinten an meinem Hals. Ich fühle, wie Krallen von wilden Katzen mein Fleisch zerreißen. Ich habe Angst. Auf dem Feld Millionen von Vogelscheuchen. Sie rennen und tragen Fackeln mit sich, als ob sie einen ungeheuerlichen Festzug veranstalten. Der Donner ist ein unendliches Minenfeld. Ich male. Ich möchte ein Kind malen. Ich weiß nicht, was ich male. Die Vogelscheuchen bewegen sich auf das Fenster zu. Der Strom ist unterbrochen. Die Kinder meiner Bilder wachsen schnell. Der Blitz fegt die Gesichter mit den ausgeschlagenen Augen fort. Ihre Gesichter sind versteinert, und ihre Zähne fallen auf den Boden. Ihre Haare werden grau. Sie heulen und verwandeln sich in neue Vogelscheuchen. Sie springen aus den Bildern durch das geöffnete Fenster und schließen sich der tosenden Masse unter dem Fenster an. Die Bewegung und ihr heulendes und tosendes Geschrei ängstigen mich. Der Wind schlägt gegen das Fenster. Ich will fliehen, aber ich kann nicht. Meine Hand führt mich zum Bild. Ich male, ich male und bin nicht in der Lage zu fliehen. Der Strom ist wieder da. Es gibt Licht. Ich bin nicht in der Lage zu fliehen. Dann plötzlich ein einziger Schrei vor der Tür des Zimmers.
Die andere Frau und ein Gerinnsel aus Blut tropft hinter ihr her.
Das Geschrei des Festzugs unten hört auf. Ich fühle, wie Millionen von Vogelscheuchen mit ihren ausgeschlagenen Augen schweigend, beschämt und andächtig durch das Fenster hineinspähen. Die andere Frau strengt sich an. Sie tritt ein und fällt auf den Sitz, auf dasselbe Kissen, auf dem die Katze ihre Kätzchen warf. Vielleicht will sie auch fünf Kinder gebären.
Ich sehe sie groß, riesengroß. In ihren Augen eine Herausforderung, eine Kraft der Schöpfung, die man nicht erklären kann, ein süßer Schmerz, der bitter und strahlend ist.
Ich begreife die Dinge von neuem. Eine häßliche Ruhe überfällt mich. Sie braucht einen Arzt, sonst stirbt sie.
Und ich bin der absolute Richter.
Vergeblich denke ich an meinesgleichen. Vergeblich erwecke ich in mir meine schöne, alte Welt. Vergeblich suche ich nach meinem Gesicht, das es einmal gab.

In dem Bild, das ich vorher unbewußt gemalt habe, finde ich ein fremdes Gesicht, eine Mischung aus meinem und Nedjems Gesicht, eine Mischung aus Härte und Unheil, bis hin zur Gleichgültigkeit. Dann erscheint mir das Bild wie ein Spiegel. Ich lächle, und dann lächelt das Gesicht im Bild. Ich bewege meine Lippen, und dann bewegt das Gesicht seine.
Sie stöhnt wieder, und das Jammern verwandelt sich in Geschrei. Welches Urteil soll ich hier nun fällen?
Die Eiseskälte dieser unglücklichen Härte überfällt mich. Sie versteinert sich in mir. Alle Stimmen sterben allmählich an der Schwelle meiner Welt. Ich ziehe einen weißen Zettel hervor. Ich schneide ihn sorgfältig in zwei Teile. Ich schreibe auf einen Teil: ›Ich werde den Arzt rufen‹, auf den anderen Teil: ›Ich werde den Arzt nicht rufen.‹ Ich falte die beiden Teile und stecke sie in meine Tasche.
Ich vermische die Zettel und ziehe einen von ihnen heraus.
Ich öffne ihn und lese: ›Ich werde den Arzt nicht rufen.‹ Ein entschiedenes Urteil ohne Widerspruch. Ich höre keine Stimme, als ich mein Zimmer betrete. Langsam und sorgfältig ziehe ich meine Kleider an und nehme meine Autoschlüssel mit. Ich vergesse nicht, für meinen Mann einen Zettel zu schreiben: »Ich bin bei Nura und Nelly, wir werden mit den anderen Frauen Bridge spielen.«

Aus dem Arabischen von Suleman Taufiq

Biographische Notiz

Ghada Samman wurde 1942 in Damaskus/Syrien geboren. Ihr Vater war Dekan der juristischen Fakultät von Damaskus und syrischer Kultusminister. Studium der Anglistik in Damaskus, Beirut und London. Ihre ersten schriftstellerischen Schritte unternahm Ghada Samman Anfang der sechziger Jahre und entfaltete bald eine außerordentliche Produktivität. Als Zwanzigjährige veröffentlichte sie ihre erste Kurzgeschichtensammlung.
Tätigkeit als Dozentin an der Universität Damaskus, als Redakteurin und Autorin bei Presse und Funk sowie als Übersetzerin. Ab 1964 lebte sie als freie Schriftstellerin in Beirut/Libanon und gründete 1967 einen eigenen Verlag (Edition Ghada Samman), um ihre Bü-

cher zu verlegen. Ihr Werk umfaßt inzwischen etwa dreißig Bände, zumeist Erzählungen. Heute zählt sie zu den bedeutendsten Autoren in der arabischen Welt. Ihre Bücher gehören dort zu den meistgelesenen und wurden in mehrere Sprachen übersetzt. Sie lebt zur Zeit in Paris. Seit Jahren schreibt sie jede Woche eine Kolumne für eine libanesische Zeitschrift. Viele Leser kaufen die Zeitschrift wegen dieser Kolumne.

Entschleierung geschieht, wenn man ›Ich‹ sagen kann
ASSIA DJEBAR

Ein kleines Mädchen an der Hand seines Vaters, auf dem Weg zur Schule. Es ist das erste Bild des großangelegten Vierteilers von Assia Djebar, eines Epos, das von ihrer eigenen Geschichte und der ihres Volkes erzählt.

Das Bild ist ein Schlüssel zur Biographie der algerischen Schriftstellerin. Der Vater, der sie auf den Weg der Emanzipation brachte.

Assia Djebar kommt aus einer Welt, die durch die traditionelle Geschlechtertrennung gekennzeichnet war. Ihre Kindheit verlebte sie in verschlossenen Häusern, aus denen die Frauen nicht herausgingen. Die Frauen drinnen, getrennt von den Männern, deren Welt das ›Draußen‹ war, die Öffentlichkeit.

Auch die Sprache war eine andere – die männlichen Diskurse, die öffentlichen Reden, so verschieden von den Stimmen der Frauen, die Assia Djebar ›polyphon‹ genannt hat, mit ihrem Murmeln und Flüstern. Die Muttersprache, das war die Sprache des Schleiers, die Sprache des Schweigens und des leisen Sprechens, die Sprache derer, die nie ausgehen. Die Sprache, in der sie schreiben wird, ist eine andere – es ist die Sprache des Vaters.

Ihr Vater, ein Französischlehrer, traf die Entscheidung, seine Tochter zur französischen Schule zu schicken, und gab ihr damit eine Sprache, die sich von der ›Muttersprache‹ vollkommen unterschied. Der Beschluß des Vaters war in dieser Zeit sehr fortschrittlich zu nennen. Wie viele andere Männer, deren Frauen traditionell lebten, wollte er seinen Kindern die beste Ausbildung ermöglichen. Die kleine Tochter zur Schule und später ins Internat zu schicken bedeutete auch, das Kind nicht zu verschleiern, als es ins entsprechende Alter gekommen war, und es nicht im Haus unter Verschluß zu halten, wie es damals üblich war.

»Wenn wir von Entschleierung sprechen – die erste Entschleierung habe ich in den fünfziger Jahren erlebt, damals etwas ganz Neues. Wir Mädchen im Alter von elf, zwölf Jahren weigerten uns, den Schleier zu nehmen. Wir wollten wie die Französinnen ins Lyzeum gehen und wie die Jungen ausgehen. In einer Gesellschaft, in der die Tradition noch funktioniert, ist die Entschleierung des Körpers die schwierigste Art der Entschleierung. In den Schulen, in die ich ging, waren wir vielleicht ein Dutzend muslimischer Mädchen, ein Dutzend von etwa sechshundert Mitschülern, und in meiner Klasse war ich das einzige. Wir gingen ohne Schleier aus, und man hatte den Eindruck, daß wir die Privilegierten waren im Vergleich zu unseren Schwestern, Tanten, Müttern. Wir gingen ohne Schleier aus, wie Europäerinnen.«
So erlebte Assia Djebar, im Gegensatz zu ihren Cousinen und den gleichaltrigen Mädchen im Dorf, daß es einen Raum außerhalb der Familie gab, einen Raum, in dem man sich frei bewegen konnte. Ihre Sprache wurde Französisch, und sie entwickelte, was sie später ›ihre maskuline Seite‹ nennen wird. Ihre ›feminine Seite‹ verblieb hinter den Vorhängen des Hauses an der Seite ihrer verschleierten Mutter. Erst viel später wird Assia Djebar sich dieser – mütterlichen – Vergangenheit nähern und sie sich aneignen.
Französisch, die Sprache der Kolonisatoren, wurde zu der Sprache, in der sie sich auszudrücken lernte, die sie aber mehr und mehr von ihrer Kindheit entfernte und ihr bestimmte Bereiche ihrer Vergangenheit verschloß: Die Sprache ihrer Kindheit, die Sprache der Frauen ihrer unmittelbaren Umgebung lernt sie erst viel später verstehen, als sie auf der Suche nach ihrer Muttersprache ist. Es sind die Geräusche, die Laute, die Töne dieser Sprache der eingeschlossenen Frauen, die ihr die Kindheit erschließen.
Erst nachdem sie in dieser Sprache wieder zu Hause war und damit ihre Kindheit wiederfand, gelang es ihr, sich mit der französischen Sprache zu versöhnen. Später wird sie sagen: »Ich bin eine Schriftstellerin französischer Sprache, mit mir versöhnt, indem ich die unvermeidbare Dichotomie annehme, die darin besteht, in einer Sprache zu leben, in der Sprache der Mütter gebadet zu werden, und dennoch in der Sprache des anderen zu schreiben.«

Wie der Vater es gewünscht hatte, machte Assia Djebar die Aufnahmeprüfung für die renommierte Eliteschule ›Ecole Normale Supérieure‹ in Sèvres und wurde als erste Algerierin dort angenommen.
1956. Aus Solidarität mit den algerischen Freiheitskämpfern nehmen die algerischen Studenten nicht an den Prüfungen teil, unter ihnen auch Assia Djebar. In der Zeit, die sie für Prüfungsvorbereitungen hätte nutzen sollen, schreibt sie ihr erstes Buch.
Damals war sie zwanzig.
Bei der Literatur wird sie bleiben, wenn sie auch später eine Universitätslaufbahn als Historikerin einschlagen wird. Ihr Vater hatte sich eine akademische Laufbahn für sie erhofft. Eine Dissertation seiner Tochter hätte ihm mehr bedeutet als ein Roman.
Assia Djebar kämpft mit ihrem schlechten Gewissen und verheimlicht dem Vater ihre schriftstellerischen Ambitionen. Wenn sie interviewt wird, hat sie Angst, entdeckt zu werden. Sie läßt sich, wenn überhaupt, nur mit Sonnenbrille fotografieren. Aber ihr Entschluß steht fest, es gibt nichts anderes, als zu schreiben. Sie ist fasziniert von der Möglichkeit zu erfinden – »Erfinden ist eine Form von Freiheit«.

Schweigen. Sprechen I

Wir unterhalten uns über den Titel, den dieses Buch über arabische Autorinnen tragen soll: »Der wahre Schleier ist das Schweigen.«
Assia Djebar denkt eine Weile nach. Ja, einverstanden.
Hat sie persönlich die Erfahrung des Schweigens gemacht?
Eine lange Pause. Mit halbgeschlossenen Augen durchforstet sie den weiten Raum ihrer Erinnerung und gerät schließlich in ihre Kindheit. Eine Kindheit in Harmonie ist es gewesen.
»In dem traditionellen Milieu, wie ich es als Kind gekannt habe, waren die Innenhöfe das Königreich der Frauen, der beschützten Frauen, der sicher eingeschlossenen Frauen. Aber es war eine Zeit, in der sie sich nicht eingeschlossen fühlten. Es hieß, eine Frau sei im Haus, weil sie beschützt werde. Diese Zeit habe ich in einem kolonisierten Algerien verbracht. Man spürte, daß die Frauen in dem Innern ihrer Häuser ausgespart wurden vom Einfluß des Fremden, des Eroberers. Wenn

ich mich fünfzig Jahre zurückversetze, in meine Kindheit, so erstaunt mich die Heiterkeit der Frauen, das Geschwätz, das Gezwitscher, diese Atmosphäre wie in einem Mädchenpensionat oder vielleicht einem Kloster – nicht alle Klöster sind traurig und erfüllt von religiösen Gesängen. Wenn die Frauen unter sich sind, werden sogar die Alten wie kleine Mädchen.

Da waren die Sommerferien, der Sommer der Hochzeiten, der großen Treffen, der Beschneidungen, immer waren es außergewöhnliche Ereignisse, zu denen viele Frauen zusammenkamen.

Da war der Geschmack von schönen Kleidern, von Gebäck, von Liedern und Tänzen – es war keine Idylle, aber hatte seine poetische Seite, die ich wirklich erlebt habe, ein Leben, in das ich eingetaucht war bis zum Alter von zwölf Jahren.

Die Orte der Frauen sind Orte unterschiedlichster Klänge, der Worte, des Geplappers, aber sie hatten zudem eine lyrische Komponente, wie ich sie in ›Fantasia‹ aufbewahrt habe – all die Zeremonien... meine Großmutter, die sich in Trance versetzte, die Musikantinnen... Blinde waren darunter, sie sangen religiöse Lieder, aber auch Lieder der Feste, Lieder, die sehr komisch waren. Ich kann also nicht sagen, daß dort Schweigen herrschte. Im Gegenteil.

Als wir zwölf bis achtzehn Jahre alt waren und noch unter den traditionellen Frauen lebten, legten wir weniger Wert auf Unterhaltungen mit ihnen. Die konventionelle Sprache, die einem als Kind noch außergewöhnlich schien, gehörte plötzlich der Vergangenheit an, zu einer Tradition, die langsam verschwindet. Bis ich zwölf war, habe ich zugeschaut und zugehört, wenn ich zu meiner Großmutter kam. Später habe ich dann schnell die Bücher meines Cousins genommen und mich in meine Romane versenkt. Wenn es Feste gab, habe ich gern getanzt, eine Stunde, zwei Stunden, aber nicht mehr den ganzen Tag, wie vordem.

Zugehört habe ich erst wieder zwanzig Jahre später, als ich mich an die Fersen der Frauen heftete, um zu versuchen, ihre Sprache zurückzuholen und zu behalten.

Als ich mit vierzig Jahren meine autobiographischen Recherchen begann und mich in einen Zustand des Betrachtens versetzte, ließ ich den Film meines kindlichen Universums noch einmal vor mir ablaufen. Ich habe ihn mit den Augen einer Frau betrachtet, mit allen

Erinnerungen der Sprache. Gleichzeitig wurde mir klar, daß die Frauen zwar unter sich sind, aber nie von sich selbst sprechen. Man spricht von Dingen, die man kennt, aber es gibt Regeln. Die Alten sprechen vor den Jungen. Die Jungen erzählen keine persönlichen Geschichten, nur wenn sie allein mit jemand Vertrautem sind. Wenn man ein Kind in der Welt der Erwachsenen ist, mit der Mutter, der Großmutter, sieht man zunächst nur das Licht, den Tanz, die Schönheit, die Heiterkeit oder auch den Schmerz, jedoch in seiner Poesie. Als ich dann versucht habe, die Beziehung zu den Worten zu verstehen, begriff ich sehr schnell, daß es mehrere Ebenen der Sprache gibt.

Der Nutzen von Beerdigungen oder Hochzeiten etwa liegt darin, sich in einer Gemeinschaft zu fühlen und, wie in jeder Kultur, in ihr eine Möglichkeit zu finden, gemeinsam zu singen oder zu weinen. Es ist eine Weise, sich zu trösten oder seine Freude auszuleben. Aber sobald eine Frau ein Problem hat, das von der Norm abweicht, herrschen andere Regeln. Nehmen wir an, sie würde verstoßen. Dann sind alle Schwestern, Cousinen und Freundinnen um sie herum und trösten sie. Sie weint, und die anderen trösten sie. Aber man geht nicht in die Einzelheiten, was der Anlaß des Ganzen war.

Solange ein Problem besteht, spricht man nicht darüber. Man stellt seine Probleme nicht aus, und die Sprache dient nur dazu, um etwas abzuschließen. Sie hat keine Macht über die Ereignisse. In der traditionellen Kultur der Frauen muß das ›Ich‹ in das ›Wir‹ eingebunden werden.

Die Alten sind die einzigen, die ›Ich‹ sagen können. Alt, das heißt nach den Wechseljahren. Dann erst hat eine Frau Autorität. Ihre Kinder sind erwachsen, sie hat schöne Töchter, sie ist die Herrin des Hauses, sie kann ›Ich‹ sagen. Sie hat alle Stadien der Jugend, der Leidenschaft, der Gefühle ihres sehr persönlichen Lebens erlebt. Aber das bleibt ab einem gewissen Zeitpunkt im verborgenen.«

Im Alter von zwanzig bis dreißig schreibt Assia Djebar vier Romane. Die ersten drei sind Erfindungen, die mit ihr selbst nichts zu tun haben. Aber im vierten Buch, ›Les Alouettes naives‹, fügt sie plötzlich eine autobiographische Passage ein. Ein Vorgang, der die Autorin in hohem Maße erschreckt und verunsichert. Sie fühlt sich plötzlich einem Publikum preisgegeben. Die Folge: Sie wird für einen Zeitraum von über zehn Jahren nicht mehr schreiben. Eine Phase des Schweigens und der Suche nach Ausdruck beginnt. Sie wendet sich einem anderen Medium zu. In Algerien entstehen zwei Filme über die Frauen ihrer Heimat. Es ist eine Rückkehr in die Vergangenheit und eine Auseinandersetzung mit der Sprache und den vielfältigen Stimmen einer kollektiven Erinnerung.

Verschleiern. Entschleiern II

»Die Entschleierung war zunächst die des Körpers, vielleicht eine traumatische Erfahrung. Ich erinnere mich, wie ich auf dem Wege zu meiner Tante, die in Algier wohnte, durch belebte Viertel ging. Es war offensichtlich, daß ich eine der wenigen war, die mit siebzehn Jahren auf der Straße herumliefen – und dann gehen Sie über einen Platz, fünfzig Männer links, fünfzig Männer rechts, und Sie spüren diese Blicke auf sich ... Sie sind so neutral wie möglich angezogen, Sie gehen, als ob Sie ein Geist wären – das ist nicht der Moment, in dem Sie zu sprechen anfangen würden. Aus dieser Erfahrung heraus entstand die Szene in ›Schattenkönigin‹. Als die Frau den Schleier abnimmt, kann sie in der Öffentlichkeit kein Wort mehr sagen. Sie muß sich verschleiern, um ihre Stimme wiederzufinden.«

Bedeutet ›sich entschleiern‹ nun, aus dem Schweigen herauszutreten?
»Nein. Entschleierung geschieht vor allem in dem Moment, wenn man ›Ich‹ sagen kann, wenn man es öffentlich sagen kann, also wenn man schreibt.

Ich war sehr jung, als ich anfing zu schreiben. Die ersten Romane waren eine Art Spiel. Es ging darum, wie man Personen zum Leben erweckt, die das Gegenteil von einem selbst sind. Ich habe dann gemerkt, daß ich mehr einbringen muß – meine Umwelt, die Architektur, die Menschen –, aber erst im vierten Buch ›Les Alouettes naives‹, an dem ich drei Jahre geschrieben habe, konnte ich nicht mehr verhindern, mich zu entschleiern.

In der Mitte, im Herzstück, gibt es eine Passage über das Liebesglück. Zwei Protagonisten leben in einem Dorf am Meer und erleben ihre

Flitterwochen. Offenbar waren die Erinnerungen an mein Leben zwei Jahre zuvor der Anlaß. Ich habe sie in ein Spiel hineingenommen, nicht in eine Autobiographie. Aber als ich sie dann aufgeschrieben hatte, war ich tief verstört. Ich hatte mich wider meinen Willen entschleiert. Das war einer der Gründe, weshalb ich zwischen dreißig und vierzig nichts publiziert habe. Auf diese Weise habe ich erfahren, daß jedes authentische Schreiben, das literarische Schreiben, auch wenn Sie es weit von sich selbst entfernt anlegen, Sie zu einem bestimmten Zeitpunkt zu Ihnen zurückführt, obwohl Sie es nicht wollen. Die Literatur ist eine Arbeit, in der es um die Wahrheit geht oder um die Suche nach Wahrheit. Sie können nicht über Jahre hinweg nur die Erfahrungen anderer mitteilen und nicht ihre eigenen.

Diese fünfzig Seiten in meinem vierten Roman waren noch nicht einmal notwendig für die Geschichte, aber da es ein Buch über den Krieg war, hatte ich das Bedürfnis, einen Moment des Glücks hineinzubringen. Denn sogar in den schlimmsten Zeiten erlebt man manchmal einen Moment des Glücks. Eine Katastrophe ereignet sich, und, wie seltsam, Sie haben eine Stunde oder drei Tage voller Glück, obwohl sie die meiste Zeit am Heulen sind. Das Leben besteht wohl aus Widersprüchen.

Ich mußte also diesen Glücksmoment in mein Buch hineinbringen. Das waren die ersten autobiographischen Seiten, die ich geschrieben habe, obwohl ich mit einer Autobiographie nichts im Sinn hatte. Fazit: Zehn Jahre habe ich keine Zeile veröffentlicht.

Ich habe mich also auch in ein Schweigen hineinbegeben – und mich geweigert, mir einzugestehen, daß weibliches Schreiben hohe Anforderungen stellt. Für eine Schriftstellerin gibt es nur eine Lösung: Entweder sie zerstört sich vollkommen, oder es gelingt ihr, sich vielleicht mit großer Langsamkeit oder auf Umwegen ihrem inneren Kern anzunähern und nicht zu explodieren.«

Erforschen. Erinnern

Auf dem Schreibtisch die dickleibigen Wälzer der ehrwürdigen Geschichtsschreiber Arabiens. Die Frau sitzt über ihre Bücher gebeugt, seit Stunden, seit Tagen, wie lange schon? Ihr Rücken schmerzt, ihre

Augen sind gerötet, sie ist tief versunken in die Schriften. Sie ist fasziniert von der Sprache der Gelehrten, von ihrem Klang, ihrem Reichtum, ihrer Poesie.

Assia Djebar studiert die Periode der Vergangenheit, als der Islam begründet wurde. Ihr besonderes Interesse gilt den dreißig Jahren zwischen dem Tod des Propheten bis zum Verschwinden seines Schwiegersohnes Ali, als der Islam noch eine Einheit war. Für sie als Historikerin, die nach den kollektiven Erinnerungen ihrer Gesellschaft forscht und nach ihren Wurzeln sucht, sind die alten Texte von unschätzbarem Wert. Sie liest Tabari, den Berühmtesten von allen. Sie ist beeindruckt von der Präzision, die Tabari an den Tag gelegt hat, von dem Material, das er verwendet, von den Quellen, die er vergleicht. Ihr Augenmerk gilt den Frauen, die bei Tabari zwar keine große Rolle spielen, aber doch so präsent sind, daß Assia Djebar ihre Stimmen hört. In ihrer Phantasie nehmen die Frauen im Umkreis von Mohammed Gestalt an, sie gewinnen Leben, sie bewegen sich.

Und dann klappt Assia Djebar die Bücher zu. Die Frauen des Propheten müssen warten. Es gibt anderes zu schreiben.

So oder so ähnlich könnte die Szene ausgesehen haben, als Assia Djebar sich den Frauen von damals annäherte. Sie hatte in dieser Zeit eine ganz eigene Methode entwickelt, um ihren Gegenstand angemessen darzustellen, denn ihr war klargeworden, daß sie, um die Gegenwart zu verstehen, weit in die Vergangenheit zurückgehen mußte.

So arbeitete sie an einem großangelegten Projekt, einer Tetralogie, in der sie die Geschichte ihres Volkes mit ihrer eigenen Biographie verknüpfen und die kollektive Erinnerung mit ihrer eigenen vermischen will. Die Quelle der Erinnerungen ist die mündliche Überlieferung der Alten, die das Erlebte von Generation zu Generation weitergeben.

Schon einmal, in einem früheren Roman, ›Les Alouettes naives‹, hatte Assia Djebar diese Methode benutzt. Sie läßt die alten, in der Tradition verwurzelten Frauen erzählen. Ihre Erinnerungen erfragt und bewahrt sie. Die Frauen sind die Hüterinnen des kollektiven Gedächtnisses.

Später sagt sie: »Ich wollte das Schweigen der anderen Frauen durchbrechen, und wenn ich weiterschreibe, dann für diese Schatten von Frauen, die nicht sprechen konnten und die sicherlich Faszinierenderes und Schrecklicheres, als ich es jemals erfahren habe, zu sagen hätten.«

Aber ihre Fragen gelten nicht nur der Vergangenheit, sondern gleichermaßen der Welt, die sie umgibt. Die handelnden Personen müssen in ihrem Bezug zu den politischen und gesellschaftlichen Bewegungen gesehen werden. Und immer geht es um ein Thema: die Verfassung der Frauen.

Die Stimmen der Frauen ihres Landes, die Stimmen des Krieges und der Befreiungskämpfe, die Stimmen des Leidens, der Freuden, der Ängste und der Empfindungen verwebt sie mit ihrer eigenen zu einem polyphonen Gebilde. Ein Gewebe aus Geschichte, Erinnerungen, Stimmen, Tönen entsteht, eine Partitur aus Sätzen und Kapiteln, die Erzählungen des Volkes verbinden sich mit den Melodien der Schweigsamen. Assia Djebars Geschichte – das ist auch die Geschichte einer Suche nach Tönen, nach Lauten, nach Sprache, nach eigener Sprache.

Das Aufspüren der Wurzeln, die Versuche der Rekonstruktion, der Wiederherstellung, und die Suche nach Wegen und Auswegen ziehen sich leitmotivisch durch Assia Djebars Werk. Es ist zugleich eine Suche nach den Mythen und Werten der Gesellschaft.

Der erste Teil der Tetralogie ›Fantasia‹ umspannt den Zeitraum von der französischen Invasion 1830 über die Befreiungskriege bis zur Gegenwart. Die Kindheit einer Frau wird verwoben mit Augenzeugenberichten aus dem ersten Algerischen Krieg im vorigen Jahrhundert und den Erinnerungen und Zeugnissen von einfachen Frauen, die vom letzten Unabhängigkeitskrieg erzählen, in dem sie ihre Männer, ihre Söhne verloren haben. Assia Djebar gibt den Unbekannten, den namenlosen Gefallenen ihre Geschichte zurück, indem sie sie erzählt. Sie macht ein Land ohne bildliche Tradition durch Sprache sichtbar, weckt die visuelle Erinnerung durch Sprache, durch ein langes Lied der Klagen, der Seufzer, des Schmerzes.

In ihrem folgenden Buch ›Die Schattenkönigin‹ richtet Assia Djebar ihren Blick auf zwei Frauen, Isma und Hajila, zwei Frauen, nicht miteinander verwandt, dennoch Schwestern – Isma, die sich von ihrem Mann getrennt hat und ein emanzipiertes Leben führt, sucht ihm

Hajila, die zweite Frau, aus. Hajila ist traditionell, ohne Erziehung, abhängig vom Mann, verschleiert.

›Wunde‹, so wird die zweite Ehefrau genannt, aber ist sie wirklich eine ›Wunde‹? Assia Djebar fragt nach der schwesterlichen Solidarität, die entstehen könnte, und stößt dabei auf Scheherazade und ihre Schwester Dinarzade. Scheherazade hat sich entschieden, den Sultan zu heiraten, und sie kennt das Risiko, am Ende der Nacht getötet zu werden. Sie weiß, sie kann dem Tod nur dann entgehen, wenn sie Geschichten erzählt, die so spannend sind, daß der Sultan in der nächsten Nacht weitere davon hören will. Aber ihr Plan kann nur gelingen, weil ihre Schwester Dinarzade unter dem Bett versteckt bei ihr ist und sie rechtzeitig weckt, damit sie die nächste Geschichte erzählen kann.

Scheherazade hätte ohne Dinarzade nicht überlebt. Die Königin und ihr Schatten – aber wer ist Königin, wer ist Schatten? Im Mythos von den beiden Schwestern findet Assia Djebar die uralte Solidarität der Frauen, und so wird ihr Roman eine Reflexion darüber, wie Solidarität unter Frauen im Islam funktionieren könnte, trotz oder gerade wegen der Polygamie. Der Harem bot Frauen immerhin den Schutz vor der Außenwelt. Sie waren eingesperrt, aber lebten in einer Gemeinschaft, die ihnen Zuwendung gab und Aufmerksamkeit schenkte. Heute dagegen leben die Frauen mit ihren Ehemännern in kleinen Wohnungen inmitten anonymer Hochhäuser. Sie lernen, was Einsamkeit heißt.

Isma versucht wie ein Schatten, Hajila auf ihrem langen Weg zur Selbstbefreiung zu helfen. Wird es Hajila, die es eines Tages wagt, dem Gefängnis ihrer vier Wände zu entfliehen und allein, ohne Begleitung, dazu noch ohne Schleier auszugehen, gelingen, sich zu befreien?

»O meine Schwester, ich fürchte mich; dabei habe ich geglaubt, dich aufzuwecken«, klagt Isma am Schluß des Romans. Sie hat Angst, daß beide von neuem gefesselt werden »in diesem Ort auf Erden, wo die Morgenröte für uns so langsam aufgegangen ist, daß uns die Dämmerung schon wieder von allen Seiten umschließt«.

»In dem autobiographischen Teil der ›Schattenkönigin‹ bin ich in meine Erinnerungen zurückgegangen und habe ein Dutzend Geschichten erzählt und Porträts von Frauen gezeichnet. Es kam einer Anamnese gleich – ich habe mich in die Leidenschaft meiner Großmutter versetzt, ich habe mir die Silhouetten von Frauen ins Gedächtnis zurückgerufen, die ich einmal gesehen hatte. Traurig und melancholisch schienen sie mir, aber warum? Stück für Stück fügte ich die Teile zusammen, die ich als Kind nicht verstanden hatte.

Hinter der Sprache all dieser Frauen, die poetisch und lyrisch klang, war Bitterkeit, Schmerz, Leiden oder unausgesprochene Freude. Die Sitten waren konventionell, und man bewegte sich innerhalb der Norm, alles andere konnten nur Andeutungen sein.

Ich mußte von dieser Sprache ausgehen, wo ich sie in ihrem geheimen und romantischen Bereich bewahrte – der Kindheit, ich mußte dennoch zu dem kommen, was ist: Und das ist eine Sprache, die die Dinge umhüllt und vieles verbirgt. In diesem Moment verstand ich auch, warum bestimmte Frauen schweigsam blieben. Was ich hinter den Gebeten und der Fröhlichkeit hörte, war, daß das Wirkliche verborgen ist.

Ich habe das Schweigen der Frauen nicht erlebt, habe Frauen nicht stumm erlebt. Aber es galt, hinter der Vielfalt der Stimmen die echte Sprache zu entdecken, die Klage, die Seufzer, die Spontaneität des Gefühls, und dann die Sprache, die wie eine Verkleidung daherkommt, die sich versteckt.

In der ›Schattenkönigin‹ kann die Frau, die die Erfahrung der Außenwelt macht, schauen – solange sie den Schleier trägt. Aber sobald sie den Schleier abnimmt, verliert sie ihre Stimme. Als ob der Schleier sie im Grunde beschützt hätte. Verschleiert konnte sie jemandem, der sie anrempelte, die Meinung sagen, sie konnte sogar grob werden. Und plötzlich, ohne Schleier, fühlt sie sich verwundbar. Sie bringt nicht ein Wort heraus. Sie schweigt. Sie verliert ihre Stimme.

Aus dem Schweigen herauskommen? Es geht darum, aus der konventionellen Sprache herauszukommen und die wahre Sprache zu finden, die Sprache des ›Ich‹, die Sprache, deren Wesen darin liegt, sich zu befreien und an sich selbst Fragen zu stellen …

Zwei Arten des Schweigens charakterisieren meine Gesellschaft: das Schweigen um mich wie ein Graben, das Schweigen wie eine Mauer zwischen Männern und Frauen. Manchmal aus Haß, manchmal durch Unterdrückung und manchmal, weil es zwei Welten gibt, die sich nicht miteinander verständigen können. So sind die Normen der Tradition, die für die Mehrheit gelten – das Schweigen zwischen der Welt der Männer und der Welt der Frauen, das nach meiner Meinung unsere Gesellschaft verstümmelt.«

1988 unterbricht Assia Djebar die Arbeit an ihrer Tetralogie. In Algerien hatte es nach Jahren der trügerischen Ruhe unter der diktatorischen FLN-Herrschaft lautstarke Auseinandersetzungen und blutige Kämpfe gegeben. Massenproteste zuhauf, auch die Frauen gingen auf die Straße, demonstrierten und organisierten sich.
Die Ereignisse in ihrem Heimatland bewegen die algerische Autorin derart, daß sie Antworten auf drängende Fragen finden will, die sich für sie jetzt stellen. Dazu gehört die Frauenfrage in Beziehung zu den sogenannten islamischen Normen, die sich jetzt mehr und mehr stellt. In die Vergangenheit zurückgehen, um die Gegenwart zu verstehen und die Zukunft zu begreifen, das ist der Weg, den Assia Djebar einschlagen will.
Wieder widmet sie sich den Chronisten der ersten beiden Jahrhunderte nach dem Tod des Propheten, allen voran dem großen Historiker Tabari. Diesmal wird sie ihren Blick nur auf die Frauen richten. Sie wird die Perspektive, aus der Tabari erzählte, verändern. Ihr Interesse gilt der Frage, wie der erste Bürgerkrieg unter Muslimen angefangen hat, gesehen mit den Augen der Frauen dieser Zeit. Wer sind diese Frauen, islamisch oder nicht, die in dieser Zeit der Entstehung des Islam gelebt haben? Um dieser Frage nachzuspüren, versetzt sie sich nicht in das Zentrum der Ereignisse, sondern tritt ein wenig in den Hintergrund, dorthin, wo die Frauen stehen, die Töchter, die Ehefrauen, die Mütter der Hauptdarsteller, und erzählt aus dieser Perspektive, was sich ereignet. Eine Umkehrung des Standpunkts, ein anderer Blick. Sie tritt in die Gedankenwelt dieser Zeit ein, sie beginnt, eine »Feld von Imaginationen«, wie sie einmal gesagt hat, zu bearbeiten.
Die Fakten entnimmt Assia Djebar der Geschichte. Ihre Personen

haben gelebt, die Tatsachen stimmen. Phantasie gestattet sie sich nur, indem sie die Kulissen nach ihrer Sichtweise aufstellt und die Darsteller in Szene setzt.
Die Autorin wird plötzlich zur Regisseurin eines Szenarios aus dem 7. Jahrhundert – Aicha, die Lieblingsfrau von Mohammed, betritt die Szene, dann Fatima, seine Tochter, dazu die anderen Frauen, ihre Sippen... Sie bewegen sich, sie sprechen, sie handeln... Um die dreißig Frauen sind plötzlich auf der Bühne, Assia Djebar betrachtet und beobachtet sie, fühlt sich ein, versucht, ihre Handlungen und Motive, ihre Denkweisen zu verstehen. Sie verpaßt ihnen Kostüme, Frisuren, sie stattet sie aus, sie erfindet Details, um ihren Lesern die Personen der Geschichte farbig und plastisch darzustellen. Den historisch überlieferten Tatsachen bleibt sie treu, und wenn die Einbildung mit ihr durchgeht, wenn sie zu spekulieren anfängt, dann teilt sie es den Lesern mit. Vielleicht sei es so gewesen. Vielleicht. ›Fern von Medina‹ nennt sie ihr Buch. Eine veritable Spurensicherung habe sie unternommen, die sowohl mit der Vergangenheit als auch mit den aktuellen Ereignissen von 1988 verbunden war.
»1988 bedeutete für Algerien eine demokratische Öffnung mit all der Uneinigkeit, die ich voraussah, mit all ihren Unruhen, Gärungen und Wallungen. Die heutige Tragödie habe ich dabei nicht vorausgesehen.
Was geschieht, wenn die Macht schwach wird, wenn es unterschiedliche politische Gruppierungen gibt, fragte ich mich.«
Was gewinnen in einer solchen Situation des Umbruchs die Frauen? Was verlieren sie? Dieses Problem wirft ›Fern von Medina‹ auf. Der Prophet stirbt, es gibt Streit um die Nachfolge. An der Frage, ob der Nachfolger gewählt wird oder ob er ein Nachkomme aus der Familie des Propheten sein soll, entzünden sich die Auseinandersetzungen der verschiedenen Interessengruppen.
»Das steigerte sich bis zum Bürgerkrieg«, sagt Assia Djebar und fügt auf die Frage nach ihren wesentlichen Erkenntnissen hinzu, »ich habe keine Antwort. Ich bin am Ende einer sehr detailgenauen und umfangreichen Recherche angelangt – und jetzt? Eine Erkenntis, wenngleich etwas banal: Je schwächer die Macht wird, desto mehr werden die Frauen beiseite gedrängt und – das gilt auf jeden Fall für islamische Länder – aus der Sphäre der Macht entfernt.«

In bestimmten Zeiten der Geschichte allerdings spielten Frauen durchaus eine Rolle. Starke Frauen, kluge Frauen. Sie spielten eine Rolle als Tochter oder Frau eines bedeutenden Mannes und wurden aus diesem Grund respektiert. Aber sie hatten Persönlichkeit und ließen sich nicht alles gefallen. Sie sprachen in der Öffentlichkeit, handelten und waren von der Politik nicht ausgeschlossen. Diese Frauen in ihrer Beziehung zur Macht waren es, die Assia Djebar in ihrem Buch darstellen wollte. Sie hatten eine Stellung inne, die heute sehr gern vergessen wird. Assia Djebar nennt das »Verrat an der Tradition«.

In ihrem Buch beschreibt sie eine Chronik des alltäglichen Lebens, in dem die Frauen keinesfalls unsichtbar waren, und verabreicht auf diese Weise ein Mittel gegen die fundamentalistische Interpretation des Korans, die die Emanzipation der Frauen verbietet. Vergangenheit sei keine Last, sagt sie, sondern ein reicher Humus. Also würde sie sich freuen, wenn viele Frauen ihres Landes ihr Buch zum Anlaß nähmen, sich mit der Vergangenheit zu beschäftigen und daraus ihre Schlüsse zu ziehen. Angesichts einer Zeit, sagte sie einmal, in der der Fundamentalismus als Karikatur des Islam sich obsessiv der Frauen bemächtigt – ihrer Körper, ihrer Stellung in der Arbeitswelt –, werde ihr bang. Dennoch bewahre sie eine zaghafte Hoffnung, denn so viele Frauen hätten sich erhoben, so viele Organisationen seien entstanden. Die Algerierinnen scheinen kämpfen zu wollen.

Mehr möchte sie zum Thema ›Algerien‹ nicht sagen. Sie sei keine von diesen ›Berufs-Araberinnen‹, die zu allem und jedem Stellung beziehen, wie so manche ihrer Kolleginnen, die im Westen bekannter sind als in ihren eigenen Ländern. Ihr Thema ist die Literatur, nicht die Politik oder die Soziologie. Was sie zu sagen hat, schreibt sie. Das sollte genügen.

So sind ihr nur mühsam Äußerungen zu entlocken, die sich nicht direkt auf ihr Werk beziehen. Wenn sie über das Unglück der Frauen im Islam und verwandte Themen geschrieben hätte, wäre der Erfolg in Europa ihr garantiert gewesen. Aber so einfach macht sich Assia Djebar die Sache nicht. Sie will sich mit der Wahrheit ihres Landes auseinandersetzen, zu der auch die Probleme mit der Tradition, der Kolonialisierung und der Sprache zu zählen sind. Die Frage nach dem Fundamentalismus heutzutage greift ihr zu kurz. Die Islamisten benutzen die Religion zu ihren Zwecken, sagt sie. Das sei schrecklich, träfe aber nicht den Kern des Problems. Der sei woanders zu suchen, in dem korrupten System der Vergangenheit, in der verfehlten Politik, in der falsch verstandenen Arabisierung des Landes.

Sie konstatiert einen kulturellen Rückstand von mehreren Jahren in der arabischen Welt. Ihre ›Renaissance‹ definiere sich gegen den Westen und bezöge sich nicht auf die eigene Gesellschaft. In dieser Kurzsichtigkeit erkennt Assia Djebar ein großes Unheil.

Seit vielen Jahren lebt die Autorin in Paris. Lange ist sie zwischen Algier und Paris hin und her gependelt, hat in beiden Ländern gewohnt. Jetzt hat die politische Entwicklung sie vertrieben. Nur noch selten ist sie in Algier zu Besuch. Schreiben, so meint sie, könne sie auch in Paris, nur ihre Filme müsse sie in Algerien drehen.

»Schreiben, das heißt zweifach leben. Wenn ich nicht jeden Tag schreibe, packt mich eine Art metaphysischer Angst, als ob ich den Faden meiner selbst verlöre.«

Assia Djebar kramt in Fotokästen, durchblättert Alben. Sie sucht ein Foto von sich. Da ist auch ein Bild ihres Vaters. Irgendwann hat er in einer Zeitung gelesen, daß seine Tochter ein Buch geschrieben hat, daß sie eine Schriftstellerin geworden ist.

Wie hat er darauf reagiert?

»Wir haben nicht darüber gesprochen.«

Sicher ist er stolz auf Sie?

»Ich«, sagte Assia Djebar, »bin stolz auf ihn.«

SZ

ASSIA DJEBAR
Draußen, nackt

Hajila, dein zweiter Ausbruch findet ein paar Tage später statt. Dein Mann hat dich zu deiner Familie begleitet, ins Armenviertel. Diesmal ist er mit dir hineingegangen, und er hat allen ein »Gutes Ende des Fastenmonats« gewünscht. Du hast gesehen, wie er deinem jüngeren Bruder einen Hundertdinarschein gegeben hat; Nasser hat einen Augenblick gezögert und ihn dann in die Tasche gesteckt. Du hast den Blick abgewandt. Seine beiden Kinder waren im Auto geblieben und sicher ungeduldig, umringt von den Kindern aus der Gasse.

Auf der Rückfahrt schwieg der Mann zuerst; dann änderte er wegen Meriem die Route. Meriem hatte ihm mit ihrer sachlichen, für ihr Alter viel zu ernsthaften Stimme eine Frage gestellt. Du hast bemerkt, daß der Wagen nun langsamer fuhr.

Du schaust dich um. Du wendest den Kopf zum Fenster. Die Avenue – weiße Wohnhäuser, offene Dachterrassen unter metallischem Blau – gleitet unaufhaltsam zurück. Das verursacht dir eine Art Schwindel. Du schließt die Augen. Auf dem Vordersitz führen der Mann und seine Tochter eine ruhige Unterhaltung, wie Gäste bei einer Tasse Tee. Du lauschst auf die wechselnden Stimmen, auf die vom Schnurren des Motors untermalten Pausen.

Du verstehst ein paar Brocken Französisch. Sie haben diese Sprache, deren Wohlklang sie beschützt, mitgebracht wie ihre Koffer.

Du öffnest die Augen wieder. Ein Platz ist zu sehen, einer der üblichen Grünanlagen, dreieckig, mit etwas höher stehenden Sitzbänken, die von der Fahrbahn aus sichtbar sind. Der Wagen muß an einer Kreuzung halten. Du wirfst einen Blick auf die Verkehrsampel und schaust dann zu der Anlage hinüber.

Eine Frau setzt sich gerade auf eine Bank, sie hat einen Kinderwagen vor sich. Sie sitzt dir genau gegenüber; sie beugt sich vornüber und hebt ein Baby heraus. Ihre Arme sind völlig nackt, sie strecken sich, als ob sie das Kind zum Himmel hinaufschleudern wollten; die Unbekannte strahlt vor Freude und lacht über das ganze, von rotem Haar eingerahmte Gesicht. Das Baby strampelt, die Frau lacht, beginnt gerade, die Arme zu senken, da...

Plötzlicher Start. Der Wagen biegt rechts ab. Das Lachen, das hochgehobene Baby, die Anlage, alles verschwindet abrupt... Du schaust geradeaus: der Nacken des Mannes, die Köpfe von Nazim und Meriem, die neben ihm sitzen.

Du sagst dir mehrere Male: »Mit Henna gefärbte Haare... also war sie keine Französin!« Und du träumst: »Ohne Schleier draußen, und sie hat mit ihrem Kind gespielt und gelacht!«

Du wiederholst dir: »Ohne Schleier draußen, und sie hat mit ihrem Kind... Ohne Schleier draußen...«

Die Worte verfolgen dich noch im Aufzug und im Flur, nachdem die Wohnungstür hinter dir zugefallen ist, und während deine Hände den Feiertagsschleier doppelt falten, vierfach, achtfach, und ihn wegräumen.

In der Küche bittet Nazim dich: »Mama, ich bleibe jetzt bei dir! Wenn ›Er‹ mich ruft, dann sag, daß ich Arabisch üben muß.«

»Ja, mein Lieber, und Gott möge dich segnen!«

Nazim lächelt. Er hat sich an die ständigen Segenswünsche gewöhnt; er versteht sie zwar noch nicht, aber er empfängt sie wie flüchtige Küsse.

Nur er macht Fortschritte in der Sprache des Vaters. Meriem richtet das Wort nur an ihren Vater oder ihren Bruder. Wenn du sie bei Tisch bedienst und dabei eine Frage an sie stellst, antwortet sie mit Kopfnicken und schaut mit einem Ausdruck ostentativer Zerstreutheit zu dir auf, du setzt dich nie zu ihnen.

Nazim dagegen hat begonnen, alle deine Worte mit Eifer zu wiederholen. Er liebt dich. So kommt es, daß er arabisch Gott sei Dank nicht mit dem Akzent seines Vaters spricht, der aus einer Stadt an der Grenze stammt, die er vor mindestens zwanzig Jahren verlassen hat; ein Akzent, der die Sprache schwerfällig macht, die Zahnlaute betont und die Kehllaute verschluckt. Ein Arabisch, das nicht so klingt wie deines und eine Besonderheit aufweist, die der Mann ohne Zweifel seinem Wanderleben verdankt: eine Sprache, die alles nur im Maskulinum ausdrückt.

Du erinnerst dich, wie der Mann zum ersten Mal mit dir sprach und du unwillkürlich suchend den Kopf gewendet hast, um seinen Gesprächspartner zu sehen: Du existierst genausowenig wie ein Gespenst!

Nazim buchstabiert die Worte mit liebevoller Stimme, in dem vertrauten Tonfall, mit dem deine Leute sprechen, eure Nachbarn in der kleinen Gasse und viele andere. Nazim macht Fortschritte, und du bekommst Komplimente. Du nimmst sie bescheiden entgegen; der Mann nickt und schaut dich lange an. Der Sinn deiner Anwesenheit in dieser Wohnung ist also nachweisbar: Du bist, ohne es zu ahnen, als Hauslehrerin ausgesucht worden, Hajila.

Die Unbekannte mit den rötlichen Haaren hat gelacht! Das geschlossene Autofenster hat dich daran gehindert, es zu hören. Das Abendessen simmert im Topf. Nazim folgt dir vom Abwaschbecken zum Tisch. Er stellt die Teller hin, bringt die Bestecke, benennt jeden Gegenstand in Arabisch; das geduldige Spiel beschäftigt euch beide; du denkst: Draußen lacht die Frau noch immer.

»Mit Henna gefärbte Haare... Also war sie keine Französin!«

Dieser Satz geht dir im Kopf herum, während du den dreien das Essen servierst. Als sie die Küche verlassen, beeilst du dich, du ißt im Stehen; du denkst: »Ich tu nur so, als ob ich essen würde!«... Du bringst nichts mehr herunter; du fällst zusammen. Du läßt dir Zeit, um das Geschirr abzuwaschen, abzutrocknen, wegzuräumen.

Nazim, verstohlen auf nackten Füßen gekommen, flüstert unter der Tür: »Mama... Komm!... Und die Geschichte?«

Du lächelst.

»Mit Henna gefärbte Haare... Ohne Schleier draußen!« Erfüllt von der Erinnerung an den kleinen Park, kommt dir plötzlich eine Gewißheit: »Morgen, ein zweites Mal!«

Als du bei den Kindern sitzt, ruft der Mann, verlangt einen Aschenbecher, wartet, und du gehst zu ihm, du läßt dich verkrampft berühren. Als du endlich auf der Matratze am Boden liegst, wiederholst du dir im Einschlafen wie einen süßen Trost: »Morgen, ein zweites Mal!«

Im Dunkel, in das du eintauchst, siehst du noch immer die Unbekannte mit den roten Haaren im Mittelpunkt des Platzes thronen, das Glück macht ihr Gesicht groß.

Als du hinausgehst, spürst du den Blick des Hausmeisters wie ein Gewicht auf deinem Rücken. Du hastest die erste abschüssige Straße hinab, hältst unter einem Balkon inne und kommst wieder zu Atem. Über dir jammert verzweifelt ein Baby, und eine gedämpfte Mädchenstimme spricht flehend leise auf es ein; sicher seine Schwester oder eine viel zu junge Mutter. Plötzlich dringt die schmachtende, perlende Stimme einer orientalischen Sängerin aus der Tiefe eines Zimmers:

Die ganze Liebe, die habe ich gekannt
in meiner Liebe!
Die ganze Ewigkeit, die habe ich gelebt
in meiner Liebe
zu dir!

»Hundesohn, komm nach Hause, ich darf nicht hinaus! Ersticke, ersticke dich selbst«, schimpft die junge Stimme auf dem Balkon vor sich hin, während die Geigen des Orchesters die Sängerin ablösen.
Du kannst wieder normal atmen. Seit du die Tür hinter dir zugezogen hast, beutelt dich die Angst, als ob dies der erste Ausbruch wäre. Unter dem Schleier ziehst du ein Taschentuch hervor, wischst dir den Hals, die Stirn und die Wangen ab. Es ist trotz des strahlenden Sonnenlichtes nicht heiß. Eine Brise läßt Schattenspiele über die Mauern huschen. Hinter einer Jalousie läßt jemand einen Teekessel brodeln und frische Minze ziehen. Eine verlassene Straße, fast wie im Dorf. Das Kind auf dem Balkon beruhigt sich; sicher hat man es ins Zimmer gebracht. Die Sängerin im Radio hat ihren Refrain schwach wieder aufgenommen: »... In meiner Liebe... zu dir!«
Die Unbekannte ganz nahe über dir summt die Melodie heiser mit; sie ist sicher die Mutter oder die große Schwester. Vielleicht sitzt sie auf dem Fliesenboden, während sie das Lied begleitet. Du träumst einen Moment von dieser Nähe und setzt aufgemuntert deinen Weg fort.
Du bist im Schatten gegangen; nun gehst du in die Sonne. Wenn die Strahlen deine Arme einhüllen, bis in deine Achselhöhlen dringen würden... Unter dem abgewetzten Haik verbirgt sich ein Kleid aus malvenfarbener Baumwolle, das bis zum Brustansatz ausgeschnitten ist und nur einen sehr kurzen Ärmelansatz über der Schulter hat; du hast es wegen des weiten Rocks gewählt, der in Falten bis zur halben Wade reicht und deine Schritte nicht behindert. Deine Hand betastet den Stoff.
Du bist in eine Avenue voll Autos und überfüllten Autobussen eingebogen, die sich in die entgegengesetzte Richtung schieben.

»Ich werde hier überqueren... Und dann!«
Du konzentrierst dich. Plötzlich rennst du hinüber. Ein Auto bremst quietschend. Ein Männerfluch, gefolgt von Lachen. Du wendest dich nicht um; du bist außer dir vor Schreck und stürzt dich in eine schmale Gasse zwischen zwei Häuserreihen mit Vorgärten hinter hohen Mauern. »Und dann!...«
Hier faßt du voll Ungestüm den Entschluß: »Den Schleier abnehmen!« Als ob du verschwinden wolltest... Oder explodieren!
Hinter einer Biegung der Gasse lockt es dich, einen schattigen Hang hinaufzugehen. Plötzlich gibt es keinen Autoverkehr mehr; es ist, als ob sich in diesem einsamen Winkel der Frühling versteckt habe. Du atmest tief. Zwei oder drei Villen, von einem Mäuerchen eingerahmt, unterbrechen die Reihe der Appartementhäuser.
An einer staubigen Kreuzung holen dich zwei etwa zehnjährige Buben in kurzen Hosen und Leinenschuhen ein. Sie haben es eilig, bemerken dich nicht. Der eine dreht sich wie zufällig einen Moment um; der andere trägt auf dem Kopf steif einen mit einem Tuch bedeckten Korb.
Der Haik gerät auf deinem Haar ins Rutschen, und du verlangsamst den Schritt, du stellst dir deine eigene Silhouette vor, den Kopf unbedeckt, die schwarzen Haare straff nach hinten gekämmt. Der Zopf, der unter dem Stoff Falten warf, kommt ebenfalls zum Vorschein. Du zuckst zusammen, deine Hände greifen nach dem Kragen, sie zittern.
»Draußen... O Gott! O gnädiger Gesandter Gottes!«
Du schreitest aus, du tänzelst; du könntest diese niedrige Weißdornhecke mit langem Schritt übersteigen. Auf der anderen Seite verläuft ein Graben unter einer ziemlich hohen Mauer: wenn man nur so zum Scherz, aus reiner Neugier, dahinter schauen könnte! Dein Fuß hält inne; wie eine Tänzerin schüttelst du mit einer knappen Bewegung die eine Schulter, dann die andere, und der Haik fällt mit einem Ruck auf deine Hüften, enthüllt deinen Oberkörper. Ein Leichentuch.
Der Stoff bauscht sich nun um deine Taille. Deine Füße halten inne, der eine auf den Zehenspitzen aufgestützt. Deine rechte Hand zieht an dem Stoff, macht daraus ein Bündel, das auf dem Boden schleift. Du gehst wieder weiter, aber nur einen Schritt, und bleibst unter einem Baum stehen. Der Überschwang der Düfte überfällt dich: der Weiß-

dorn der Hecke, dann ein wildes Kraut, das du nicht wiedererkennst. Verschwenderische Düfte, süß oder scharf, hüllen dich ein, halten dich fest.
Endlich regen sich deine Hände, falten den Schleier doppelt, vierfach, achtfach! Der Sonnenfleck hat sich ausgebreitet, bedeckt die ganze Gasse. Vor dir ist einer von den beiden Buben wieder aufgetaucht, hat sich umgeschaut, aber dich kaum angesehen, dich, die Neue, dich, die dabei ist, sich in eine andere zu verwandeln. Er setzt seinen Weg fort; sein Gefährte taucht ebenfalls auf, streift dich und entfernt sich pfeifend: er muß dich von hinten gesehen haben, er trägt dein Bild mit fort, das Bild deiner Enthüllung.
Du nimmst den Haik unter den Arm, du gehst weiter und staunst, weil du sofort so mühelos mit freiem Schritt über die Bühne der Welt gehst!

Die Gasse schlängelt sich weiter. Mit der freien Hand berührst du den Zopf im Nacken, prüfst die Spange, die dein Haar zurückhält... Du willst dir Zeit lassen, du wirst dich den Blicken so vieler Unbekannter zeigen, all denen, die Gott über deinen Weg führen wird!
Etwas weiter stehen Leute in einer langen Schlange; das Geschäft scheint noch geschlossen zu sein, aber die eisernen Rolläden vor den Schaufenstern sind hochgezogen. Alle, Männer und Kinder, warten geduldig, passiv und starr; ob sie bei deinem Näherkommen die mißtrauische Rolle des Zeugen, des Voyeurs übernehmen würden? »Soll ich weitergehen? Wie kann ich es wagen, an ihnen allen vorbeizulaufen? O Gesandter Gottes...«
Ein Auto taucht in vollem Tempo auf der Kreuzung auf. Du trittst beiseite; du nutzt das, um auf die andere Seite hinüberzugehen, der langen Reihe kugelrunder Augen auszuweichen. Wohin jetzt, o Gesandter Gottes?
»Draußen... Und nackt!«
Die Aufregung überwältigt dich. Du gehst über die Kreuzung hinaus und machst dir hastig eine Liste der Leute, die dich wiedererkennen könnten, falls sie jetzt in dieser Schlange vor dem Geschäft stehen würden. Warten sie auf Grieß oder auf Büchsenmilch?... Du versuchst, die Panik zu unterdrücken.
»Die Männer in meiner Familie, mein Onkel, mein Bruder, die drei

Vettern von Vaters Seite, die nur einmal im Jahr von ihrem Dorf in die Stadt kommen, sie würden alle mit Respekt den Blick von mir abwenden und sich sagen, mein Mann wünscht das eben so, daß ich keinen Schleier trage!«

Du überlegst weiter: »Wer kennt mich auf seiner Seite? Kinder, männliche Verwandte? Niemand, nur er!«

Du fügst höhnisch hinzu: »Er?... Nackt, ich bin Hajila, ganz nackt!«

Du wirfst den Kopf zurück wie die Frau gestern in der Anlage. Du würdest sie gerne wiedersehen. Wohin jetzt? Seinen Weg finden, das bedeutet, sich zu erinnern; woran erinnerst du dich? Du biegst rechts ab, links ab, immer mehr Gassen. Du vermeidest die Boulevards, du hast Angst vor den Autos, du erkennst die Nachbarschaft eines Krankenhauses wieder; hier warst du sicher als Kind, als der Vater krank war.

»Nackt hinausgehen!« denkst du. »So kommt die Kinderzeit zurück! O Schwarzer Stein von Mekka!«

Es fehlt nicht viel, und du hättest das Gefühl, du würdest ersticken! Das ist ganz einfach die Trunkenheit.

Du gelangst zu einem See aus Grün; es ist nicht die Anlage von gestern, die du vom Auto aus gesehen hast, sondern ein richtiger Garten, der sich auf mehreren Terrassen ausbreitet. Du gehst hinein, und du bist hingerissen. Blühende Hecken, Alleen, die sich dahinschlängeln, mit weißem Kies bestreut, Sitzbänke, die unter Büschen warten, Treppen mit rosenumrankten Geländern: eine Landschaft wie ein Fest, eingerichtet zu Ehren einer Braut. Genau so zeigt das Fernsehen das Leben der anderen Menschen im Ausland!

In einem Winkel sitzt ein Paar. Das Mädchen hat einen Haik über Kopf und Schultern hängen und hält den Kopf gesenkt, aber es trägt keinen Gesichtsschleier. Seine Augen, der Mund sind stark geschminkt. Der Mann hat den Arm um ihre Schulter gelegt und spricht leise auf sie ein, als ob er Anweisungen geben würde. Das Mädchen schaut dich aus den schwarz geschminkten Augen zerstreut an. Du entfernst dich; heute bist du die Passantin!

Du siehst dich unter dem Blick des verschleierten Mädchens weitergehen. Du biegst in eine andere Allee ein. Sich hinsetzen können. Die ganze Stadt würde vor dir ausgebreitet liegen, das Meer ein breiter blauer Streifen vor dem Horizont, so wie gestern. Du findest eine Bank; eine Zeder spendet dir Schatten. Leute kommen vorbei, erst eine Gruppe, dann zwei oder drei hintereinander. Du gleichst einer Fotografie in einem Album. Auf Glanzpapier. Der Baum hinter dir dämpft den Glanz deines Bildes; das hoffst du wenigstens. Du kannst dich nicht umschauen, du wagst es nicht. Du bist unruhig, aber du senkst nicht die Augen und suchst den Horizont. Ein Geraniengebüsch versperrt dir die Aussicht. Nichts passiert. Dein Schleier liegt gefaltet auf deinen Knien; du hältst die Hände aufeinandergelegt wie in einer Zeremonie, bei der jeder Gast ganz still ist.

Ein alter Mann geht vorüber; sein Gewand ist von makelloser Weiße; eine Gebetskette baumelt in seiner zitternden Hand, die Schwäche oder Gebrechlichkeit verrät. Seine Finger streifen dich im Vorbeigehen, seine greisenhaften Augen leuchten auf, und du bist zusammengezuckt. Eine andere Gestalt nähert sich; werden die Männer alle hier vorbeigehen? Alle, und mit ihren durchdringenden Blicken dein Bild zerstechen?

Du stehst auf; du bedauerst das sofort, aber nun ist es zu spät. In einer anderen Allee eine Bank suchen! Nichts. Nun mußt du weitergehen. Draußen muß man immer zielstrebig weitergehen; man kann nicht nur so dahinschlendern, auch nicht laufen oder sich einfach auf den Boden setzen. Das könntest du nur tun, wenn du den Haik umbehalten hättest, unter dem du für die Männer nur ein weißes Bündel am Wegrand wärest. Du darfst auch nicht lachen, so wie die Frau gestern. Sie hat ein Baby auf dem Arm gehabt und einen Kinderwagen vor sich. Du fragst dich hastig, wie in einem Fieberanfall: »Wenn ich ein Baby hätte, ob der Mann mich dann hinauslassen würde, mit dem Kind in einen Park gehen? Dann könnte ich lachen, alles vergessen, und eine eingesperrte Unbekannte, die im Auto vorbeifährt, würde mich auch beneiden! Ich färbe mir nicht die Haare mit Henna, aber...«

Draußen vor dem Park beschließt du, den Boulevard hinaufzugehen. Du wirst den Weg schon finden. Ist es überhaupt nötig, schon zurückzukehren? Der Tag scheint unendlich. Dann wird die Sonne blasser; der Wind ist keine Brise mehr, er wirbelt Staub auf. Endlose Menschenmengen füllen die Straßen. Du steigst bergan. Du wirst Stunden laufen, dich abmühen, und dich dann schon zurechtfinden.

Nach langem Nachdenken fällt dir die Adresse wieder ein: Du wohnst in einem Villenviertel auf den Hügeln über der Stadt. Du resignierst, du betrittst verstohlen einen halbdunklen Hauseingang, und mit zitternden Händen, verkrampftem Gesicht, die Augen vor Verzweiflung geschlossen, schaffst du dir in dieser Dunkelheit dein eigenes Dunkel und hüllst dich wieder in den Haik ein, denn er scheint das einzige »Sesam« zu sein, um den Rückweg zu finden. Auf der Straße bist du nun wieder ein Phantom, und der graue Zorn faltet unter dem weißen Tuch seine Schwingen zusammen.
Unter dem Haik hantieren deine Hände, um das winzige Dreieck besser zurechtzuzupfen, welches das eine Auge frei läßt. Von neuem eine anonyme Gestalt, findest du deine Stimme wieder, und du murmelst voller Groll kleine Verwünschungen gegen alle, gegen dich selbst, gegen das Leben... Du sprichst einen jungen Burschen an, nennst ihm die Adresse deines Mannes in unfreundlichem Ton. Der Passant zeigt dir mit einer lebhaften Geste die Richtung und will schon weitergehen; aber plötzlich wird er zuvorkommend, weil er vielleicht deine Verwirrung gespürt hat, und er erklärt:
»Zu Fuß sind es noch zehn Minuten bergauf, aber es gibt auch einen Autobus, der dort vorbeifährt!«
»Danke, mein Sohn« sagst du unter dem Haik hervor und fügst den üblichen Segenswunsch hinzu.
Erleichterndes Gelächter erfüllt dich plötzlich, und du sagst dir, daß jede verschleierte Frau einen Vater, einen Ehemann und ungezählte Söhne hat! Die Männer draußen sind alle »mein Sohn«! Du überraschst dich selbst dabei, daß du nach Beleidigungen suchst, nach obszönen Worten, und dabei hast du vor ein paar Monaten noch die rohe Redeweise der Nachbarinnen verurteilt!
»Die Witwen des Propheten mögen mich beschützen und die heilige Rabéa in der Ewigkeit für mich sprechen! Die Verwünschung hat mich heimgesucht, das Unglück mit dem faltigen Affengesicht! Die weißgekleideten Witwen mögen mich beschützen, der Duft aller Parfums der Kaaba mich in einen Halo hüllen, der...«

Eine halbe Stunde später gehst du am Hausmeister vorbei und hältst den Kopf gesenkt. Dann wartest du vor dem Aufzug, er will und will nicht kommen. Hinter dir nimmt der Hausmeister dich ins Visier. Er

bemerkt, daß dein Haik zerknittert ist; er stellt sich ein Rendezvous vor, Umarmungen. Vielleicht sagt er sich, daß du dich verkaufst!
Im Aufzug ziehst du dir den Haik vom Gesicht. Das Tuch fällt auf deine Schultern. Als du die Wohnungstür hinter dir geschlossen hast, legst du den Schleier nicht sofort in den Schrank. Du läßt dich, in dieses Leichentuch eingehüllt, im Schlafzimmer auf die Matratze am Boden fallen.
Dann gehst du ins Badezimmer, entkleidest dich, steigst in die dampfende Wanne. Du betrachtest deinen Körper im Spiegel, die Gedanken erfüllt von den Bildern und dem Licht draußen, von diesem Ein-Garten-wie-im-Fernsehen. Die anderen Menschen spazieren dort noch immer; du läßt sie im Spiegel wieder auferstehen, damit sie dieser wirklich nackten Frau das Geleit geben, dieser neuen Hajila, die dich kühl mustert.

Aus dem Französischen von Inge M. Artl

Biographische Notiz

Assia Djebar wurde 1936 in der kleinen algerischen Stadt Cherchell geboren. Ihre Vorfahren kämpften im algerischen Widerstand gegen die französische Kolonialmacht. Sie besuchte auf Wunsch ihres Vaters die französische Schule und bestand später die Aufnahmeprüfung für die französische Eliteschule ›Ecole Normale Supérieure de Sèvres‹.
1956 boykottierten algerische Studenten aus Solidarität mit dem Unabhängigkeitskampf in ihrer Heimat die französischen Examina. Auch Assia Djebar verweigerte das Examen und schrieb statt dessen ihr erstes Buch (›Die Zweifelnden‹), mit dem sie sogleich bei der französischen Kritik Aufsehen erregte.
Mit ihrem Mann ging Assia Djebar nach Tunesien und schloß sich der algerischen Freiheitsbewegung FLN an. Später übersiedelte sie nach Marokko und Algerien. Sie arbeitete an den Universitäten von Rabat und Algier als Historikerin und setzte in dieser Zeit ihre schriftstellerische Tätigkeit fort.
Nach ihrem Roman ›Les Alouettes naives‹ schrieb sie zehn Jahre nicht mehr. Während dieser Lebensphase entstanden zwei Filme über

die Frauen in ihrer Heimat; für ›La Nouba des femmes du Mont Chenoua‹ erhielt sie den Kritikerpreis von Venedig 1977. Mit einem breit angelegten Projekt über ihre eigene Geschichte und die ihres Volkes begann Assia Djebar nach langer Pause wieder zu schreiben. Bisher erschienen sind die Romane ›Fantasia‹ und ›Die Schattenkönigin‹. In ihrem bisher letzten Werk ›Fern von Medina‹ setzt sie sich mit der Vergangenheit des Islam auseinander.
Assia Djebar ist Historikerin, Literatin und Filmregisseurin und gilt als eine der eigenwilligsten und eindrucksvollsten Protagonisten der zeitgenössischen arabischen Literatur.

Bibliographie

(In deutscher Übersetzung erschienene Titel)

SALWA BAKR

›Einunddreißig schöne grüne Bäume‹, in: ›Erkundungen. 32 ägyptische Erzähler‹, Verlag Volk und Welt, Berlin 1989, und in: ›Arabische Erzählungen‹, Deutscher Taschenbuch Verlag, München 1991

›Eine Frau auf dem Gras‹ und

›Sainat beim Präsidentenbegräbnis‹, in: ›Pappschachtelstadt‹, Lenos Verlag, Basel 1991

›Nuna, die Gestörte‹, in: ›Betonblumen. Aus fernen Großstädten‹, Fischer Taschenbuch Verlag, Frankfurt/Main 1992

›Atijas Schrein‹, Lenos Verlag, Basel 1992

›Die einzige Blume im Sumpf‹, Lenos Verlag, Basel 1994

ASSIA DJEBAR

›Fantasia‹, Unionsverlag, Zürich 1990

›Die Schattenkönigin‹, Unionsverlag, Zürich 1991

›Die Ungeduldigen‹, Scherz, München 1991

›Ein Tag des Ramadan‹, in: ›Arabische Erzählungen‹, Deutscher Taschenbuch Verlag, München 1991

›Die Zweifelnden‹, Heyne, München 1993

›Die Frauen von Algier‹, Heyne, München 1994

›Fern von Medina‹, Unionsverlag, Zürich 1994

SAHAR KHALIFEH

›Der Feigenkaktus‹, Unionsverlag, Zürich 1983

›Die Sonnenblume‹, Unionsverlag, Zürich 1986

›Memoiren einer unrealistischen Frau‹, Unionsverlag, Zürich 1992

›Das Tor‹, Unionsverlag, Zürich 1994

FATEMA MERNISSI

›Der Harem ist nicht die Welt‹, Sammlung Luchterhand, Frankfurt/Main 1988

›Der politische Harem‹, Dagyeli, Frankfurt/Main 1989

›Geschlecht Ideologie Islam‹, Verlag Antje Kunstmann, München 1991
›Die Sultanin‹, Luchterhand Literaturverlag, Frankfurt/Main 1991
›Die Angst vor der Moderne‹, Luchterhand Literaturverlag, Hamburg 1992
›Die vergessene Macht‹, Orlanda Frauenverlag, Berlin 1993
›Der Harem in uns. Die Furcht vor dem Anderen und die Sehnsucht der Frauen‹, Herder Verlag, Freiburg 1994

EMILY NASRALLAH
›Septembervögel‹, Lenos Verlag, Basel 1988
›Flug gegen die Zeit‹, Lenos Verlag, Basel 1991

LAILA AL-OSMAN
›Die Wände zerreißen‹, Edition Orient, Berlin 1991
›Zahra kommt ins Viertel‹, Edition Orient, Meerbusch 1993

ALIFA RIFAAT
›Zeit der Jasminblüte‹, Unionsverlag, Zürich 1988
›Erste Liebe – letzte Liebe‹, Edition Orient, Berlin 1989, und: Deutscher Taschenbuch Verlag, München 1991
›Die zweite Nacht nach tausend Nächten‹, Edition Orient, Berlin 1991,
›Die Mädchen von Burdain‹, Unionsverlag, Zürich 1995

NAWAL EL-SAADAWI
›Tschador – Frauen im Islam‹, Edition CON, Bremen 1980
›Gott stirbt am Nil‹, Verlag Antje Kunstmann, München 1986
›Ein moderner Liebesbrief‹, Rowohlt Taschenbuch Verlag, Reinbek 1987
›Ringelreihen‹, Verlag Antje Kunstmann, München 1990
›Ich spucke auf euch‹, Verlag Antje Kunstmann, München 1991
›Der Sturz des Imam‹, Edition CON, Bremen 1991

GHADA SAMMAN
›Alptraum in Beirut‹, Lamuv Verlag, Göttingen 1988, und: Deutscher Taschenbuch Verlag, München 1992

›Das Leben hat gerade angefangen‹, in: ›Frauen in der arabischen Welt‹, Deutscher Taschenbuch Verlag, München 1988
›Mit dem Taxi nach Beirut‹, Edition Orient, Berlin 1990, und: Deutscher Taschenbuch Verlag, München 1993
›Deine Augen sind mein Schicksal‹, in: ›Arabische Erzählungen‹, Deutscher Taschenbuch Verlag, München 1991

Quellenangaben

SALWA BAKR:
›Tag der Frau‹, in: ›Aagin Al Fallaha‹ (Der Teig der Bäuerin), Erzählungen, Kairo 1991
ASSIA DJEBAR:
›Draußen, nackt‹, in: ›Die Schattenkönigin‹, Unionsverlag, Zürich 1991
SAHAR KHALIFEH:
›Ein besserer Naher Osten: ein besseres Europa‹, Vortrag, gehalten im November 1991 vor dem Europäischen Parlament, Straßburg
FATEMA MERNISSI:
›Schreiben ist die beste Schönheitskur‹, in: ›Die vergessene Macht‹, Orlanda Frauenverlag, Berlin 1993
EMILY NASRALLAH:
›Das Bild ihres Vaters‹, in: ›Fairuz‹, Frauenzeitschrift, März und April 1993, S. 78–80 und S. 124–125
LAILA AL-OSMAN:
›Auf der Reise‹, in: ›Fat'hia takhtar mawtaha‹ (Fat'hia wählt ihren Tod), Kairo und Beirut 1987
ALIFA RIFAAT:
›Das ist meine Nacht‹, in: ›Man Yakoun al Ragel‹ (Was ist der Mann), Erzählungen, Kairo 1981
NAWAL EL-SAADAWI:
›Eine Frage bleibt ohne Antwort‹, in: ›Tschador. Frauen im Islam‹, Edition CON, Bremen 1980, Neuauflage 1991
GHADA SAMMAN:
›Eine andere Vogelscheuche‹, in: ›Lail Al Ghouraba‹ (Nacht der Fremden), Erzählungen, Beirut, achte Auflage 1989

Wir danken den Verlagen Orlanda Frauenverlag, Edition CON und dem Unionsverlag, die uns freundlicherweise die Genehmigung zum Abdruck der Texte erteilten.

Die Rechte an allen übrigen Beiträgen wurden uns von den Autorinnen übertragen.

Karin Irshaid

Das Hochzeitsessen

Erzählung

Band 12649

Kassim hatte zuerst nur einen Stuhl... Kassim war das schwarze Schaf von Anfang an... Kein Vater gibt seine Tochter einem schwarzen Schaf... Wie Kassim dennoch einen Tisch vor den Stuhl bekommt, eine Frau, die Köstlichkeiten auf diesem Tisch serviert, und wie ein Hochzeitsessen bereitet wird, das erzählt eine Frau, die kocht. Die Erzählung beginnt verführerisch einfach. Eine Frau bereitet ein üppiges arabisches Mahl zu. Mit spannenden und äußerst sinnlichen Bildern erzählt sie dabei Geschichten, die Parabeln gleichen und doch den Bezug zu konkreten politischen Ereignissen nicht verdecken. Die Themen sind so alt wie aktuell: Vertreibung aus der Heimat, Verlust der Familie, des Lebens, die Schwierigkeiten des Neubeginns, Hoffnung auf Versöhnung. Es geht um Palästina und Israel, es geht um die Probleme des täglichen Lebens, die der Konflikt zwischen beiden mit sich bringt. Ein zeitgeschichtlicher Text, der Tagespolitik auf mehreren Ebenen geschickt literarisiert.

Fischer Taschenbuch Verlag

fi 520 / 5